VERLAG ANTJE KUNSTMANN

GILLES KEPEL

DER BRUCH

FRANKREICHS GESPALTENE GESELLSCHAFT

Aus dem Französischen
von Martin Weyerle

Verlag Antje Kunstmann

INHALT

حبر العالم ، خير من دم الشهيد

(Die Tinte des Gelehrten ist kostbarer
als das Blut des Märtyrers)

aus einem Hadith des Propheten

Auf die Frage: zu welchem Zweck so viele Morde, so viele Skandale und Gemeinheiten dienen sollten? – antwortete [Ljamschin] mit Feuereifer: »Zum Zweck der systematischen Erschütterung der Fundamente, der systematischen Zersetzung der Gesellschaft und ihrer sämtlichen Prinzipien; zum Zweck der allgemeinen Entmutigung, der Verwirrung aller Begriffe, um auf diese Weise die zermürbte und erschlaffte, die zynische und ungläubige, aber nach einer leitenden Idee und Selbsterhaltung unstillbar dürstende Gesellschaft – plötzlich in die Gewalt zu bekommen und das Banner der Revolte zu hissen, mit der Unterstützung eines ganzen Netzes von Fünfergruppen, die inzwischen agiert und geworben und sämtliche schwachen Stellen als Ansatzpunkte aufgespürt haben.«

DOSTOJEWSKI, *Böse Geister*, 1871

AN DEN LESER

Seit am 7. Januar 2015 Dschihadisten einen Anschlag auf *Charlie Hebdo* verübten und am 14. Juli 2016 auf der Promenade des Anglais in Nizza ein symbolhaftes Massaker stattfand, dem zwölf Tage später die Ermordung eines achtzigjährigen Priesters während der Morgenmesse folgte, herrschen in unserem Land zunehmend bürgerkriegsähnliche Zustände. Der »Islamische Staat«[1] hat Frankreich an seiner Achillesferse getroffen: der Jugend aus dem Maghreb und der Sahelzone, aus deren Mitte heraus die Organisation über tausend »Soldaten des Kalifats« anwarb, denen sich auch »Urfranzosen«, zum radikalen Islamismus konvertierte Frauen wie Männer, angeschlossen haben.

Durch alle Wechselfälle des Kolonialismus und der sukzessiven Einwanderungswellen hindurch basierte das nationale Projekt des republikanischen Frankreich auf einem von allen geteilten Kultur- und Gesellschaftsideal: die Bevölkerungsgruppen, die sich unter dem Dach dieser Nation versammelten, nahmen, ungeachtet ihrer Herkunft, Religion oder Hautfarbe, die Werte und die Sprache des Landes an. So wie man im klassischen Athen auf der Palästra, dem säulenumringten Kampfplatz, zum Griechen wurde, so wurde man durch Schule und Gymnasium zum Franzosen. Die Kinder der postkolonialen Einwanderer verkörperten geradezu dieses Ideal. Der IS hat es zerstört, und seither wird dem ersehnten Zusammenhalt des Vaterlandes großes Misstrauen entgegengebracht.

Wir mussten miterleben, wie, kurz nachdem Frankreich von dem Attentat in Nizza getroffen wurde, an denselben Stränden, an denen sechsundachtzig Menschen getötet wurden, die – in jeder Hinsicht schamlose – Kontroverse um den Burkini entbrannte.

In der Folge wurde Frankreich im internationalen Ansehen vom Opfer zum Henker, denn es hatte sich der »Islamophobie« schuldig gemacht. Wir werden die Prozesse noch detailliert beleuchten, wie der Kampf gegen die »Islamophobie« dazu genutzt wird, den Dschihadismus zu verschleiern und gleichzeitig Strategien auszuarbeiten, wie in einem heftigen Konkurrenzkampf die Vormachtstellung innerhalb des Islam in Frankreich erreicht werden kann.

Über die Terrororganisation und ihre weitverzweigten Netzwerke hinaus sind in der heutigen französischen Gesellschaft zwei Desintegrationskräfte am Werk: auf der einen Seite die kommunitaristischen Bewegungen, die der Religionszugehörigkeit und ihren Symbolen auf französischem Boden und im öffentlichen Raum den Vorrang einräumen, die Nation als ein Instrument im Dienste eines anderen Ideals begreifen und die französische Identität als etwas, das sich über den Besitz eines Passes und soziale Vorteile definiert; auf der anderen Seite steht das enge Selbstverständnis eines Frankreich, das im Grunde genommen weiterhin ethnisch-rassisch ausgerichtet und fremdenfeindlich ist. Womit wir uns zwischen Charybdis und Skylla hin- und herbewegen.

All das stellt uns vor eine große Herausforderung, und sie ist schwer zu bewältigen, da dürfen wir uns nichts vormachen. Während nichts Geringeres als die Zukunft unserer Gesellschaft auf dem Spiel steht, hat dieses Geschehen bereits jetzt große Auswirkungen auf die Wahlkampfthemen im Jahr 2017. Doch leider gehören die meisten Politiker, die auf den Wahlkampftribünen um unsere Stimmen buhlen, einer Kaste an, die in erster Linie an der Wahrung ihrer Privilegien interessiert ist. Ihre Verachtung für die Universitäten hat sie gegenüber dem Bruch, der unser Land durchzieht und auf den die Forschungsarbeiten in den Geisteswissenschaften schon seit einem Jahrzehnt hinweisen, blind und taub gemacht: Sie werden dieses Buch nicht lesen, und auch die anderen nicht, weil sie sich von den vergänglichen viralen Videos, mit denen unsere Bildschirme überflutet werden, anstecken und tagtäglich vom Einfluss der sozialen Netzwerke beherrschen lassen, die der Islamische Staat wiederum zum mächtigsten Instrument seiner Propaganda gemacht hat.

Um die Zusammenhänge herauszuarbeiten und ein wenig Klarheit ins tagespolitische Chaos zu bringen, bat mich der Sender France Culture um eine wöchentliche Radiokolumne, die vom Sommer 2015 bis zum Sommer 2016 laufen sollte, die Chronik eines Jahres, das im Hugo'schen Sinne ein »schreckliches Jahr« für unser Land gewesen ist.[2] Die zahlreichen Leserreaktionen und Anrufe haben mich bewogen, diesen Dialog, der zunächst über den Äther stattfand, noch einmal in schriftlicher Form vorzulegen. Die meisten Beiträge wurden in Paris als Livesendungen aufgezeichnet, hin und wieder war ich über Telefon aus Washington, Rom, Wien, Athen und sogar Abu Dhabi, Istanbul oder Jerusalem zugeschaltet oder kam gerade aus Rabat oder Teheran zurück, aus Lunel im Departement Hérault oder aus der Haftanstalt von Villepinte, wohin mich meine Nachforschungen und Konferenzen geführt hatten. Keiner der Beiträge wurde als fertiger Text in einem Aufnahmestudio eingesprochen. Im Zuge der Verschriftlichung habe ich vornehmlich stilistische Korrekturen vorgenommen und einige Dinge präzisiert, wenn es die nachfolgenden Ereignisse rechtfertigten.

Ich habe ihnen einen Prolog vorangestellt, der die Entwicklung des französischen Dschihadismus und den großen Bogen vom Terroranschlag auf die Redaktion von *Charlie Hebdo* bis zur Ermordung von Pater Jacques Hamel und dem vereitelten Anschlag auf die Notre-Dame de Paris durch das erste weibliche Dschihadisten-Kommando nachzeichnet, der die Handlung dieses nationalen wie internationalen Dramas bestimmt. Auf die Kolumnen selbst folgt ein Epilog, der über die Einschätzung des Phänomens hinaus dessen Verbreitungsmodi untersucht, es zwischen politischen Strategien und Brüchen im Gemeinschafts- und Selbstbild ins richtige Licht setzt, seine Stärken und Schwächen aufzeigt, seine Unterstützer und seine Feinde, seine Metastasen und die zur Abwehr gebildeten Antikörper.

Die tödliche Bedrohung, die auf unserer Gesellschaft lastet, könnte zu einem rettenden Aufbäumen führen, aber nur, wenn die Diagnose stimmt, denn sonst wäre jede Therapie zwecklos. Und das ist der zugleich bescheidene wie gewagte Anspruch dieses Buches und der Geisteswissenschaften, auf die es sich stützt: eine stimmige Diagnose.

Gilles Kepel

VORWORT ZUR DEUTSCHEN AUSGABE

Am 19. Dezember 2016 rast ein schwarzer Lastwagen in den Weihnachtsmarkt am Breitscheidplatz in Berlin, am Steuer sitzt der Tunesier Anis Amri. Zwölf Tote sind zu beklagen, über fünfzig Menschen werden verletzt, der Islamische Staat reklamiert den Anschlag für sich. Am 14. Juli 2016 raste in Nizza ein Lastwagen in eine Menschenmenge, die den Nationalfeiertag beging, und tötete sechsundachtzig Personen, diesmal war der Laster weiß, am Steuer saß ebenfalls ein Tunesier, Mohamed Lahouaiej Bouhlel. Über die Nachrichtenagentur Amaq bekennt sich der IS zur »Operation Überfahren«, mit dem gleichen Wortlaut wie später nach dem Anschlag in Berlin.

Die Kontrastfarben der beiden Sattelschlepper, schwarz in Berlin, weiß in Nizza, wurden gewählt, damit sich die Bilder ins Gedächtnis einbrennen und das Entsetzen in der deutschen und französischen Zivilgesellschaft noch größer wird, und sie spiegeln das grafische Konzept des IS und seiner Flagge, auf der in Weiß auf schwarzem Grund das doppelte muslimische Glaubensbekenntnis steht: »Es gibt keinen Gott außer Allah und Mohammed ist der Gesandte Gottes« und die das »Logo« des zeitgenössischen Dschihadismus darstellt. In beiden Fällen nimmt die Operation »Massenangriff« – wie es in der Sprache des IS heißt – zwei Dinge gleichzeitig ins Visier. Zuallererst ein stark aufgeladenes Symbol: das christliche Weihnachtsfest und sechs Monate zuvor das säkuläre Fest der Republik Frankreich, bei dem feierlich dem Sturm auf die Bastille gedacht wird. Sie stehen emblematisch für das Christentum und die Aufklärung, die der IS rundweg verabscheut und – wie er es damit metaphorisch zum Ausdruck bringt – ausradieren will, so wie er seit 2014 auf dem seiner Kontrolle unterstehenden Territorium zwischen Mossul und Palmyra Kirchen, Museen und Grabstätten geplündert oder dem Erdboden gleichgemacht hat. Damit trifft er zugleich die europäischen Gesellschaften an ihrem eigenen Leib, in ihrem Alltag, bei den Feiertagseinkäufen oder an einem sommerlichen Ferienort, und zielt auf den Konsum und den Hedonismus ab, dem der strenge Salafismus, der die dschihadistische Weltanschauung inspiriert, mit nichts als Hass begegnet. In diesem Kontinuum der zwei Hauptanschläge auf Deutschland und Frankreich verbindet die beiden so zentralen Staaten ein gemeinsames Schicksal angesichts des Terrorismus in Europa. Europa, den »weichen Bauch des Westens«, haben die Dschihadisten der dritten Generation getreu dem *Aufruf zum weltweiten islamischen Widerstand*[1], den der syrische Ingenieur Abu Musab al-Suri 2005 ins Netz stellte, zu ihrem Lieblingsfeind auserkoren. Al-Suri ist in Frankreich ausgebildet worden, in Spanien eingebürgert und lange in »Londonistan« wohnhaft gewesen, um die Jahrtausendwende ein Hafen für Islamisten aus der ganzen Welt.

Doch bis zum Anschlag Ende 2016 auf den Berliner Weihnachtsmarkt war ein großer Teil der deutschen Politiker und Beobachter, die den Pariser Anschlägen mit großem Mitgefühl und uneingeschränkter Solidarität begegneten, dennoch überzeugt, der islamistische Terror in Europa sei größtenteils – wenn nicht gar hauptsächlich – ein französisches Problem. Wenn man den großen Bogen nachzeichnet, von den blutigen Anschlägen im Januar 2015 auf die Redaktion von *Charlie Hebdo* und den Supermarkt Hyper Cacher an der Porte de Vincennes in Paris, über die hundertdreißig Toten vom 13. November 2015 bis hin zur Ermordung von Pater Jacques Hamel am 26. Juli 2016 in seiner Kirche in der Normandie, so hat Frankreich mit seinen zweihundertneununddreißig Toten die bei Weitem größte Zahl an Opfern auf dem Alten Kontinent. Die gesamte soziale und wirtschaftliche Lage der französischen Nation, die hohe Arbeitslosigkeit in den sozial benachteiligten Banlieues, wo die Kinder der Einwandererfamilien aus dem arabischen Nordafrika wohnen, das Ende ihrer Kolonialgeschichte vor nicht einmal fünfundfünfzig

Jahren mit der Gewaltorgie des algerischen Unabhängigkeitskrieges und der republikanische Laizismus, den viele auf deutscher Seite für übertrieben halten, schienen die französische Sonderrolle zu begründen, deren intrinsische Fehler die dschihadistische Rache motivierten. Deutschland hingegen schien besser geschützt, weil das Land eine vergleichsweise unbedeutende koloniale Vergangenheit hat, sein soziales Modell deutlicher auf Inklusion setzt und es einen anderen Umgang mit der Religion pflegt, der mit einem traditionell ausgeglichenen Verhältnis zwischen Protestanten und Katholiken innerhalb der Gesellschaft ein großer Stellenwert eingeräumt wird.

Ein gesünderer industrieller Arbeitsmarkt, von dem die türkischen Immigranten und deren Nachkommen – vor allem dank einer in Frankreich noch wenig gebräuchlichen Ausbildungspraxis – profitieren, konnte in Deutschland durch die Nachfrage- und Angebotssteuerung von Arbeit das Abrutschen der Jugend mit Migrationshintergrund ins soziale Abseits oder in die Gewalt offenbar weitgehend verhindern, während in Frankreich die Arbeitslosigkeit, die unter den Heranwachsenden in den vorwiegend aus Einwanderern muslimischer Herkunft bestehenden Problemvierteln bis zu 40 % erreicht, die Abkehr von der Gesellschaft befördert. Außerdem bleibt der türkische Islam, der fest in der Hand von disziplinierten, stark mit dem autoritären politischen System im Herkunftsland verbundenen Parteien ist, weiterhin der Türkei zugewandt und grenzt sich von einem internationalen Dschihadismus ab, dessen Sprache vornehmlich das Arabische ist – Kultur- und Referenzsprache der vorwiegend nordafrikanischen Einwanderer in Frankreich. Weil Deutschland keine koloniale Vergangenheit mit den eingewanderten Bevölkerungsgruppen verbindet, ist das kollektive Gedächtnis auch nicht im gleichen Maß mit Enttäuschungen, Verletzungen und Revanchismus belastet; in Frankreich dagegen erschwert eine »retro-koloniale« Wiederkehr des Verdrängten, der man Verbrechen an der Generation der Eltern und dem Herkunftsland vorwirft, das Zugehörigkeitsgefühl zur französischen Nation. Schließlich sind auch die Anerkennung der Religionen als integrale Bestandteile der Zivilgesellschaft und ihre Steuerfinanzierung offenbar besser geeignete Mittel, dem Islam in Deutschland einen eigenen Platz zu geben, als die in Frankreich praktizierte strikte Trennung von Kirche und Staat mit ihrem »uneingeschränkten Laizismus«, der auf deutscher Seite gerne von den vielen »Multikulti«-Verfechtern in der deutschen Linken und bei den Grünen kritisiert wird, welche in Deutschland ein viel größeres politisches Gewicht haben als in Frankreich.

Dieser Blick, der die sozialen, historischen und kulturellen Unterschiede zwischen den beiden Ländern hervorhebt, ist durch die Ähnlichkeiten der Anschläge des Jahres 2016 in Deutschland und Frankreich, die in der Parallele zwischen dem Blutbad in Nizza und dem in Berlin kulminieren, infrage gestellt worden. Dem letzten Anschlag sind, genau wie in Frankreich, Angriffe von Einzelpersonen mit Stichwaffen oder Sprengstoff vorangegangen. In Bayern schreiten am 18. und 24. Juli in Würzburg und Ansbach ein afghanischer Asylbewerber und ein syrischer Flüchtling zur Tat, anschließend tauchen Bekennervideos auf, in denen die Täter sich mit einem ähnlichen Wortlaut wie bei den Morden in Frankreich auf den IS berufen. Ein weiterer syrischer Flüchtling, der einen Anschlag auf den Flughafen von Berlin geplant hat, wird am 10. Oktober verhaftet und begeht später in seiner Zelle Selbstmord. Am 30. Oktober bekennt sich der IS über den Kanal der Nachrichtenagentur Amaq zur Ermordung eines in Hamburg erstochenen Jugendlichen, auch das eine Reaktion auf »die Aufrufe, die Bürger der Koalition der Kreuzfahrer anzugreifen, die das Territorium des Kalifats bombardieren«.

Im November wird eine Großrazzia gegen den Salafisten-Verein »Die Wahre Religion« durchgeführt, dessen Verbot man damit begründet hat, die Vereinigung habe den Aufbruch von einhundertvierzig Personen in die vom IS kontrollierte Zone in Syrien und im Irak organisiert – insgesamt sind laut Schätzungen bis zu neunhundert Deutsche in das Kriegsgebiet gereist, womit die Deutschen in Europa das zweitgrößte Kontingent an Kämpfern stellen, hinter den

Franzosen mit eintausenddreihundert und vor den Belgiern mit sechshundert Kämpfern. Auf den 2005 gegründeten Verein »Die Wahre Religion« ist man 2011 aufmerksam geworden, als auf Betreiben des aus dem Gazastreifen stammenden Predigers Ibrahim Abou-Nagie, der in Deutschland Elektrotechnik studiert hatte, auf den Straßen massenhaft Koran-Ausgaben verteilt wurden. Diese »street-da'wa« (Straßenwerbung für den Islam) genannte Strategie, der man unterstellen könnte, sie versuche, die deutschen Behörden zu Reaktionen zu provozieren, die die Opferrolle unter den Muslimen anschüren und diese motivieren würde, sich unter das Banner der Aktivisten zu stellen, erfuhr im September 2014 eine zusätzliche Steigerung, als eine andere salafistische Gruppierung damit begann, in orangefarbenen Westen mit der Aufschrift »Sharia-Police« durch die Straßen von Wuppertal in Nordrhein-Westfalen zu patrouillieren und Muslime zu ermahnen, keinen Alkohol zu trinken, keine Wettspiele zu veranstalten und keine Musik zu hören, und Musliminnen dazu aufzurufen, in den kenntlich gemachten »Scharia-kontrollierten-Zonen« den Schleier zu tragen. Die sieben Patrouillengänger wurden angeklagt, die Anklage aber 2016 mit Berufung auf das Recht auf freie Meinungsäußerung vom Landesgericht Wuppertal wieder fallen gelassen. Die Anführer der Bewegung, der Berufsfeuerwehrmann Sven Lau und der ehemalige Boxer Pierre Vogel, die 1998 bzw. 2001 zum Islam konvertierten und sich zu aktiven und charismatischen Predigern entwickelten, wurden nicht unter Strafe gestellt. Lau droht in einem anderen Gerichtsprozess bereits eine schwerere Strafe: Seit September 2016 muss er sich vor Gericht gegen den Vorwurf verteidigen, Kampfwillige in den Dschihad nach Syrien geschickt zu haben, als verlängerter Arm der dem Islamischen Staat angeschlossenen Terrormiliz »Dschaisch al-Muhadschirin wal-Ansar«, kurz JAMWA.

Ebenfalls im November 2016 wird ein zum Islam konvertierter Mitarbeiter des Bundesamtes für Verfassungsschutz festgenommen, weil er im Verdacht steht, dschihadistische Anschläge in Deutschland vorzubereiten. Und am 8. November wird der in Hildesheim ansässige, irakisch-stämmige Prediger Abu Walaa verhaftet, der aufgrund der zahlreichen von ihm ins Netz gestellten Videos als die Nr. 1 des Islamischen Staates in Deutschland gilt. Die ersten Ermittlungsergebnisse nach dem Anschlag von Berlin weisen darauf hin, dass Anis Amri, der Fahrer des schwarzen Lastwagens vom Breitscheidplatz, sein Kontaktmann gewesen ist. Dieser, ein tunesischer Staatsangehöriger, der in Tunesien nicht in Verbindung zum islamistischen Milieu stand, verließ die Heimat im Alter von achtzehn Jahren im Zuge der »Jasminrevolution«, um in Italien sein Glück zu versuchen. Er wurde in Lampedusa registriert und kam in Italien ins Gefängnis, weil er versucht hatte, eine Schule anzuzünden. Im Gefängnis, dieser Brutstätte für Dschihadisten, kam er mit dem einschlägigen Milieu in Kontakt, das einen Kleinkriminellen in einen potenziellen Terroristen verwandelt – ein Phänomen, das in Frankreich bei der Herausbildung der Aktivisten, die in den Jahren 2015 und 2016 die großen Anschläge verübten, eine wesentliche Rolle gespielt hat. Nach Verbüßung seiner Haftstrafe floh er 2015 nach Deutschland, wo er aufgrund seines Kontakts zu Abu Walaa überwacht wurde. Spätestens im Herbst 2016 schwor er dem »Kalifen« des Islamischen Staates, Abu Bakr al-Baghdadi, die Treue, also ein oder zwei Monate vor dem Anschlag – wie man aus dem goldenen Laub der Bäume und der warmen, blauschwarzen Parka-Jacke schließen kann, die er auf dem Video trägt, das der IS kurz nach dem 19. Dezember ins Netz stellt, um den Anschlag für sich in Anspruch zu nehmen. Die Aufnahme zeigt Amri auf einer Bücke in der Nähe des ehemaligen Binnenhafens Nordhafen in Berlin-Moabit im Stadtteil Mitte – im Herzen des symbolträchtigen Viertels der Hauptstadt, das mit seinen nach der Wiedervereinigung errichteten, ultramodernen Bauten das neue Deutschland repräsentieren sollte –, nicht weit vom Bundesministerium des Innern. Die Wahl der Örtlichkeit ist eine entschiedene Kampfansage an das Sicherheitssystem, auch wenn Amris Telefonüberwachung mangels überzeugender, gegen ihn sprechender Fakten aufgehoben war – wie schon bei den Brüdern Kouachi und bei Coulibaly geschehen, deren Überwachung wenige Monate vor den Anschlägen auf *Charlie Hebdo* aus dem gleichen Grund von den französischen Sicherheitsdiensten aufgehoben wurde. In Moabit steht auch die Fussilet-33-Moschee, die Amri und andere mutmaßliche Anhänger des IS besuchten (am 1. Februar 2017 wurden dort drei Personen festgenommen, da sie einen Aufbruch nach Syrien oder in den Irak geplant hatten) – keine fünfzehn Gehminuten von dem Ort entfernt, an dem der schwarze Lastwagen gestohlen wurde.

Amri schwört dem Kalifen auf dieselbe Art den Treueid wie die französischen Täter des Jahres 2016 – insbesondere Adel Kermiche, der am 26. Juli Pater Jacques Hamel in Rouen tötete. Er benutzt ein Alltagsarabisch, das er in seinem Geburtsland Tunesien am Gymnasium gelernt hat, und fügt dem rituellen Text des Treueids eigene Kommentare über die Qualen hinzu, die die »Schweinebastarde« (*al khanazir al salibiyyin*) in dieser Welt und im Jenseits erwarten – vor allem die Europäer, bei denen er sich im Augenblick der Videoaufnahme aufhält –, sowie eine ganze Litanei von *Hadithen,* überlieferten Aussprüchen des Propheten, die seine Argumentation stützen sollen.[2] Amri – der überhaupt nicht aussieht wie ein bärtiger Dschihadist im traditionellen Salafistengewand Dschellaba, sondern eher wie einer der typischen jungen Männer in der deutschen Hauptstadt, dem großen und multikulturellen Berlin, die ständig »online« sind – hat beim Sprechen Kopfhörer im Ohr, deren weiße Kabel sich deutlich vom dunklen Parka abheben, und gibt damit zu erkennen, dass auch er ein Mitglied der »Generation Y« ist, einer der »digital natives«, die kontinuierlich die reale und die virtuelle Welt vermischen, und macht den Eindruck, als rezitierte er einen Text, der ihm über den Telegram Messenger oder irgendein anderes Medium, das der Islamische Staat in Mossul oder Rakka so gerne benutzt, übermittelt wird. Die meisten der Morde, die 2016 in Frankreich stattgefunden haben, wurden vom Territorium des »Kalifats« per Telefon, via Internet oder über die sozialen Netzwerke »ferngesteuert«, auf Initiative eines französischen, vor Ort befindlichen Dschihadisten.

In Wahrheit haben im Jahr 2016 in Deutschland Phänomene ihren Höhepunkt erreicht, für die es bereits seit Jahren besorgniserregende

Anzeichen gab, deren Analyse man aber aufgrund eines politisch-medialen Konsenses unterließ – denn die konzeptionelle Auseinandersetzung mit den Herausforderungen, vor die der Westen durch das Auftreten des politischen Islam und seiner Umsetzung in dschihadistische Gewalt gestellt ist, erwies sich als schwierig. Der schwarze Lastwagen vom Breitscheidplatz hat uns diese Probleme deutlich vor Augen geführt – jetzt lassen sie sich nicht mehr ausblenden. Frankreich kennt das Dilemma bereits. Entweder die politischen Entscheidungsträger, die Presse und die Akademiker leugnen weiterhin den Dschihadismus, seine Beziehung zum Salafismus und zu anderen Formen des Islamismus, und die Öffentlichkeit, die sich mit der Gewalt konfrontiert sieht und zu Recht beunruhigt ist, verliert das Vertrauen und lässt sich von den einseitigen Erklärungen der extremen Rechten verführen, was zu einer Spaltung der Gesellschaft entlang ihrer kulturellen und ethnischen Bruchlinien führt. Oder aber man analysiert nüchtern die gesellschaftlichen Fakten und ihren Niederschlag in Kultur und Religion und setzt sich entschlossen mit dem Problem auseinander – mit der Bereitschaft, auch bestimmte, auf trügerische Weise beruhigende Gewissheiten infrage zu stellen, die ein Erbe aus der jüngsten Geschichte sind, aber angesichts der Herausforderungen unserer europäischen Gesellschaften heute nicht mehr gültig sind.

Zwei Faktoren haben in Frankreich dazu beigetragen, dass das Phänomen nicht klar erkannt wurde. Zum einen die Wiederkehr der verdrängten Kolonialvergangenheit, die ein halbes Jahrhundert nach der algerischen Unabhängigkeit der französischen Gesellschaft rückblickend den Prozess machen möchte für das Vergehen, Erbin des Kolonialismus zu sein. Mohamed Merah tötet am 19. März 2012 in einem höchst symbolischen Akt jüdische Kinder und ihren Lehrer an der Ozar-Hatorah-Schule in Toulouse: Diese erste Tat des heutigen Dschihadismus findet auf den Tag genau fünfzig Jahre nach Beginn des Waffenstillstands im algerischen Unabhängigkeitskrieg statt, und Merah führt, ab jetzt im Namen des Dschihadismus, den Krieg auf dem Territorium der alten Kolonialhauptstadt fort. Das liefert diesem Sprössling einer Familie algerischer Einwanderer, der Frankreich verhasst war, eine historische Rechtfertigung für die Gewalt, befeuert seinen grausamen Gedenkakt. Gleichzeitig versucht er, den in der gegenwärtigen politischen Fantasie der Araber überaus präsenten, judenfeindlichen Antizionismus für sich zu instrumentalisieren, um seine Botschaft über die Reihen der Dschihadisten hinaustragen zu können, und die Barbarei und den instinktiven Abscheu zu rechtfertigen, den das Niedermetzeln kleiner Kinder hervorruft, indem er sich durch den Vergleich seiner Tat mit den »Massakern an palästinensischen Kindern«, die der israelischen Armee regelmäßig angelastet werden, nach einer Art »Talionsprinzip« über jede moralische Norm erhebt. Andererseits hat in einer Zeit, in der die postindustrielle Ära die Arbeiterklasse zu einem kläglichen Überrest hat schrumpfen lassen und in der die Mehrheit der französischen Arbeiter, die von der Standortverlagerung der industriellen Arbeitsplätze bedroht sind, jetzt eher eine identitäre Partei der extremen Rechten wie etwa den Front National wählt, das Verschwinden des »Proletariats« als messianische Klasse, die der leidenden Menschheit die Erlösung bringen soll, eine ganze linksextreme Bewegung, der jetzt die Proletarier fehlen, dazu verleitet, diese in ihrer Erlöserfunktion durch »die« Muslime zu ersetzen. Sie werden als abstrakte und einheitliche Kategorie verstanden, deren soziale, kulturelle oder gar religiöse Ausdifferenzierungen, wie es sie in jeder menschlichen Gemeinschaft gibt, außer Acht gelassen und für den islamistischen Ausdruck einer Minderheit gehalten werden, die die Slogans der Salafisten, Muslimbrüder und Dschihadisten vermischt und deren Authentizität umso größer ist, als sie den Westen anprangert.

Die »Schweinebastarde«, die Anis Amri in seinem Bekennervideo vom Anschlag des 19. Dezember 2016 verdammt hat, erinnern ein wenig an die »Agenten des Imperialismus und Kapitalismus« aus früheren Zeiten. Aber das neue Vokabular verrät auch eine andere Weltsicht, in der kulturelle und religiöse Diskrepanzen an die Stelle des Klassenkampfes getreten sind und geschlossene Identitäten herausbilden, um die herum die Brüche in unseren Gesellschaften verlaufen.

Diese komplexen Veränderungen haben begünstigt, dass wir vor dem Phänomen des Dschihadismus bewusst die Augen verschließen. Einige Beobachter wollten die Monstrosität gewisser Taten zwar nicht abstreiten, neigten aber dazu, sie zu relativieren, denn ihrer Ansicht nach waren sie eher Emanationen einer soziokulturellen Gruppe, die als »unterdrückt« verstanden wurde – auf internationaler Ebene durch Imperialismus und Zionismus und im französischen Kontext durch gesellschaftliche Marginalisierung und »Islamophobie«. Damit ist ihnen die gezielte Analyse des Phänomens misslungen, denn sie sehen in ihm nur eine Islamisierung, die ein kontingenter Ausdruck der *Radikalität* ist – einer Kategorie, der sie im Gegensatz dazu einen notwendigen, ontologischen, geschichtsübergreifenden Charakter zuschreiben. So analysiert es beispielsweise Olivier Roy, der der Ansicht ist, zwischen den italienischen Roten Brigaden oder der Roten Armee Fraktion von früher und dem IS von heute bestehe kein substanzieller Unterschied[3]: Ähnliche Effekte des Generationenwechsels, die den Unmut der Jugend in der Konfrontation mit der Erwachsenenwelt ausdrücken, in der sie ihren Platz nicht findet, äußerten sich früher im Vokabular des Marxismus-Leninismus, weil er gerade zur Hand war, heute borge man sich dafür den islamistischen Wortschatz, weil er weiter verbreitet ist. Es handle sich um nichts als eine Farbvariation von Rot nach Grün, bei der das grundsätzliche Wesen der Radikalität keine Veränderung erfährt.

In Deutschland hat die Substitution der Proletarier von damals durch »die« Muslime am Ende zu einem ähnlichen Resultat geführt, auch wenn der historische Prozess ein anderer war. Das Land muss zwar nicht für ein Kolonialreich »büßen«, trägt aber das historische Stigma der Schoah, das nur transzendiert werden kann, wenn jegliche potenzielle Diskriminierung einer minoritären religiösen Gemeinschaft, die Ähnlichkeiten mit der Judenverfolgung haben könnte, ausgemerzt wird. Das beiderseitige Abschwören vom Nazismus und vom Kolonialismus (auch wenn die beiden Phänomene an sich nicht vergleichbar sind) und das wechselseitige Reinwaschen der Erinnerung in Deutschland und Frankreich ist im Übrigen das, was in den zwei Jahrzehnten nach dem Zweiten Weltkrieg den europäischen Aufbauprozess begründet, in den beiden großen Ländern jeweils personifiziert durch die rettenden Väter der Nation, Adenauer und de Gaulle, die den jeweils anderen von einer drückenden Vergangenheit freisprachen und sich in eine Zukunft stürzten, die mit dem Gemeinsamen Markt, dann der EWG und schließlich der EU die europäische Dynamik bündeln sollte. Zur Stunde, da diese Dynamik durch die ungelösten Probleme der EU-Erweiterung wie auch durch den Brexit innerlich ausgehöhlt wird und wir vor dem Hintergrund des dschihadistischen Terrors die gleichzeitige Erstarkung des islamistischen Salafismus und der extremen Rechten erleben, zaudert man, sich kritisch von der islamistischen Ideologie zu distanzieren, was durchaus einen Bezug zur Erbschuld des Nationalsozialismus hat. Jede Einschätzung, die sich von einer abstrakten Darstellung »der« Muslime als Angehörige einer unterdrückten Minderheit entfernt, stellt *a priori* und schon wieder eine nicht hinnehmbare »Islamophobie« unter Beweis, vergleichbar mit dem Antisemitismus, diesem schrecklichen Vermächtnis des Dritten Reichs. In Frankreich mussten sich die Teilnehmer des großen Protestmarsches vom 11. Januar den Vorwurf der »Islamophobie« ebenfalls gefallen lassen. Sie wurde als ein Überbleibsel des traditionellen französischen Antisemitismus gedeutet, etwa von dem Autor Emmanuel Todd, der hinter dem Slogan »Je suis Charlie« die Aufforderung vermutet, »auf die Religion der Schwachen zu spucken« – heute auf den Islam, gestern auf das Judentum.[4]

Nun ist aber die Verleugnung des Dschihadismus in Europa, seine Verschleierung unter dem Vorwand, Islamophobie sei das bedeutendere soziale Phänomen, unserer Ansicht nach und um es mit den Worten der Psychoanalyse zu sagen, das, was Jacques Lacan, dem Freud'schen Begriff folgend eine *Verwerfung* nennt. Es handelt sich dabei um einen Verteidigungsmechanismus, der ein Ereignis aus unserer Psyche verbannt, das nicht bloß vergessen, sondern als etwas wahrgenommen wird, das überhaupt nie geschehen ist – was zu Wahnsinn oder Verleugnung führt. Auf den nachfolgenden Seiten werden wir dieses Phänomen anhand der »Burkini-Affäre« verdeutlichen, die im Sommer 2016 an den französischen Stränden auf Betreiben der islamistischen Bewegung ihren Anfang nahm, gleich nach dem Anschlag und genau an der Stelle, an der dieser stattgefunden hatte: auf der Promenade des Anglais. Diese Affäre hat die Republik Frankreich innerhalb weniger Tage vom Opfer des Dschihad, mit zweihundertneununddreißig Toten innerhalb von anderthalb Jahren, über die plötzlich keiner mehr redet, zum Henker der Musliminnen im Burkini verwandelt, zum Gulag für den Islam, mit dem Laizismus in der Rolle des Stalinismus.

Nun ist es aber so, dass die Weigerung, die Falle der kollektiven Geiselhaft zu sehen, in die der Dschihadismus unsere muslimischen Mitbürger locken will – mittels provokanter Attentate, die darauf abzielen, in der Mehrheit der europäischen Bevölkerung heftige Reaktionen gegen den Islam, seine Moscheen und seine Gläubigen hervorzurufen, oder zumindest einen massiven Anstieg der Wähler der identitären Rechtsextremen –, in Wirklichkeit eben dieser extremen Rechten in die Hände spielt. In Frankreich würde laut Umfragen im Februar 2017 bei der Präsidentschaftswahl im April und Mai die Kandidatin des Front National immer noch aus dem ersten Wahlgang als führend und aus dem zweiten als mögliche Siegerin hervorgehen. Unter den Themen ihrer Partei sind nach wie vor die populärsten die Ablehnung der »Islamisierung Frankreichs«, »die Umkehr der Flüchtlingsströme (oder ›Remigration‹)« und die Verurteilung des »Großen Austauschs» der europäischen Urbevölkerung mit den Nachkommen muslimischer Einwanderer. In Deutschland hat die 2013 gegründete Alternative für Deutschland im September 2016 weitere bedeutende Wahlergebnisse erzielt: Bei den Wahlen in Mecklenburg-Vorpommern, dem Bundestagswahlkreis von Kanzlerin Angela Merkel, bekam die AfD 21,4 % der Stimmen und ließ die CDU hinter sich, anschließend erreichte sie in Berlin gute Resultate. Berlin, das immerhin das Symbol des deutschen Kosmopolitismus ist, hat damit nach neun Landtagen in seinem Abgeordnetenhaus ebenfalls gewählte Vertreter der AfD sitzen. Im Januar 2017 plädierte ein Vorsitzender der AfD – auch wenn später Ordnungsmaßnahmen gegen ihn eingeleitet wurden – für eine revisionistische Haltung im Umgang mit dem offiziellen Diskurs über die Schoah und für eine »erinnerungspolitische Wende um 180 Grad« im Umgang mit der Nazi-Vergangenheit. Die Aufhebung dieser Art von Tabu, dessen Bedeutung für das heutige Deutschland darzulegen dieses Vorwort sprengen würde, schlägt aus existenziellen Ängsten Kapital, die durch die Verwirrung über mehrere zeitgleiche, jedoch drei verschiedenen Kategorien angehörende Ereignisse genährt worden sind. Zunächst einmal die umstrittene, von der Kanzlerin mit dem optimistischen Slogan »*Wir schaffen das!*« belegte Ankunft von über einer Million Flüchtlingen aus Syrien, dem Irak und Afghanistan im Jahr 2015. Dann die Ereignisse der Silvesternacht von 2015, in der in Köln und in Hamburg mehr als eintausend Frauen von Personen vornehmlich nordafrikanischer Herkunft sexuell belästigt wurden, bei denen es sich, wie sich später herausstellte, in den meisten Fällen um Asylbewerber oder illegale Einwanderer handelte, die aber von einem Teil der Presse und der öffentlichen Meinung für Flüchtlinge gehalten wurden.[5] Und schließlich die zunehmende Gewalt durch dschihadistische, auf deutschem Boden verübte Anschläge, die am 19. Dezember 2016 bekanntlich in dem Anschlag von Berlin ihren Höhepunkt erreichten.

Wie in Frankreich, wenn auch in einem anderen sozialen und historischen Kontext, ist die Ausweitung der terroristischen Bedrohung in Deutschland für das Erstarken der extremen Rechten verantwortlich und wird, sofern Zivilgesellschaft und Politiker keine nüchterne Analyse des Phänomens angehen und sich weiter in Beschwörungen flüchten, zu einem identitären Bruch in der Gesellschaft führen. Im

Gegensatz zu den Oppositionen der Klassen, die das politische System in Form einer gesitteten Auseinandersetzung zwischen Links und Rechts im Parlament sozialisiert hat, indem die Redegefechte dort im abgeschlossenen Raum die Gewalt auf den Straßen ersetzen, sind die identitären Konflikte nicht durch die vom demokratischen Betrieb geschaffene, traditionelle Praxis der Politik aufzulösen, sondern führen zur Gewalt zwischen starren ethnisch-religiösen und kulturellen Entitäten, die keine Kompromisse mehr schließen können. In diesem Sinn ist die Absicht, wie sie im *Aufruf zum weitweiten islamischen Widerstand* von Abu Musab al-Suri ausgesprochen wird, ernst zu nehmen, in Europa Bürgerkriege anzetteln zu wollen, indem man in gettoisierten Zonen autonome territoriale Enklaven bildet; dort sollen die islamistischen Verhaltensnormen im strengen salafistischen Sinn durchgesetzt werden – was etwa der Logik der Straßenpatrouille der »Sharia Police« in Wuppertal 2014 entspricht –, und das würde nach einem Zermürbungskrieg in einen allgemeinen Kampf ausarten. Nicht dass diese Vorstellung an sich realistisch wäre oder in kurzer Zeit realisiert werden könnte, aber sie heizt die politischen Fantasien der europäischen Dschihadisten an und gibt uns Auskunft über ihren *modus operandi* und ihre Weltanschauung.

Im Zuge der dschihadistischen Bedrohung wurde Deutschland mit einer strukturellen Veränderung des Gleichgewichts zwischen der Gesamtgesellschaft und dem Bevölkerungsanteil aus muslimischen Einwanderern und zum Islam Konvertierten konfrontiert. Die Ende 2015 von der Deutschen Islam Konferenz auf 4,5 Millionen Personen geschätzte muslimische Bevölkerung – die Deutsche Islam Konferenz hatte beim Bundesamt für Migration und Flüchtlinge (BAMF) eine Studie in Auftrag gegeben[6] – ist traditionellerweise von den Türken dominiert, die 2011 67,5 % Prozent ausmachten. Heute sind es nur noch 50,6 %, während die Muslime aus dem Nahen Osten – die im Wesentlichen aus den Konfliktgebieten in Syrien und dem Irak stammen – mit einem Anteil von 17,1 % die zweite Gruppe bilden.

1,2 Millionen Muslime sind zwischen 2011 und 2015 offiziell nach Deutschland eingereist – ohne Berücksichtigung der illegalen Einwanderer aus Nordafrika, von denen einige bei den Übergriffen der Silvesternacht 2015 am Kölner Hauptbahnhof für Schlagzeilen gesorgt haben.

Wie wir gesehen haben, wurde die politische Verwaltung des Islam in Deutschland im Wesentlichen über die türkischen Verbände geregelt, die trotz großer innerer Divergenzen allesamt stark hierarchisiert sind und eine feste Bindung an die Mutterorganisationen im Ursprungsland besitzen – im Unterschied zum arabischen Islam, der viel zersplitterter ist – und es deshalb vorziehen, über Ansprechpartner für die deutschen Behörden zu verfügen. Der Krieg im Nahen Osten und seine Folgen für Europa haben zu strukturellen Veränderungen innerhalb dieser Situation geführt, die neue Belastungen für Deutschland bedeuten und eine Gleichung mit vielen Unbekannten sind.

Zunächst einmal hat sich die Türkei Recep Tayyip Erdoğans, der die Konsolidierung seiner autoritären Macht betreibt, was in der Niederschlagung des Putschversuchs vom Sommer 2016 gipfelte, in eine komplizierte, konfliktreiche und von Erpressungsversuchen geprägte Beziehung mit der Europäischen Union verstrickt, allen voran mit Deutschland, und zwar beim Thema der Regulierung des Zustroms von Flüchtlingen aus dem Nahen Osten, die den Kampfgebieten oder dem Elend entflohen waren und von Ankara die Erlaubnis bekamen, über die griechischen Inseln oder Thrakien auf EU-Gebiet zu gelangen, in der Hoffnung, am Ende nach Deutschland zu kommen und dort Arbeit zu finden. Die auf Initiative der Kanzlerin am 18. März 2016 zwischen Brüssel und Ankara getroffenen Vereinbarungen zur Finanzierung der Maßnahmen, die Flüchtlinge in der Türkei zurückzuhalten, haben unbestreitbar den demografischen Druck auf Europa gedrosselt, dafür aber die kontrovers diskutierten Möglichkeiten der Einflussnahme von »Sultan Erdoğan« vergrößert, insbesondere im Hinblick auf die türkische Bevölkerung in Deutschland. In diesem Zusammenhang haben sich unter den Türken in der deutschen

Diaspora die Polarisierungen zwischen Gegnern und Befürwortern Erdoğans verschärft, was die Zusammenarbeit in Sicherheitsfragen mit Berlin schwächt. Zu Problemen im Bereich der öffentlichen Ordnung führte auch die Ächtung, die die Türken, die Erdoğans AKP unterstützen, den Anhängern von Fethullah Gülen entgegenbrachten, den man beschuldigte, für den Putschversuch verantwortlich zu sein.

Ankaras Richtungswechsel im Hinblick auf das syrische Regime von Baschar al-Assad sorgte 2016 für neue sicherheitspolitische Herausforderungen, denn es warf die Frage auf, ob die Türkei auch weiterhin ein verlässlicher Partner sein wird, wenn es darum geht, ihre in Deutschland lebenden Landsleute unter Kontrolle zu halten. Denn während Erdoğans Regime seit Beginn des Bürgerkriegs die Rebellen unterstützte – darunter auch die der al-Qaida-nahen Islamisten der al-Nusra-Front – und die Augen vor den Aktivitäten des IS verschloss, indem es seine Südgrenze für die europäischen Dschihadisten offen hielt, damit diese ins Territorium des »Kalifats« gelangen und von dort die mit Öl beladenen Tanklaster herausbringen konnten, hat es 2016 eine bedeutende Wende in der Politik Ankaras gegeben. Diese äußert sich in einer Annäherung an Wladimir Putin, den wichtigsten Unterstützer des schiitischen Iran und von Baschar al-Assad, und man hat sich jetzt vor allem den Kampf gegen den kurdischen Irredentismus – die Bemühungen um einen kurdischen Staat – auf die Fahne geschrieben. Erdoğan verfolgt seither vornehmlich eine türkisch-nationalistische Politik angesichts der Bedrohung durch die Verbindung zwischen den syrischen Kurden der Partei der Demokratischen Union (PYD), die von den Vereinigten Staaten für den Kampf gegen den IS stark bewaffnet wurden, und den türkischen Kurden der PKK, die sich einen Teil ihrer Waffen bei der PYD beschaffen und sie gegen die türkische Armee und Polizei in Einsatz bringen.

Um der kurdischen Herausforderung besser begegnen zu können, hat Ankara unter den Auspizien Moskaus eine Annäherung an Damaskus vollzogen, die syrischen Rebellen im Stich gelassen und den Fall von Ost-Aleppo im Dezember 2016 befördert. Dieser »Verrat« an der islamistischen Sache durch Präsident Erdoğan wurde von einer sympathisierenden türkischen Bewegung, die vom Regime in Ankara große Unterstützung erfahren hatte, sehr schlecht aufgenommen, und sie befindet sich seither mit diesem in einer heftigen bewaffneten Auseinandersetzung. Die Türkei, die 2016 von Anschlägen der PKK wie des IS schwer getroffen wurde, beschloss das Jahr zunächst mit der spektakulären Ermordung des russischen Botschafters durch einen Polizisten der Präsidentengarde in Ankara, der erklärt hatte, dies sei die Rache für Aleppo – am selben Tag wie Anis Amris Anschlag in Berlin. Dann kam es am Silvesterabend zu dem Blutbad in der Diskothek Reina in Istanbul, zu dem sich der IS bekannte und das auf den »ungläubigen« Lebensstil der türkischen und ausländischen Besucher abzielte, in Reminiszenz an die am 14. Juli 2016 auf der Promenade des Anglais an den hedonistischen Bürgern und Besuchern von Nizza und am 19. Dezember an den Besuchern des Berliner Weihnachtsmarktes verübten Massaker. Das Ausmaß der Gewalt, von der die Türkei mittlerweile heimgesucht wird – im Namen der PKK, aber auch im Namen des IS –, hat unweigerlich Einfluss auf die Fähigkeit des türkischen Regimes, seine emigrierten Staatsangehörigen unter Kontrolle zu halten. Es ist zu befürchten, dass sie die Spannungen, die im Herkunftsland herrschen, spiegeln werden, so wie auch Frankreich mit seinem großen algerisch-stämmigen Bevölkerungsanteil in den Jahren 1992 bis 1997 vom Dschihad in diesem Land betroffen war, der bis ins nördliche Mittelmeer übergriff und sich in den tödlichen Anschlägen der Jahre 1995 und 1996 in der Pariser und Lyoner Region äußerte.

Neben den Veränderungen innerhalb der türkischen Bevölkerung Deutschlands und der Gefahr einer wachsenden Durchlässigkeit für die dschihadistische Versuchung, bedingt durch die in Anatolien stattfindenden Umwälzungen, gibt es einen weiteren Faktor in der strukturellen Veränderung der deutschen Islamszene, nämlich den bereits erwähnten massiven Anstieg der Zahl arabischer Staatsbürger aus dem Nahen Osten, insbesondere seit der Ankunft von 890 000 Asylsuchenden im Jahr 2015 und von 280 000 im Jahr 2016.

Wie die deutsche Presse betont,[7] ist es bis heute äußerst schwierig, die Zahl der in Deutschland befindlichen Migranten zu schätzen, zumal es verschiedene Kategorien gibt: diejenigen mit Flüchtlingsstatus, die Asylbewerber und solche, die überhaupt nicht registriert worden sind und deren Zahl man nur vermuten kann, usw. Die Anzahl der ins Land Gekommenen ist also wahrscheinlich viel höher, und zahlreiche Quellen schätzen, dass es im Jahr 2015 über eine Million waren.

Die deutschen Behörden unternehmen zwar beträchtliche Anstrengungen, um für die anerkannten Flüchtlinge einen Rahmen zu schaffen, aber für die jüngst Angekommenen gibt es keine vergleichbaren Organisationen wie etwa die Netzwerke der türkischen Bevölkerung, und so bleiben die Erkenntnisse über diese Bevölkerungsgruppen vergleichsweise oberflächlich. Zwar ist die Mehrheit der Flüchtlinge unter der Schirmherrschaft vieler örtlicher Verbände mit dem Erlernen der Sprache und der deutschen Kultur befasst, aber die dschihadistischen Anschläge aus dem Jahr 2016, mit denen einige von ihnen in Verbindung gebracht werden, und die Mitgliederwerbung durch dschihadistische Rekruteure in anfälligen Milieus haben bei einem Teil der Bevölkerung Ängste – gar Wahnvorstellungen – geschürt. Das hat die Stimmen für die Rechten auf beispiellose Weise in die Höhe schießen lassen, die, obgleich sie nicht die Umfrageergebnisse des Front National in Frankreich erreichen, bereits vor sich sehen, wie sie sich koordinieren und wie Frauke Petry und Marine Le Pen zusammenarbeiten werden. Deren Ideen werden im Übrigen auf spektakuläre Weise von Donald Trump unterstützt, der öffentlich die Willkommenspolitik der Kanzlerin in der Flüchtlingsfrage als »Fehler« bezeichnet hat. Am 21. Januar trafen Petry und Le Pen in Koblenz mit dem Niederländer Geert Wilders zusammen, dessen Partei für die Freiheit (PVV) für ein Verbot des Korans wirbt und laut den Umfragen zur Parlamentswahl im März 2017 an vorderster Stelle steht. Die drei wichtigsten Anführer der europäischen extremen Rechten begrüßten in Koblenz die Maßnahmen, die der neue amerikanische Präsident getroffen hat, um den Staatsangehörigen sieben muslimischer Länder (darunter auch den Inhabern der doppelten Staatsbürgerschaft) die Einreise in die Vereinigten Staaten zu verbieten. »Trump macht es richtig, er macht es uns vor«, erklärt diesbezüglich AfD-Vizepräsident Alexander Gauland, womit er an Wilders' »Well Done!« anknüpft.

Zehn Tage später findet eine Großrazzia in Hessen statt. Mit über eintausend im Einsatz befindlichen Polizisten führt sie insbesondere zur Festnahme eines weiteren tunesischen Staatsbürgers. Er war mit der Flüchtlingswelle von 2015 ins Land gekommen, sein Asylantrag wurde jedoch abgelehnt, weil er in seinem Land im Zusammenhang mit dem Anschlag auf das Bardo-Museum im März desselben Jahres gesucht wurde. Er steht unter Verdacht, eine fünfzehn Mitglieder starke terroristische Zelle geleitet zu haben, um in Anis Amris Fußstapfen zu treten und einen Anschlag zu begehen. Die Razzia und ihr Ergebnis ruft die fortbestehende terroristische Gefahr in Erinnerung, und zugleich befördern die Schulterschlüsse der extremen Rechten mehr denn je die Spaltung, die mittlerweile die deutsche wie die französische Gesellschaft – und ganz Europa – bedroht.

Nur durch eine bessere Kenntnis der ganz neuen Herausforderungen, vor die unsere Länder gestellt sind, nur durch eine genaue und nüchterne Analyse des Phänomens des europäischen Dschihadismus, eine Analyse, die uns von den ideologischen, schon viel zu lange unsere Sicht behindernden Scheuklappen befreit, kann die Gefahr, die von dieser Spaltung ausgeht, abgewendet werden. In dem Versuch, die nötigen Fakten zu liefern, sie miteinander in Beziehung zu setzen und auf europäischer Ebene einen Vergleich zu wagen, um die Bürger zum Nachdenken anzuregen, wurde dieses Buch geschrieben.

Gilles Kepel
Februar 2017

PROLOG

DAS SCHRECKLICHE JAHR

Vom 7. bis 9. Januar 2015 wurde Frankreich auf spektakuläre Weise vom Terrorismus heimgesucht: das Blutbad in den Redaktionsräumen von *Charlie Hebdo*, die Ermordung eines zum »Abtrünnigen« deklarierten Polizisten nordafrikanischer Herkunft und einer Polizistin von den Antillen, die Tötung jüdischer Kunden im Supermarkt Hyper Cacher an der Porte de Vincennes. In den darauffolgenden Monaten wurde der islamistische Terror auf Frankreichs Boden erschreckender Alltag, ganz nach dem Muster dessen, was schon seit Jahren in Nordafrika und im Nahen Osten geschieht. Die Bilder einer fernen Welt, die wir bisher nur aus dem Fernsehen oder unseren Smartphones kannten, wurden erlebte Realität, alltägliches Leid.

Die Morde vom Januar 2015 sind keineswegs Einzeltaten, wie einige Kommentatoren das gerne gesehen hätten, da sie in Unkenntnis der Prozesse, die den Dschihadismus von heute langsam zur Reife brachten, den Kopf in den Sand steckten wie der Vogel Strauß bei Plinius. Die Morde bildeten den Auftakt des Dramas, in dem mit insgesamt zweihundertneununddreißig Opfern bis zum Sommer 2016 das Blut der Nation vergossen und ihre Symbole und Werte systematisch zerstört wurden.

Nachdem am 7. Januar mit der symbolhaften Ermordung der Zeichner Wolinski und Cabu und deren jüngerer Kollegen die Pressefreiheit und die französische Karikatur des letzten halben Jahrhunderts angegriffen wird, wird unmittelbar darauf mit der Erschießung eines uniformtragenden Muslims, des Polizisten Ahmed Merabet auf Fahrradpatrouille, das republikanische Integrationsmodell ins Visier genommen. Genau so waren am 11. März 2012 in Toulouse der Unteroffizier Imad Ibn Ziaten und dessen Kollegen von dem Vorreiter Mohamed Merah getötet worden, der später an der jüdischen Ozar-

Hatorah-Schule von Toulouse mehrere Schüler und einen Lehrer massakriert. Aus denselben Gründen nimmt Amedy Coulibaly am 9. Januar die Kunden eines koscheren Supermarkts als Geiseln und tötet einige von ihnen. Obwohl Merah auf Facebook Tausende von Likes erhalten hatte, war er fälschlicherweise als »Einzelgänger« eingestuft worden. Die Untersuchung dieses Falls, der sich gegen Ende der fünfjährigen Amtszeit von Staatspräsident Nicolas Sarkozy ereignete, hat noch immer nicht zum erwünschten Prozess geführt, obwohl bereits das Mandat seines Nachfolgers François Hollande seinem Ende entgegengeht. Und das trotz – oder wegen? – des Versagens der Geheimdienste, die die Tragweite des Gründungsmoments der, wie ich es nenne, »Kulturrevolution« des Dschihadismus der dritten Generation ebenfalls nicht erkannt hatten. Diese stützt sich auf niedere Befehlsempfänger, die zur Tat schreiten und in ihrem unmittelbaren Umfeld Terrorakte begehen. Die Unfähigkeit, den Fall Merah als Alarmsignal zu sehen, ist bezeichnend dafür, wie unvorbereitet die Mehrheit unserer politischen Klasse, der Linken wie der Rechten, einem Phänomen gegenübersteht, das immer stärker in den Hauptfokus des Landes rücken wird.

JETZT IST UNSER SCHARFBLICK GEFORDERT

Während in den Frühlingsmonaten nach den Blutbädern vom Januar 2015 unsere Mitbürger von den selbst ratlosen Führungseliten nicht über die Logik des Dschihad informiert werden, mobilisieren in postkolonialen Schuldgefühlen erstarrte Intellektuelle die Medien mit sinnlosen und vollkommen wirren Kontroversen für ihre Zwecke. Die Ursache des Übels suchen sie in der »Islamophobie« der französischen Gesellschaft, erklären sie zur einzigen Triebfeder der antiterroristischen Demonstrationen vom 11. Januar, die den Hashtag *#jesuisCharlie* zu ihrem Schlachtruf machten.

Dieser Negierungswahn, der die Blindheit zur Tugend erhebt, führt seither zu einer Verharmlosung der dschihadistischen Gefahr, aus Angst, »Molenbeek zu entmutigen«, ganz wie die früheren Weggenossen der kommunistischen Partei es sich verkniffen, den Machtmissbrauch des Stalinismus anzuprangern, aus Angst, »Billancourt zu entmutigen«[1]. In diesem Buch möchten wir ihnen den Scharfblick eines Hochschullehrers, der sich seit drei Jahrzehnten mit dem Thema befasst, entgegenhalten, ohne zu dramatisieren, aber auch ohne Nachsicht, damit wir die tödliche Kampfansage, die der Dschihadismus unserem Land gemacht hat, genau verstehen und gemeinsam herausfinden, mit welchen Mitteln ihm ein Ende bereitet werden und unser Land von diesem Übel befreit werden kann.

Dieses Buch möchte die kontrovers geführte Debatte ein weiteres Mal aufgreifen. Es ist umso wichtiger für unsere Nation, dass es allen Bürgern verfügbar gemacht wird, denn eines ist wahr, und wir werden noch darauf zurückkommen: Nur durch die Mobilisierung der gesamten französischen Bevölkerung in all ihren Bestandteilen können wir das Gegenmittel zu dem Gift finden, mit dem wir infiziert worden sind. Weder die beschönigenden Worte der einen noch das Gebrüll der anderen werden hier am Ende die Wahrheit spiegeln. Nur wer die Fakten kennt und das Ganze aus dem richtigen Blickwinkel heraus betrachten kann, kann auch den nötigen Überblick wahren. Das sehen wir allein schon daran, dass wir, noch während im Frühjahr 2015 große Reden geschwungen und die Dinge verharmlost werden, unaufhaltsam von weiteren Wellen des Terrors überschwemmt werden.

Nach dem koordinierten Angriff vom Januar kommt es zu einer Dreifachserie von Einzelattentaten. Nur eines davon wird zu Ende gebracht, und es ist eine schreckliche Tat: die erste Enthauptung auf französischem Boden, geschehen am 26. Juni 2015. Nach all den grausamen, in Syrien und im Irak aufgenommenen Videos von Geiselenthauptungen durch den IS bricht diese Form der Exekution, die in den Heiligen Schriften des Islam empfohlen, nun aber von den Dschihadisten aus ihrem historischen Kontext herausgelöst wird, plötzlich in das Leben einer Republik ein, die die Todesstrafe längst abgeschafft hat.

Die von Dieudonné und Alain Soral befeuerten, negationistischen, d.h. Völkermorde leugnenden, sozialen Netzwerke machen sich über das durch die Tat hervorgerufene Entsetzen lustig und verbreiten makabre Bilder der Hinrichtung Ludwigs XVI., um daran zu erinnern, dass die Französische Revolution, Tochter des Terrors, unsere Werte auf der Guillotine gründet. Dagegen wollen die Vogel Strauße mit ihrer Verleugnungshaltung aus irgendeinem Grund ausschließlich die psychologischen Probleme des Mörders Yassin Salhi in den Blick nehmen, der angeblich einen ganz banalen Arbeitskonflikt mit seinem Chef hatte – dann allerdings dessen abgeschlagenen Kopf zwischen zwei islamistischen Parolen aufgehängt und das Foto einer Kontaktperson in Syrien geschickt hat. Durch ein Versäumnis der Gefängnisverwaltung gelingt es dem Täter, sich hinter Gittern das Leben zu nehmen, was die Gesellschaft um einen Prozess und damit auch um die Aufklärung darüber bringt, wie es dazu kommen konnte, dass sich eine gestörte Persönlichkeit ihr Ventil in einem dschihadistischen Terrorakt suchte. An diese verpasste Gelegenheit werden wir im Jahr darauf noch einmal erinnert werden, im Zuge der Massaker in Nizza und Sainte-Étienne-du-Rouvray, bei denen ebenfalls Psychose und Dschihad zusammentreffen.

Die Durchführung der beiden anderen Operationen dieser ersten Serie von Einzelattentaten aus dem Jahr 2015 wird vereitelt. Am Sonntag, dem 19. April, stellt sich der franko-algerische Student Sid Ahmed Ghlam, der auf Vermittlung des Studentenwerks in einem Studentenwohnheim eine Wohnung gefunden hat, im wahrsten Sinne des Wortes selbst ein Bein, als er sich eine Kugel in den Fuß schießt, und zwar mit einer der Waffen aus dem Arsenal, das seine Komplizen ihm besorgt haben. Er wird festgenommen, nachdem er den Notruf verständigt und vergeblich versucht, den Polizeibeamten eine Lügengeschichte aufzutischen. Man verdächtigt ihn, am Vortag eine junge Frau ermordet zu haben, die sich zur falschen Zeit am falschen Ort befand, und außerdem mit einem der ranghöchsten Franzosen des IS in Kontakt gestanden zu haben, um einen Anschlag auf eine katholische Kirche zu verüben. Am 21. August verlässt der marokkanische Mobiltelefonhändler und frühere Drogendealer Ayoub el-Khazzani, der in Spanien, wo er früher gelebt hat, als Terrorist geführt wird, die islamistische Nachwuchsschmiede von Molenbeek, um in einen Thalys-Schnellzug nach Brüssel zu steigen. Ehe er seine Kalaschnikow einsetzen kann, um ein Blutbad anzurichten, wird er von Fahrgästen und amerikanischen Soldaten auf Urlaub überwältigt.

Die drei Attentäter erinnern, jeder auf seine Weise, an die Figuren aus den »Pieds nickelés«[2], auch wenn zwei Tote zu beklagen sind. Sie machen die Grenzen der Strategie aus den zeitgenössischen Dschihadisten-Handbüchern sichtbar, die der Sprecher des IS, Abu Mohamed al-Adnani, in seinen Aufrufen immer wieder herunterbetete, ehe er um den 30. August 2016 herum in Al-Bab in der Region von Aleppo von einer amerikanischen Drohne getötet wurde: die Zahl der Morde im unmittelbaren Umfeld zu erhöhen, um Schrecken zu verbreiten und so die Rachegefühle der Bevölkerung des Alten Kontinents anzustacheln, was den Ausbruch eines Bürgerkriegs beschleunigt, der zum Siegeszug des »Kalifats« im besiegten Europa führt. Die drei Dschihadisten sind zu überstürzt in der Durchführung eines Terroranschlags ausgebildet worden, aber man wird die Lehre aus den Fehlern der beiden misslungenen Taten ziehen und diese bei den darauffolgenden Operationen korrigieren, vor allem bei der Dreifachserie von Einzelattentaten, die im Frühjahr und Sommer 2016 die Nation in Trauer stürzen.

Ein neuer Massenmord leitet die nächste Etappe ein, begangen in Saint-Denis und Paris am 13. November 2015, am Stade de France, in den Straßencafés und auf den Restaurantterrassen des 10. und 11. Arrondissements in Paris, und schließlich im Theatersaal des Bataclan. Das Gemetzel sorgt zwar in den Januarnachrichten für Schlagzeilen und ist hinsichtlich der Opferzahlen ziemlich effizient, aber es stellt sich die Frage nach seiner Zweckmäßigkeit: ob der Terrorismus tatsächlich das beste Mittel ist, um die Muslime aus den Enklaven der Problemviertel zusammenzuschweißen, zu mobilisieren und zum Aufstand gegen die Gesellschaft zu bringen, wie es die derzeitige dschihadistische Ideologie so gerne hätte.

Ausgerüstet mit Kriegswaffen und Sprengstoffgürteln, verlässt das

Kommando Molenbeek und passiert problemlos die französisch-belgische Grenze. Mehrere Mitglieder kehren, obwohl ordnungsgemäß in den Akten der europäischen Polizei erfasst, aus den vom Islamischen Staat in der Levante kontrollierten Gebieten zurück und reisen, im Schutz des Flüchtlingsstroms, mit dem Auto oder im Flugzeug, quer durch die Europäische Union. Die Mörder reizen die Lücken der Sicherheitssysteme der EU bis zum Äußersten aus und legen eine beeindruckende Koordination und logistische Fähigkeit an den Tag.

NETZWERKE UND PANNEN

Der koordinierte Angriff vom 13. November mit seinen einhundertdreißig Toten ist der schlimmste Massenmord, der seit dem Massaker von Oradour-sur-Glane vom 10. Juni 1944 und seinen sechshundertzweiundvierzig Opfern[3] auf französischem Boden verübt wurde. Er greift auf eine netzwerkartig strukturierte Organisation zurück, die im Hinblick sowohl auf die Ausführung als auch die verfolgten politischen Ziele einige Mängel aufzuweisen hat. Anders als bei al-Qaida, deren von Osama Bin Laden kontrollierte Kommandozentrale eine Operation wie die vom 11. September 2001 bis ins kleinste Detail und einer pyramidalen Struktur folgend plante, wird im Dschihadismus der dritten Generation den Attentätern die Planung und Umsetzung der Anschläge selbst überlassen. Durch diese in den Gründungstexten seiner Entwickler ausführlich erläuterte Strategie gelingt es, unter dem Radar der feindlichen Sicherheitsdienste zu bleiben und aus dem Volk stammende Täter fernzusteuern, mit denen sich die große Masse der Muslime besser identifizieren können soll. Nun sind allerdings der Planer der Anschläge vom 13. November, der in Brüssel wohnhafte Sohn eines berberisch-marokkanischen Gewürzhändlers, Abdelhamid Abaaoud, und der Kern seiner Gruppe wenig gebildete, einschlägig vorbestrafte Kriminelle. Ihre Form terroristischen Agierens verbindet Gaunerei mit Ideologie und folgt einer Ausbildung auf syrischem Gebiet, wo sie sich an der Ermordung von »Abtrünnigen« und anderen »Ungläubigen« berauschten und Leichen schändeten, Taten, von denen sie anschließend unerträgliche Videos ins Netz stellten.

Doch die Operation, zu der sich der IS mit einem Schreiben bekannt hat, vorgelesen vom von der Insel Réunion stammenden und in Toulouse indoktrinierten Konvertiten Jean-Michel Clain, einem der bedeutendsten französischen Kämpfer in Syrien, weist technische Mängel auf. Der Sprengstoff, der während des Freundschaftsspiels gegen Deutschland im Stade de France, in Gegenwart von Präsident Hollande und des deutschen Außenministers, gezündet werden sollte, ist zuvor nicht stabilisiert worden, und die Terroristen werden weggeschickt, weil sie keine Eintrittskarten haben, was vielleicht Hunderten oder gar Tausenden von Menschen das Leben rettet. Ein Mitglied des Kommandos schwitzt so stark, dass die dadurch entstehende Hitze den Sprengstoffgürtel zündet und ihn vor dem Stadion tötet.

Nach den Operationen von Paris und Saint-Denis verstecken sich Abaaoud und die überlebenden Komplizen tagelang in einem Gebüsch in der Nähe einer Autobahn und flüchten sich schließlich in eine besetzte Wohnung, wo sie bei einer Polizeiaktion niedergeschossen werden. Unterdessen gelingt es einem der Täter, Salah Abdeslam, nach Brüssel zu fliehen, wo er sich nach einer sechsmonatigen Hetzjagd schließlich widerstandslos festnehmen lässt. Da man in der Folge der Festnahme nun Jagd auf sie macht, sehen sich der Bombenbauer und führende »Kopf« des Kommandos, Najim Laachraoui, und seine Komplizen dazu veranlasst, ihre Ehre mit einer letzten Horrorschlacht zu verteidigen, mit den Attentaten am 22. März 2016 im Flughafen Brüssel-Zaventem und der Metro-Station Maelbeek, in unmittelbarer Nachbarschaft zu den Einrichtungen der EU.

Durch diesen Angriff auf Belgien, das für sie wegen der Zersplitterung der zwischen den verschiedenen Sprach- und Kulturgemeinschaften gespaltenen Polizeibehörden eigentlich die europäische Zufluchtsstätte par excellence gewesen ist, ermöglichen sie die Zerschlagung eines großen Netzwerks konspirativer Wohnungen und Komplizen und bringen die Mittelsmänner zwischen dem »Kalifat« von Rakka-Mossul und dem Alten Kontinent in Bedrängnis.

Auf politischer Ebene wird das Attentat auf das Stade de France von den jungen Muslimen sehr schlecht aufgenommen, dabei waren diese doch in der Vorstellung der Dschihadisten potenzielle Sympathisanten. Viele von ihnen lehnen die Aktion vehement ab, sie fühlen sich unmittelbar selbst angegriffen, da die Zuschauer im Stadion zu einem Großteil aus dem Departement Seine-Saint-Denis kamen, wo das Stadion liegt und das als »das muslimischste Departement Frankreichs« gilt.

In den Gesprächen, die ich im Gefängnis von Villepinte führen konnte, hielten die muslimischen Strafgefangenen, deren Familienmitglieder oder Bekannte aus dem Viertel an jenem Abend im Fußballstadion gewesen waren, mit ihrer Verachtung für die Attentäter des 13. November nicht hinterm Berg. Es ging sogar das Gerücht um, der Anschlag sei vom israelischen Mossad geplant worden, um eine Art »Endlösung« für die Muslime Europas einzuläuten. Tatsache ist, dass es auf Facebook kaum Likes für Abaaoud und Abdeslam gegeben hat, anders als damals nach den Terrorakten von Merah oder den Brüdern Kouachi, und vor allem anders als im Fall Coulibaly nach dem 7. und 9. Januar 2015.

Omar Omsen, der sich mit seinem Propagandafilm *19 HH, L'histoire de l'humanité* zum wichtigsten französischen Dschihadistenanwerber gemacht hat, ist ein einschlägig vorbestrafter Senegalese aus dem Ariane-Viertel in Nizza. Als Mitglied der al-Nusra-Front (mittlerweile Dschabhat Fatah asch-Scham), einer mit dem IS rivalisierenden Gruppe, gibt er im Mai 2016 aus seinem Lager in Syrien einem französischen Fernsehsender ein Skype-Interview, in dem er das Attentat vom 13. November verurteilt, denn es habe der islamistischen Sache großen Schaden bereitet. Dagegen lobt er die Morde in der Redaktion von *Charlie Hebdo*, mit denen man die »Ehre des Propheten gerächt« habe, und verkündet, er stelle derzeit ein Video zu Ehren der Brüder Kouachi fertig.

Den Ideologen des IS gelingt es letztlich nicht, ihre Glaubensbrüder zu überzeugen, indem sie die Muslime, die sie ermorden, als Abtrünnige bezeichnen, deren Tod »erlaubt« ist (*halal*), oder, sofern es sich um »Kollateralopfer« handelt, als Märtyrer darstellen, die der göttliche Wille niedergemäht habe, um den Sieg des Heiligen Krieges zu beschleunigen und ihnen auf diese Weise einen herausragenden Platz im Paradies zu gewähren. Die Videos, die nach dem Attentat im Bataclan ins Netz gestellt wurden, sind Ausdruck des Unmuts der Dschihadisten gegenüber ihren »Brüdern in Frankreich«, die weiter mit den *Kuffar* (Ungläubige, Irrgläubige) leben und arbeiten, statt sie zu töten. Trotz der hohen Opferzahl war die Kommando-Operation vom 13. November 2015 nur ein mäßiger Erfolg, wenn man sie an der Erwartung misst, die französischen Muslime würden sich in Massen unter dem Banner der Dschihadisten mobilisieren lassen.

Sieben Monate später, am 13. Juni 2016, wird in Magnanville, einer kleinen Gemeinde im Departement Yveslines, eine neue Serie von Einzelattentaten ihren Anfang nehmen. Anders als bei den gescheiterten Versuchen vom Vorjahr durch die Amateure Ghlam, Salhi und el-Khazzani, werden hier spektakuläre Morde zu minimalen Kosten verübt, und das mit einer umso größeren symbolischen Schlagkraft, als die Werkzeuge banale Gebrauchsgegenstände des Alltags sind – Küchenmesser und Lieferlastwagen – und nicht Feuerwaffen oder komplizierte Sprengkörper, die für wenig trainierte Terroristen schwer zu beschaffen und zu handhaben sind.

DIE POLITISCHE ÖKONOMIE DES TERRORS

In der politischen Ökonomie des Terrors erreichen die Attentate vom Frühling und Sommer 2016 eine außergewöhnliche Erfolgsquote, wenn man den großen körperlichen und moralischen Schaden, den die französische Gesellschaft davongetragen hat, mit dem geringen Investitionsaufwand verrechnet. Mit dem Mord an einer Mutter, die vor den Augen ihres Kindes erstochen wird, der Ermordung eines achtzigjährigen Priesters während der Messe und den Hunderten von getöteten oder zum Teil schwer verletzten Schaulustigen, die bei den Feierlichkeiten des Nationalfeiertags auf der Promenade des Anglais in Nizza von den Rädern eines neunzehn Tonnen schweren Lasters zerquetscht werden, erreichen sie außerdem einen in Frankreich nie gekannten Höhepunkt an Grausamkeit.

Durch die Attentate sollen die politischen Fehler der Operationen vom 13. November in Paris und vom 22. März in Brüssel korrigiert werden, die letztlich nur einen geringen Mobilisierungseffekt besaßen. Durch sie nähert man sich der Strategie des »Nachbarschafts-Terrorismus«[4] stärker an, wie er in den ersten Schriften des Dschihadismus der dritten Generation von Abu Musab al-Suri beschrieben und von Abu Mohamed al-Adnani, dem wichtigsten Sprecher des IS, wiederholt wurde. Ab dem Frühjahr 2016 haben sie nun in Rachid Kassim, einem neunundzwanzigjährigen Sohn algerischer Einwanderer, der in Roanne gelebt hat, ein wirksames Instrument gefunden. Kassim, ein ehemaliger Erzieher, der zwischen 2010 und 2012 in einem Sozialzentrum mit dem Bereich »Jugendliche« betraut war, gründet eine Rap-Gruppe mit dem Namen »L'Oranais«, Mann aus Oran (Algerien). Der Name ist eine Metathese (Vertauschung von Lauten innerhalb von Wörtern) zu »Roannais«, Mann aus Roanne, mit der er einer Verschiebung seiner Identität Ausdruck verleiht, denn ausgerechnet während eines Sommeraufenthalts in Algerien im Jahre 2011, als er sich in der Herkunftsregion seiner Familie aufhält, kommt es zu seinem Abgleiten in den Salafismus.

Nach seiner Rückkehr trägt er einen langen Bart und eine Dschellaba, weigert sich fortan, Frauen die Hände zu schütteln, und schreckt selbst die islamischen Verantwortlichen vor Ort auf, die sich der Polizei anvertrauen. Dann gerät er unter den Einfluss eines dreißigjährigen Konvertiten, der für seinen Bekehrungseifer bekannt ist und ihn anwirbt. Ende 2012 verlässt er endgültig Roanne, um »seine Kenntnis der Religion zu vervollkommnen«, und geht nach Ägypten, wo er wahrscheinlich eine der Madrasas aufsucht, die auf den Dschihad vorbereiten – in einem Land, das von revolutionären Umwälzungen geprägt ist und in dem der Staat keinen Einfluss mehr auf die Institutionen hat. Anschließend fährt er zu den Kämpfern in der Levante und taucht Ende 2015 wieder in den sozialen Netzwerken auf, ruft dort Schüler und Jugendliche zum Dschihad auf und bringt dabei sein Charisma als Erzieher zum Einsatz: »Ich heiße Rachid Kassim, man nennt mich den Mann aus Oran [L'Oranais].«

Als daraufhin seine Facebook-Seite gesperrt wird, wechselt er 2016 zu Telegram, dem gesicherten Messenger, den die Dschihadisten bevorzugen. Er richtet dort einen privaten Kanal ein, *Ansar al-Tawhid* (»die Partisanen der Einheit und Einzigkeit Gottes«, eine der beliebtesten Selbstbezeichnungen der Salafisten), der im Sommer dreihundertfünfundzwanzig Abonnenten erreicht und von dem man Screenshots bei Larossi Abballa fand, jenem Mann, der am 13. Juni in Magnanville das Polizisten-Ehepaar ermordet, sowie bei Adel Kermiche und Abdel-Malik Petitjean, den Jugendlichen, die am 26. Juli in Saint-Étienne-du-Rouvray Pater Jacques Hamel ermorden, und schließlich auch bei dem weiblichen Kommando vom September und anderen Jugendlichen, die in den Bann des ehemaligen Rappers geraten waren. Der Kanal wird eines der wirksamsten Vehikel des Nachbarschafts-Dschihadismus, der sich im Frühjahr und im Sommer auf französischem Boden ausbreitet. Kassim unterscheidet auf seinem Kanal zwei Aktionsarten, mit denen die Franzosen terrorisiert werden sollen, um sie dafür zu bestrafen, dass sie mit ihren Steuern »die israelische Armee, die Palästinenser tötet«, und die Bombardierungen der »Kreuzritter« auf das »Kalifatsgebiet« finanzieren: Zum einen propagiert er »gezielte Angriffe«, die bestimmte Personen treffen sollen, zum anderen »Massenangriffe«. Für beide Aktionsarten empfiehlt er die Verwendung einfach verfügbarer Mittel: Küchenmesser, Lastwagen oder Gasflaschen. Diese Empfehlungen sind eins zu eins umgesetzt worden, in Magnanville und Saint-Étienne-du-Rouvray, in Nizza und im 5. Arrondissement von Paris.

Am Abend des 13. Juni 2016 werden ein Polizist und dessen Ehefrau erstochen. Der Mörder heißt Larossi Abballa und ist ein Nachbar der Opfer, der bereits wegen dschihadistischer Vergehen verurteilt und wenige Monate zuvor aus der Haft entlassen worden ist. Auf einem Video, das nach den Morden gepostet wird, ruft er zu weiteren Verbrechen auf und nennt als Ziele Gefängniswärter, »auch wenn sie

Mohammed heißen«, und Journalisten, von denen er einige namentlich nennt, sowie einen Akademiker und einen Sänger. Dank der App Facebook Live und den Netzwerken, auf denen man sich austauscht, wird sein Aufruf zur Gewalt in großem Umfang verbreitet.

Die Videosequenz zeigt ein von unten aufgenommenes Selfie, das Abballa als eine erschreckende Kreuzung aus Gangsta-Rapper und behaartem Islamisten darstellt, ähnlich den Männern auf den Propagandabildern des IS. Er schwört dem »Kalifen« von Mossul, Abu Bakr al-Baghdadi, den Treueeid, genau wie Coulibaly in seiner Aufnahme vom 8. Januar 2015, dem Tag vor dem Massaker im Hyper Cacher an der Porte de Vincennes. Anders als Letzterer, der nur mühsam auf Arabisch stammelt, spricht der Mörder sehr gut Arabisch und rechtfertigt und begründet seine Taten mit Zitaten aus den Heiligen Schriften des Islam und von kanonischen Autoren des Salafismus, während er auf den Zugriff der Polizisten wartet, die ihn erschießen und ihm so den Status eines Märtyrers verleihen werden.

2011 wurde Abballa wegen Zugehörigkeit zu einer Gruppe festgenommen, die Freiwillige zur Ausbildung nach Pakistan schickte und deren Mitglieder das Durchschneiden der Kehle an gekauften lebenden Kaninchen übten, in einem Waldstück in der Pariser Region. Als Anhänger der Methode des Sichverstellens, der *Taqiya*, gab Abballa sich beim Untersuchungsrichter als »Atheist« aus und wurde kurz nach seinem Prozess im Jahr 2013 auf freien Fuß gesetzt, da das zuständige Gericht ihn als wiedereingliederungsfähig einstufte, ohne zu berücksichtigen, dass er bereits mehrfach wegen aktiver Mitgliederwerbung inhaftiert worden war. Die telefonische Überwachung wurde zunächst verstärkt, dann aber wieder aufgegeben, weil es in den Gesprächen vor allem um eine erlaubte (*halal*) Eheschließung über das Internet ging. Später wird man herausfinden, dass die junge radikalisierte Frau, die ihm versprochen wurde, Mitglied des ersten weiblichen Kommandos ist, das im September 2016 zerschlagen wird.

Das am 14. Juni am Morgen nach dem Verbrechen auf Facebook gepostete Video enthält grauenvolle Aufnahmen der ermordeten Mutter und ihres völlig verängstigten Kindes, begleitet von sadistischen Kommentaren. Am Nachmittag wird es noch einmal auf der Website des IS *Amaq al-Ikhbariyya* (»Aus der tiefsten Tiefe der Informationen«) hochgeladen, aber die erwähnten Bilder sind zensiert, als hätten die dschihadistischen Administratoren am Ende befunden, so viel Schändlichkeit könnte sich selbst bei den ganz Hartgesottenen unter den Sympathisanten als kontraproduktiv erweisen.

Am übernächsten Tag wird das Ganze von *Amaq* noch einmal online gestellt, diesmal ist die Szene mit den Namen der Personen, die gezielt getötet werden sollen, herausgeschnitten, eine Liste, die keinen rechten Sinn ergibt, vor allem was die weiblichen Journalisten anbelangt. Selbst wenn Abballa den Text, den er da am Bildschirm vorliest – ein Mischmasch aus islamistischer Ideologie und privaten Fantasien bzw. Ressentiments –, selbst verfasst haben sollte, so erinnert sein Video doch an die Filme, die auf dem Sender *Ansar al-Tawhid* von Rachid Kassim gezeigt werden, und man wird später die Spuren seiner Kontakte zu den Aktivisten des IS in Syrien finden. Dass die Propagandamaschine der Organisation sich zu diesem Mord bekennt, ergibt erst durch die kumulative Wirkung der drei folgenden Anschläge so recht einen Sinn, der beiden »Massenangriffe« in Nizza und Paris und dem »gezielten« Angriff in Saint-Étienne-du-Rouvray.

Einen Monat später rast Mohamed Lahouaiej Bouhlel, ein tunesischer Auslieferungsfahrer, am Abend des 14. Juli in Nizza mit seinem Laster in die Menschenmenge. Vor seiner Emigration an die Côte d'Azur war ihm eine Psychose diagnostiziert worden, und er lebte, wegen häuslicher Gewalt, von seiner Frau getrennt, war vorbestraft wegen Gewalt im Straßenverkehr, großer Salsa-Fan und ein bisexueller Mann, der nach Art der *baiseness* – einer Form der männlichen Prostitution mit Touristen beiderlei Geschlechts –, wie sie in den Badeorten seiner Kindheit gang und gäbe war, häufig die Partner wechselte. Für den Geheimdienst ist er kein Unbekannter. Da es keinerlei Bekennerschreiben gibt, bemühen sich die »Verleugner und Verdränger« eifrig darum, die Fährte des Wahnsinns populär zu machen, bis am übernächsten Tag der IS in einer kurzen Bestätigung die Verantwortung für die »Operation Überfahren [*dahass*]« in Nizza übernimmt, die von einem »Soldaten des islamischen Staates« als Antwort auf die Bombardierungen des Territoriums des »Kalifats« durch die westliche Koalition ausgeübt worden sei.

Die Ermittlungen ergeben, dass der Tunesier in den vierzehn Tagen vor dem Massaker intensiv dschihadistische Websites aufgesucht und in der Metropole an der Côte d'Azur nach Komplizen gesucht hatte, in einer Stadt, in der dieses Milieu besonders aktiv ist. Es bleibt noch zu klären, inwiefern die Bildersprache der Massaker-Videos gerade durch ihre Obszönität für einen Perversen die Erfüllung seines sadistischen Triebes und das Versprechen verkörpert hat, sich durch das Opfer freizukaufen. In der »Dschihadistenszene« wird der Terrorakt von Lahouaiej Bouhlel zwar begrüßt, aber man feiert ihn nicht als Held, im Gegensatz zu Larossi Abballa oder Abdel-Malik Petitjean, die für geradlinigere Wege zum Salafismus und Dschihadismus stehen. Dieser Mann, der früher Unzucht trieb, Alkohol trank und Schweinefleisch aß, hat bestimmt geglaubt, all seine Sünden würden durch das Martyrium auf dem Weg zu Allah getilgt, aber seine letzte Erlösung dürfte in den Augen der IS-Propaganda das von der salafistischen Norm abweichende Verhalten, das er zuvor an den Tag gelegt hatte, nicht rechtfertigen, denn es könnte eine verderbliche und destabilisierende Wirkung haben. Die Durchführung von Attentaten auf französischem Boden stellt eine derartige Grenzüberschreitung dar, dass der IS alle Möglichkeiten nutzen muss, um ein gewisses Kontingent an Vollstreckern zu gewinnen, nicht zuletzt unter Personen mit attestierten psychischen Defekten, da diese umso leichter manipulierbar sind, sowie unter Frauen und Jugendlichen.

Die endgültige Zahl der Opfer des Attentats von Nizza – sechsundachtzig bis Mitte September 2016 – ist niedriger als die der Opfer vom 13. November 2015, aber das Entsetzen, das es bei den Menschen hervorrief, war umso größer, als das Mordinstrument so banal war und die beiden ausgewählten Angriffsziele so symbolisch: der Nationalfeiertag und die Promenade des Anglais. Ersterer beschwört den Hass der Dschihadisten auf Frankreich herauf – und zugleich die Verachtung der Salafisten und sonstigen Islamisten. Sie alle verteufeln die

Französische Revolution, Tochter der Aufklärung, in der sie den Ursprung des Aufbegehrens des nicht religiösen Denkens gegen den Glauben sowie den Ursprung des verhassten Laizismus sehen.

In ihrer Vorstellung sind die Feierlichkeiten des 14. Juli eine Art heidnisches Fest, gleichzusetzen mit der präislamischen Götzenanbetung, die vom Propheten und seinen Gefährten ausgemerzt wurde und gegen die der Islam im Wesentlichen konzipiert ist. In den Heiligen Schriften findet man Beispiele und Zitate in Hülle und Fülle, die, herausgelöst aus ihrem geschichtlichen Kontext und in wortwörtlicher Lesart, ganz nach der salafistischen Methode, welche die Dschihadisten bei ihrer Umsetzung anwenden, eine »heilige« Rechtfertigung der Terrorakte ergeben.

Was die Promenade des Anglais angeht, so macht sie, wie ihr Name schon sagt, die Côte d'Azur zu einem beliebten Ziel internationaler Gäste und symbolisiert die Freizeitgesellschaft und die Kultur des Hedonismus, auch wenn der frühere Glamour ein wenig an Glanz verloren hat. Die Schaulustigen, die Lahouaiej Bouhlel massakriert, sind Menschen aus dem Volk, mehr als ein Drittel der Opfer tragen muslimische Namen, viele von ihnen sind von den Hochhaussiedlungen im Norden in die Stadt heruntergekommen, um an dem fröhlichen Treiben am Ufer des Mittelmeers teilzuhaben, das sie von der nordafrikanischen Küste trennt, von der sie einst gekommen waren. Auch der Mörder stammt aus Saint-Roch, einer jener Vorortsiedlungen von Nizza, die ganz wie das Ariane-Viertel, das Symbol für die sozio-religiöse Enklavenbildung und Stützpunkt des Video-Machers Omar Omsen ist, durch Gewalt Einzug ins Herz der Stadt erhalten haben, in metonymischer Vorwegnahme des Bürgerkriegs, der von der dschihadistischen Ideologie herbeigesehnt wird. Aber während Omsen 2012 und 2013 mit seinem Propagandafilm *19 HH, L'histoire de l'humanité* seine jungen Anhänger noch dazu einlud, »im Lande Scham« (Syrien)[5] zu kämpfen, hat sich die Perspektive mittlerweile umgekehrt. Von Syrien aus ruft Rachid Kassim jene, die er »einsame Löwen« nennt, dazu auf, den Dschihad nach Frankreich zu tragen.

Das ist der Sinn des Videos, das er am 20. Juli ins Netz stellt, um das Attentat von Nizza zu begrüßen. Von einem öffentlichen Platz in einer Stadt der irakischen Provinz Ninive aus beschimpft »l'Orainais-Roannais«, der Mann aus Oran-Roanne, begleitet von einem frankophonen Komparsen, den französischen Präsidenten und führt ihm vor, was in Bälde in Frankreich geschehen wird: In einer unerträglichen Szene schneiden die beiden Henker, die Turban und militärische Tarnkleidung tragen, zwei schiitischen Gefangenen, die in orangefarbenen Trainingsanzügen vor ihnen knien, die Kehle auf, enthaupten sie und halten brüllend und bespritzt vom Blut ihrer Opfer die Köpfe in die Kamera.

IM TIEFSTEN HERZEN FRANKREICHS

Die Drohung wird sechs Tage später in die Tat umgesetzt. Die terroristische Trilogie gipfelt am 26. Juli in dem Attentat auf ein anderes Gründungssymbol der Identität der französischen Nation, versinnbildlicht durch die Taufe Chlodwigs I.: die katholische Kirche, als deren älteste Tochter sich Frankreich in der Geschichte gesehen hat. Die Ereignisse dieses Morgens enthüllen in ihrer erschreckenden Einfachheit, dass der Dschihad im Herzen der tiefsten Provinz Frankreichs angekommen ist. Saint-Étienne-du-Rouvray ist keine Vorstadt mit düsteren Wohnblöcken des sozialen Wohnungsbaus, fernab gelegen an der Ausfahrt irgendeiner Autobahn, zwischen einem Friedhof und einer Müllverbrennungsanlage, wie etwa das Ariane-Viertel. Es ist ein »ländlich-urbanes« Vorstädtchen an der Peripherie von Rouen, in dem sich alte Bauernhäuschen neben die Arbeiterwohnungen der Metropole der Normandie reihen. Saint-Étienne-du-Rouvray hat in den letzten zehn Jahren von den Programmen des Nationalen Amtes für Stadterneuerung (Anru) profitiert und bietet einen hübschen Anblick. In diesem Städtchen gibt es noch einen kommunistischen Bürgermeister: Ab dem 19. Jahrhundert wurden hier Fabriken errichtet und die Gemeinde war ab 1923, drei Jahre nach dem »Congrès de

Tours«, dem Auftakt zur Gründung der PCF, der Kommunistischen Partei Frankreichs, eine der ersten »roten« Gemeinden Frankreichs. Die Partei hat sich mit der Kirche immer in einer starken Konkurrenz befunden und stets versucht, ihr die Erziehung der Arbeiterjugend streitig zu machen.

In diesen Arbeitermilieus haben sich im Laufe des 20. Jahrhunderts auch immigrierte Arbeiter aus Nordafrika angesiedelt und eigene Familien gegründet. Sie ließen sich zunächst als Proletarier in den Armutsvierteln nieder, genossen anschließend als Lohnempfänger in den brandneuen Wohnungen des sozialen Wohnungsbaus soziale Vorteile und zogen schließlich, gemäß ihres beruflichen Aufstiegs, mit ihrer zahlreichen Nachkommenschaft in die neuen Einfamilienhaus-Siedlungen. Das trifft auch auf die Familie Kermiche zu, die ursprünglich aus der algerischen Kabylei stammt und seit drei Generationen in Frankreich ansässig ist. Fast alle Geschwister, mit Ausnahme des jungen Mörders Adel, sind ihren Weg vorbildlich gegangen, die ältere Schwester etwa ist Chirurgin, andere Brüder und Schwestern haben Leitungsfunktionen inne, und die Mutter selbst hat ihre Ausbildung nachgeholt und unterrichtet an einer Berufsfachschule.

Mit der kommunistischen Geselligkeit war es dann mit Beginn der Wirtschaftskrise in den Siebzigerjahren und dem Verschwinden der Arbeitsplätze für die Arbeiter endgültig vorbei (Saint-Étienne-du-Rouvray hat seither fast zehntausend Seelen verloren und sich 2016 auf etwa achtundzwanzigtausend Einwohner eingependelt). Die demografische Entwicklung der aus der Immigration hervorgegangenen Bevölkerungsgruppen ist heute vor allem an der hohen Zahl von Jugendlichen erkennbar (ein Drittel der Einwohner ist unter neunzehn Jahre alt, was dem Alter des Mörders entspricht) und daran, dass 45 % von Arbeitslosigkeit betroffen sind. Der Drogenhandel ist allgegenwärtig.

Die Pfarrgemeinde nahm im Geiste der islamisch-christlichen Brüderlichkeit und der »Seelsorge für die Migranten« die muslimische Arbeiterklasse in ihrer Mitte auf, während sich die kommunistische Stadtverwaltung gegen das Bauprojekt einer Moschee sträubte, das ihr von marokkanischen, der UOIF (Union der französischen islamischen Vereine) nahestehenden Studenten angetragen wurde, da es zu viele Muslime für den kleinen Gebetssaal im Sonacotra-Arbeiterheim gab, den die pietistischen Muslime der Tabligh-Bewegung leiteten. Für einen symbolischen Franc überließ die Kirche ihnen ein Grundstück, auf das man die Yahia-Moschee baute, die im Jahr 2000 Eröffnung feierte und bis zu eintausendsiebenhundert Gläubige zum Freitagsgebet empfangen kann. Das Moschee-Gebäude steht direkt neben der modernen Chapelle Sainte-Thérèse, die seither deutlich weniger frequentiert wird.

Doch es ist die alte Kirche Saint-Étienne, im Herzen der Altstadt der kleinen Gemeinde, wo die portugiesischen Immigranten den katholischen Glauben hochhalten, die zum Schauplatz des Mordes an Pater Hamel wird. Dieser über achtzigjährige Priester war mit den sozialen Problemen vertraut, denn er hatte seinen Dienst mehrere Jahrzehnte in der Pfarrei verrichtet, die für die Gläubigen des Renault-Werks Cléon zuständig war, ebenfalls in der Normandie und damals noch eine kommunistische Festung. Dieses Amt hatte ihn sehr »erschöpft«, wie seine nächsten Bekannten berichten. Bekannt für seine Sanftmut und Warmherzigkeit, mit der er Muslime empfängt, hält er am 26. Juli, obwohl längst in Rente, die Morgenmesse, um den amtierenden Seelsorger zu vertreten, einen vierzigjährigen Kongolesen, der sich auf Urlaub in seinem Heimatland befindet: Auch Frankreichs Kirche, der es an Nachwuchspriestern mangelt, greift auf zugewanderte Arbeitskräfte zurück.

Adel Kermiche wohnt im Stadtviertel Maurice-Thorez, ganz in der Nähe des Tatortes. Seine Kindheit und Jugend waren bestimmt von schweren psychischen Störungen und einer unterbrochenen Schulkarriere. Ende 2014 fiel er durch die praktische Prüfung für den Jugendleiterschein, doch an seiner Haltung war noch nichts Ungewöhnliches zu erkennen. Am Tag nach dem 7. Januar 2015 änderte sich sein Verhalten, als hätte er plötzlich in den Brüdern Kouachi – die tags zuvor den Propheten für die Beleidigungen von *Charlie Heb-*

do »gerächt« hatten – ein Identifikationsmodell gefunden, auf das er sich stürzen konnte. Er gab seine alten Freunde und Gewohnheiten auf, trug eine Dschellaba, ließ sich einen Bart wachsen und geriet in den Bann des virtuellen Dschihadistenmilieus.

Laut den autobiografischen Bruchstücken, die er im Jahr darauf in den Aufnahmen für seinen privaten Telegram-Kanal preisgibt, wählt er den mauretanischen Ulema Mohammed al-Hassan Ould al-Dodo als »Weisen«, der ihm nun anderthalb Jahre lang den Weg des Islam weisen soll. Dieser *fqih* (religiöser Weiser) – geboren 1963, ausgebildet in Saudi-Arabien, in seinem Land zwischen 2003 und 2005 mehrfach inhaftiert –, von dem keine Verbindung zum IS bekannt ist, hat Kermiche den salafistischen Kulturfirnis, mit dem er sich brüstet, vor allem mithilfe einer umfangreichen Produktion online gestellter Filme vermittelt, von denen ein Teil auch ins Französische übersetzt worden ist. Auf diesem Weg steht ihm ein alter Schulkamerad aus Saint-Étienne-du-Rouvray als Partner und Mittelsmann zur Seite, Adel Bouaoun, der Kermiches Personalausweis benutzt, um nach Syrien zu gelangen. Nach dem Freitagsgebet in der Yahia-Moschee zeigt Kermiche mit einem solchen Bekehrungseifer Propagandavideos des IS, dass sogar die örtlichen Salafisten, Schüler des gleichgesinnten saudischen Scheichs Rabi' al-Madkhali, Anstoß daran nehmen.

Anschließend unternimmt er ab März erfolglose Versuche, ins »Kalifat« zu reisen, wird von Deutschland nach Frankreich zurückgeschickt, wo er aufgrund seiner Minderjährigkeit zwar freigelassen wird, aber eine S-Akte bekommt, einen Eintrag in die französische Entsprechung der Gefährderliste. Einige Wochen später bricht er wieder auf, diesmal gelangt er über die Schweiz bis in die Türkei. Auch von dort wird er zurückgeschickt und, da er mittlerweile volljährig ist, im Gefängnis von Fleury-Mérogis inhaftiert, der großen Schule des französischen Dschihadismus, wo er seine Zelle mit hartgesottenen Militanten teilt, darunter einem dreißigjährigen Saudi-Arabier. In seinem letzten Telegram-Chat erklärt Kermiche: »Im Gefängnis, mit meinem Scheich, er hat mich auf Ideen gebracht.« Es ist anzunehmen, dass seine autodidaktische Online-Ausbildung zum Salafisten erst durch den Einfluss seiner Mitgefangenen auf den dschihadistischen Weg gebracht wurde.

Im März 2016 wird er auf Verlangen der Richterin der mit seinem Fall betrauten Anti-Terror-Verwaltung freigelassen – gegen den Protest der Staatsanwaltschaft. Die Richterin sieht bei ihm gute Chancen zur Wiedereingliederung und führt sein jugendliches Alter als mildernden Umstand an, wie das auch bei Larossi Abballa vor Magnanville der Fall gewesen ist. Die Staatsanwaltschaft bestätigt die Entscheidung, und Kermiches Akte S (für »Staatssicherheit«) wird aus der Fahndungsliste gestrichen.

Nach seiner Freilassung ist Kermiche auf Telegram äußerst aktiv. Am 11. Juni erstellt er einen privaten Kanal, auf dem er für seine etwa zweihundert Abonnenten jene Ankündigung postet, zu dem die Wochenzeitschrift *L'Express* Zugang hat (online am 27. Juli):

> *Wenn du nach Scham (Syrien) willst, ist das ziemlich kompliziert, weil die Grenzen geschlossen sind. Besser hier angreifen. Du nimmst ein Messer, gehst in eine Kirche, richtest ein Blutbad an, und zack! schneidest du zwei, drei Köpfe ab, dann ist es gut, dann ist es vorbei!*

Am 20. Juli schaut er Rachid Kassims Telegram-Kanal *Ansar al-Tawhid*, an genau dem Tag, als dieser das Video postet, in dem zu sehen ist, wie er zwei Gefangene köpft und Präsident Hollande mit den Worten droht: »Sieh dir diese Szene gut an, François Hollande, das wird bald mit deinen eigenen Bürgern geschehen, auf den Straßen von Paris, auf den Straßen von Marseille, auf den Straßen von Nizza, in ganz Frankreich, *Inschallah.*« Kassim wird Ko-Administrator des Kanals von Adel Kermiche, auf dem er nach dessen Tod weitere Botschaften postet. Der Inhalt einiger dieser Chatnachrichten vermittelt zugleich Einblicke in das Privatleben nach strikt salafistischen Regeln, das der jugendliche Spätentwickler sich erträumt hatte. Hier erfährt man, dass er im Internet nacheinander drei Halal-Ehen mit jungen »Schwestern« aus dem örtlichen dschihadistischen Umfeld eingegangen ist, von denen jede am nächsten Tag widerrufen wurde – eine Art virtuelle Promiskuität, verbrämt mit Rechtfertigungen durch die Scharia. Eine der jungen Frauen, eine in Lisieux, der Stadt der Therese vom Kinde Jesu, geborene dreiundzwanzigjährige Konvertitin, war bereits Larossi Abballa versprochen worden. Sie wird am 8. September festgenommen, nachdem sie bei der Zerschlagung des ersten weiblichen Kommandos einen Polizisten mit dem Messer attackierte. Zur gleichen Zeit kündigt Kermiche seinen Followern ein weiteres »abgefahrenes Ding« an, ein Ereignis, auf das er sie kurz vorher aufmerksam machen will, und fordert sie dazu auf, für eine möglichst große Verbreitung zu sorgen.

Zwei Tage später stellt er den Kontakt zu seinem späteren Komplizen her, Abdel-Malik Petitjean. Sie sind einander nie begegnet, aber die Auswertung ihrer Telefongespräche legt den Ermittlern den Schluss nahe, dass Rachid Kassim die beiden Dschihadisten-Lehrlinge aus der Distanz manipuliert, um sie zu »einsamen Löwen« zu machen, die Frankreich in Angst und Schrecken versetzen sollen. Kermiche und Petitjean werden die Vollstrecker der Drohung aus Kassims Video sein, aber keiner von beiden scheint die nötigen intellektuellen Fähigkeiten besessen zu haben, um die Operation in Gänze zu planen.

Petitjean, der in Aix-les-Bains in Savoyen wohnt, wird 700 Kilometer zurücklegen, um nach Saint-Étienne-du-Rouvray zu gelangen, dort sein Zelt aufzuschlagen und die mittlerweile schon routinemäßige Sequenz des Treueids auf den »Kalifen« von Mossul, Abu Bakr al Baghdadi, aufzunehmen. Vor dem Bildschirm halten die beiden Verschwörer einander an den Händen; sie sind gekleidet wie die IS-Kämpfer in den Propagandavideos, Kermiche mit Kopfbedeckung und Kampfanzug. Er liest die Schwurformeln in einem stockenden Arabisch, bei dem die einzelnen Phoneme jedoch klar und deutlich ausgesprochen werden, ein Zeichen, dass er – wahrscheinlich im Gefängnis – bereits in einem Milieu sozialisiert wurde, in dem er die Sprache des Korans gelernt hat. Gegen Ende der Aufzeichnung strecken sie den Zeigefinger zum Himmel, nach dem frommen Ritual des

Islam, und rufen gemeinsam *Hamdulillah* (Allah sei gepriesen). Das Video wird an eine Kontaktperson geschickt, die es nach der Ermordung von Pater Hamel ins Internet stellen wird, am nächsten Morgen, nach einem genau durchdachten Drehbuch.

Abdel-Malik Petitjean, geboren in den Vogesen, hat seinen Nachnamen, der ein wenig an Victor Hugo und Walter Scott erinnert, von seinem Adoptivvater erhalten, einem Schweißer, der 2011 von seiner Frau geschieden wurde, ein Faktor, dem dieser gegenüber der Presse nach dem Verbrechen die Schuld an der »Radikalisierung« seines Sohnes gibt. Nachdem er 2015 sein Fachabitur macht, nimmt Petitjean verschiedene Gelegenheitsjobs an und wird von ihm Nahestehenden, den Mitgliedern seiner Patchworkfamilie sowie den Gläubigen und dem Imam des Gebetsortes in Aix-les-Bains, den er eifrig besucht, als »sanft«, »liebenswert« und »höflich« beschrieben. Im Winter 2015 verbringt er seine Freizeit damit, an den Aktionen der muslimischen Hilfsorganisation »Der Rosentau« teilzunehmen, die den Ärmsten Unterstützung leistet, und im Frühjahr wird er am örtlichen Flughafen als Kofferträger angestellt. In dem polizeilichen Führungszeugnis, das es für diese sensible Tätigkeit braucht, ist kein Hinderungsgrund vermerkt. Dennoch bittet der Imam der Moschee seine Mutter und ihn zu einem Gespräch, denn er ist besorgt über die »Radikalisierung« des jungen Mannes, der »mit den Bärtigen herumhängt«. Darüber unterrichtet die Mutter auch den Vater.

Im Juni 2016 befindet sich Petitjean ohne Wissen seiner Angehörigen plötzlich bei einer von der Polizei gesuchten Person in der Türkei, gerät in eine Kontrolle und wird registriert. Dies führt dazu, dass am 29. desselben Monats eine ihn betreffende S-Akte angelegt wird, obwohl er bereits unerkannt nach Frankreich zurückgekehrt ist. Er zeichnet ein erstes Video auf, auf dem er allein in einem billigen T-Shirt mit breiten weißen und grünen Streifen zu sehen ist und in dem er Drohungen gegen Frankreich ausspricht. Dann setzt er sich am 22. Juli über Telegram mit Kermiche in Verbindung und trifft sich mit ihm, um, wie wir gesehen haben, das gemeinsam geplante Attentat zu begehen.

Kermiche, der durch einen Gerichtsentscheid aus dem Gefängnis entlassen, aber bei seinen Eltern unter Hausarrest gestellt worden ist, verlässt am Morgen des 26. Juli im Rahmen des zugestandenen Freigangs und in Begleitung seines Komplizen das Haus. Mit seiner elektronischen Fußfessel begibt er sich zur Église Saint-Étienne. Vor drei mit der Hausaufgabenhilfe betrauten Ordensschwestern, zu der vor allem die muslimischen Kinder aus dem Viertel kommen, und zwei Kirchgängern, einem Ehepaar in seinen Achtzigern, liest Pater Hamel die Messe. Kermiche zwingt den armen Priester auf die Knie, um ihn in seiner Qual auch noch zu demütigen. Pater Hamel, der in den Fünfzigerjahren während seines Militärdienstes in Algerien schon oft dem Tod nahe gewesen ist, findet noch die Kraft: »Hebe dich hinweg von mir, Satan!« zu sagen, bevor er stirbt, während sein Mörder auf Arabisch eine Erklärung für die Nachwelt und alle, die es ihm nachtun sollen, abgibt. Eine Nonne, die sich in Sicherheit bringen kann, nennt seine Worte später »eine Art arabische Predigt am Altar«. Kermiche fügt auf Französisch hinzu: »Ihr Christen unterdrückt uns …« Laut *Le Figaro* wird ein Mann aus der Gemeinde gezwungen, die Szene zu filmen, anschließend ebenfalls mit dem Messer verwundet und in dem Glauben, er sei tot, liegen gelassen. Doch das schnelle Eingreifen der Polizei und die Exekution der beiden Mörder retten ihm das Leben und verhindern die Online-Verbreitung des Videos.

Es gibt eine muslimische Tradition, die Christen als »Leute des Buches« versteht und ihnen den Status »schutzbefohlener« Monotheisten (*dhimmis*) zugesteht, wofür diese eine Kopfsteuer zahlen müssen. Im Gegensatz dazu darf man die »Heiden« töten, wenn sie sich nicht zum Islam bekehren. Der Salafismus hingegen und in der Folge auch der Dschihadismus propagieren ein wesentlich geschlosseneres Verständnis des »islamisch-christlichen Dialogs«. Für sie sind die Anhänger Christi Ungläubige oder *Kuffar*, die in Wahrheit drei Göttern huldigen: dem Vater, dem Sohn und dem Heiligen Geist. Ihnen gegenüber braucht man keine Milde walten zu lassen, wenn der Islam eines Glaubensbruders, von dem man sich nicht ausdrücklich »losgesagt« hat, angegriffen wird. Und so wird Pater Hamel in einem Akt der Rache für die Bombardierungen der Gebiete des Islamischen Staates durch westliche »Kreuzritter« hingerichtet. Das arabische Bekennervideo des IS auf der Seite *Amaq* stimmt auf den Wortlaut genau mit dem Video zu dem zwölf Tage zuvor geschehenen Attentat von Nizza überein: Die beiden »Soldaten des Islamischen Staates« sind angeblich diesem Racheaufruf gefolgt.

CHRONOLOGIE DES TODES, BLINDHEIT DER POLITIK

Das eigentlich Traurige an dieser Chronologie des Todes ist, dass das Drehbuch, die Vorgehensweise und selbst das Casting der potenziellen Protagonisten dieses Dschihadismus der dritten Generation bekannt sind und seit gut zehn Jahren der Öffentlichkeit zur Verfügung stehen: Die Gründungstexte, im Januar 2005 auf Arabisch erschienen, wurden ab 2008 von verschiedenen Akademikern übersetzt und analysiert, darunter in französischer Sprache von mir selbst in dem Buch *Terreur et Martyre*. Das Drama spielt sich fast wortwörtlich gemäß der Doktrin und Gebrauchsanleitung ab, die man in dem *Aufruf zum weltweiten islamischen Widerstand* des syrischen Ingenieurs Abu Musab al-Suri sowie in dem Buch *Management der Barbarei* des nicht identifizierten Autors findet, der sich »Naji« nennt.

Diese Warnungen werden von den kurzsichtigen Politikern, die uns regieren, ebenso ignoriert wie von den hohen Beamten, die den Staat verwalten, in Missachtung des gering geschätzten Wissens der Arabisten, der verrufenen Soziologie und ihrer Feldforschung in den Problemvierteln sowie der verunglimpften Psychologie, die ebenfalls bereits seit einem Jahrzehnt auf die klinischen Symptome dieser Phänomene in den Gesundheitszentren der Vorstädte hinweist. Sie haben weder versucht zu verstehen, wie noch warum sich eine Kultur freiwilliger Abschottung in Enklaven herausbilden konnte, die sich im Bruch mit der europäischen Gesellschaft und mit europäischen Werten befindet und im Namen eines unnachgiebigen Salafismus agiert, der dschihadistischen Terrorakten und der Ermordung von

Menschen, die als »Ungläubige« oder »Abtrünnige« gelten und »deren Blut *halal* [islamisch erlaubt]« ist, den Weg bereitet.

Das erinnert an die Schöngeister der Weimarer Republik, die *Mein Kampf* bei seinem Erscheinen im Jahr 1925 für die exaltierten Fantastereien eines talentlosen Malers hielten, oder an die reformistische Intelligenzija des ausgehenden Zarismus, die in Lenins Schrift *Was tun?* von 1902 die Dummheiten eines vom Kaiser manipulierten Doktrinärs sahen. Denn es stimmt zwar, dass diese sozialen Phänomene der Gewalt eigenen Logiken gehorchen und oft, wenn auch nicht immer, mit den Lebensbedingungen marginalisierter Bevölkerungsgruppen in Zusammenhang stehen und mit der instabilen psychischen Verfassung der Täter. Aber dennoch ist es die Ideologie, die erst ein Aktionsbewusstsein weckt und die Art der Tat bestimmt, die die Grenzen der Zugehörigkeit zu einer bestimmten Gemeinschaft und deren Feinde definiert und, wie in den Fällen, die wir uns angesehen haben, sogar den Modus der Vernichtung dieser Feinde regelt.

Daher ist es dringend geboten, im Hinblick auf die Mechanismen der dschihadistischen Doktrin Scharfsinn walten zu lassen, auch wenn diese Ideologie erst dann sichtbar wird, wenn die objektiven Bedingungen ihrem Gedeihen förderlich sind, wie etwa nach der Rekrutierung neuer Mitglieder in den Gefängnissen, durch den Boom der sozialen Netzwerke oder die Allgegenwärtigkeit von Smartphones, die sich in Predigtinstrumente verwandelt haben. Das erklärt auch, warum zwischen dem Erscheinen der oben erwähnten Texte im Internet und deren praktischer Umsetzung in der Mitte des darauffolgenden Jahrzehnts durch die Aktivisten, beginnend mit Mohamed Merah im Jahr 2012, eine so lange Zeitspanne liegt.

Vermutlich haben weitere Erzählungen den »großen Erzählungen« (Lyotard) des zeitgenössischen französischen Dschihadismus als Nährboden gedient, etwa das Erbe des Algerienkrieges, das dazu verhilft, den »retrokolonialen Charakter« des Hasses zu begreifen. Es ist nicht ohne Bedeutung, dass Merah die Kinder der Ozah-Hatorah-Schule am 50. Jahrestag der Verträge von Évian (19. März 1962) ermordet, und auch nicht, dass in seiner Familie ein unterschwelliger

Hass auf Frankreich bestanden hat. Dazu kommt das Weiterschwelen des israelisch-arabischen Konflikts, für den keine Lösung in Sicht ist und der unablässig einen »Antizionismus« schürt, den die Dschihadisten gerne als Vorwand benutzen, um zur Auslöschung aller Juden aufzurufen.

Im Fall Merah hat die Tatsache, dass sein Vater wegen Drogenhandels inhaftiert und anschließend nach Algerien ausgewiesen worden war, bei der Entwicklung zum Terroristen ganz gewiss zusätzlich eine Rolle gespielt. Es finden sich in der Tat zahlreiche Familienprofile, die dem seinen ähneln, ja die identisch sind, wie etwa bei den Brüdern Kouachi, außerdem wurden bei Lahouaiej Bouhlel genau wie bei Kermiche lange vor den Ereignissen psychotische Symptome diagnostiziert. Aber ohne Mohamed Merahs Sozialisation durch Gleichgesinnte innerhalb der dörflichen Salafistengemeinschaft von Artigat im Departement Ariège, wo Jean-Michel Clain auf sich aufmerksam macht, indem er das Bekennerschreiben für die Attentate vom 13. November 2015 vorliest, und durch die ägyptischen Madrasas, in denen sein Bruder und seine älteren Schwestern ausgebildet worden sind, wäre es nicht zu diesem schlimmen Ende gekommen: Weder die »abtrünnigen« französischen Soldaten noch die französischen Brüder jüdischen Glaubens wären für ihn zur Zielscheibe geworden. Das Gleiche gilt für sämtliche in unserer morbiden Geschichte aufgelisteten Fälle, ob sie nun im Stade de France enden, im Bataclan, in Magnanville, auf der Promenade des Anglais oder in der Kirche von Saint-Étienne-du-Rouvray.

Aber der Dschihadismus breitet sich nicht über den Äther aus und er fällt auch nicht vom Himmel, auch wenn diese exaltierten Gläubigen selbst davon überzeugt sind. Er ist das Ergebnis eines Prozesses, der gleichzeitig im Rahmen zweier Kontexte abläuft: im Nahen Osten und in Nordafrika einerseits, in der französischen Gesellschaft und ihren benachteiligten Vorstädten andererseits. Rachid Kassim, »L'Oranais-Roannais«, der als Sozialpädagoge mit Heranwachsenden arbeitet, dann in Algerien den Salafismus entdeckt, seine Kenntnis in Kairo vertieft, ehe er sich dem IS anschließt und 2016 einer der Hauptanwerber für den dschihadistischen Terror in Frankreich wird, ist hierfür ein Musterbeispiel. Die routinemäßig vorgebrachte Begründung für die Attentate von 2016 – Rache für die französische Bombardierung des Territoriums des »Kalifats« – veranschaulicht das in ihrer Rhetorik. Durch die Allgegenwärtigkeit der Globalisierung prallen die beiden Kontexte heute zum ersten Mal in der Geschichte brutal aufeinander. Nach den Erhebungen in der arabischen Welt in den Jahren 2010 bis 2013 und ihrem Scheitern nehmen die Einwanderer- und Flüchtlingsmassen, die den Kriegen im Nahen Osten und in Afrika geschuldet sind, dramatische Ausmaße an, dazu kommt der Strom der Dschihadisten nach Syrien oder vom Schlachtfeld zurück nach Europa. Parallel zu diesen Völkerwanderungen wird durch die Aufhebung jeder Distanz und das Instant Messaging der virtuellen Welt eine erweiterte Zugehörigkeitsgemeinschaft erschaffen, eine Internet-Umma, die sich von den ehemaligen Grenzen und Territorien emanzipiert hat.

In den folgenden Beiträgen, die über das Radio Verbreitung fanden, werden wir das Phänomen in seiner ganzen Tragweite erfassen.

CHRONIK

SEPTEMBER 2015

6. September

KANN DER DSCHIHADISMUS BESIEGT WERDEN?

Vom Attentat auf Charlie Hebdo *bis zum Anschlag im Schnellzug Thalys am 21. August diesen Jahres stellen sich grundlegende Fragen: Womit haben wir es hier eigentlich zu tun? Mit dem Dschihadismus, mit dem Islamischen Staat? Und wer greift uns an, eine Ideologie, eine Organisation?*

In Wirklichkeit lässt sich das nicht auseinanderhalten, denn die besagte Ideologie und die Organisation haben sich verändert. Nach dem afghanischen Dschihad der Achtzigerjahre und nach Osama Bin Laden wurde das Programm verändert. Diese Veränderung müssen wir analysieren. Es gibt zwei Schauplätze, den Irak und den Nahen Osten auf der einen Seite, Frankreich auf der anderen, und beide sind miteinander verbunden. Wir wissen, dass Ayoub el-Khazzani, der am 21. August im Schnellzug Thalys einen Anschlag verüben wollte, über Syrien kam, und dass auch Sid Ahmed Ghlam, der im Verdacht steht, am 19. April diesen Jahres einen Anschlag auf eine Kirche in Villejuif geplant zu haben, in die Türkei gereist ist, um auf den syrischen Schlachtfeldern zu kämpfen, doch man gab ihm zu verstehen, es sei besser, einen Anschlag in Frankreich zu verüben. Und natürlich ist auch die Operation gegen *Charlie Hebdo* eng mit Syrien verbunden. Amedy Coulibalys Frau ist vor dem Blutbad im koscheren Supermarkt Hyper Cacher an der Porte de Vincennes zu ihm gestoßen, und auf seinem Bekennervideo beruft er sich auf den IS, dessen Fahne, den »Kalifen« usw.

Wenn wir die Vorfälle verstehen wollen, sind wir angehalten, uns das Gesamtbild genau anzuschauen, um zu erkennen, wie das System ineinandergreift. Wir stehen vor einer neuen Herausforderung. Allgemein lässt sich sagen, dass die Politiker, hohen Beamten, Polizisten und Militärs sich nicht genug auskennen, um die Funktionsweise zu verstehen. Sie verfügen über massenhafte Informationen und Hinweise und haben Zugang zu zahlreichen Vernehmungsprotokollen, denn viele Verdächtige sind verhaftet worden. Aber was ihnen fehlt, ist die Fähigkeit, daraus eine Synthese abzuleiten, das Ganze in die richtige Perspektive zu setzen, was gewiss eine komplexe Aufgabe ist, aber genau das wollen wir mit dieser Chronik ein ganzes Jahr lang tun.

Frankreich ist seit einem Jahr Mitglied der internationalen Allianz gegen den Islamischen Staat im Irak. Laut unseren Kollegen von Le Monde *zieht François Hollande als Antwort auf den Terrorismus eine Militärintervention gegen den IS in Syrien in Betracht. Würden Sie sagen, »endlich«?*

Bisher war die Regierung fest davon überzeugt, dass es zwischen dem monströsen Regime von Baschar al-Assad, das es auszuschalten gilt, wie François Hollande auf der Botschafterkonferenz erneut betont hat, und dem IS eine strikte Äquivalenz gibt. Nun aber greift der IS Frankreich auf dessen eigenem Boden mit Attentaten an. Weitere Attentate zu verhindern verlangt, dass der Staat für die nötigen Mittel sorgt, um jene im Kern zu treffen, die sie finanzieren und sich zu ihnen bekennen, was bislang nicht geschehen ist. Aber wie soll man dieses Phänomen bekämpfen, ohne zuvor die Ursachen zu analysieren?

In dem halben Jahr seit dem Massaker in der Redaktion von *Charlie Hebdo* sind sämtliche Attentatsversuche gescheitert. Daraus entsteht der Eindruck, dass die Terroristen nicht dazu berufen sind, ewig erfolgreich zu sein. Es zeigt auch, dass das Modell des Dschihadismus weiterentwickelt wurde, dass es nicht mehr pyramidal, von oben nach unten, strukturiert ist, sondern netzartig, und die Anschläge nicht mehr minutiös vorbereitet werden wie noch zur Zeit von al-Qaida und dem 11. September, sondern von Individuen verübt werden, die weder gut ausgebildet noch gut ausgerüstet sind. Khazzani zum Beispiel hatte im Schnellzug Thalys eine Ladehemmung, und Ghlam schoss sich selbst in den Fuß. Das System weist also Mängel auf. Aber trotz der spektakulären weltweiten Aufmerksamkeit, die al-Quaida mit dem 11. September erreicht hat, konnte die Organisation nicht die Massen mobilisieren, mit denen sie in den muslimischen Ländern die Macht an sich hätte reißen können. Eine weitere Besonderheit des derzeitigen Dschihad ist, dass zum ersten Mal ein Territorium – das »Kalifat«, der Islamische Staat – in den Händen von Individuen ist, deren erklärtes Ziel es ist, den Westen in einen Bürgerkrieg zu stürzen. In der Ideologie dieses Dschihadismus der dritten Generation wird Europa als der weiche Bauch der westlichen Welt angesehen, und folglich müssen dort die Bemühungen verstärkt werden, während al-Quaida noch vorwiegend Amerika anvisierte, das stärker ist und weniger unmittelbar vom Zusammenbruch bedroht.

Der Dschihadismus kann besiegt werden, aber das wird seine Zeit brauchen. Unsere Militärstrategen sprechen von Jahrzehnten.

Hauptziel der Dschihadisten ist es, die Bevölkerung in ihren Kampf einzuspannen, eine bedeutende Anzahl von Sympathisanten anzuziehen. Der Terrorismus funktioniert gemäß einer bestimmten politischen Ökonomie. Wenn er keine Schlagkraft mehr hat, verliert er an Wirkung, wird immer schwächer und verschwindet am Ende ganz.

13. September

FLÜCHTLINGE, MIGRANTEN, TERRORISTEN

Gegenwärtig fallen im politischen Diskurs häufig die Wörter Flüchtlinge, Migranten und Terroristen, bei den Linken wie bei den Rechten. Ist durchgehend offensichtlich, wie die einen von den anderen zu unterscheiden sind?

Es ist sehr schwierig, das emotionale vom rationalen Sprachregister zu trennen, scheint doch das emotionale jede Argumentation zu verbieten, das rationale hingegen jede Emotion zu untersagen.

Das Ganze gestaltet sich umso schwieriger, als zwischen den Flüchtlingen, die aus Syrien kommen, und den Dschihadisten, die unsere Vorstadtwohnungen und unsere Reihenhäuschen in der Provinz verlassen, um dort in einen heiligen Krieg zu ziehen, ein einziges Kommen und Gehen herrscht. Wie soll man da Ordnung hineinbringen? Das ist tatsächlich ein Problem von großer politischer Bedeutung. Es wird oft behauptet, der Front National brauche sich gar nicht mehr zu äußern, es genüge bereits, wenn er unterstreicht, was jeder im Fernsehen sehen kann. Jedes Mal, wenn Flüchtlingsfamilien gezeigt werden – vor allem wenn sich unter ihnen verschleierte Frauen und bärtige Männer befinden –, die zwischen Serbien und Ungarn an der Grenze feststecken, steigt der FN in der Wählergunst. Es entsteht große Angst vor der Invasion, vor dem, was die extreme Rechte »le grand remplacement« nennt, in etwa »der große Bevölkerungsaustausch«, innerhalb dessen die alternde Bevölkerung Europas von einem nicht einzudämmenden Zustrom von Migranten aus Afrika und dem Nahen Osten überschwemmt würde.

Wie wir es auf dem Titelblatt des Stadtmagazins von Béziers sehen konnten, dessen Bürgermeister Robert Ménard vom Front National unterstützt wird. Über einem retuschierten Foto prangt die Überschrift: »Da haben wir's. Sie kommen.«

Genau die Sprachebene meine ich. Es wäre falsch, sich einfach nur darüber lustig zu machen, denn die Meinungsumfragen deuten immer wieder darauf hin, dass die Mehrheit der Franzosen es ablehnt, weitere Ausländer aufzunehmen. Die Fürsprecher der Flüchtlinge finden kein Gehör mehr bei den Leuten, die glauben, dass die Krise in Europa, im Rahmen derer große Flüchtlingsströme auf gleichbleibend hohe Arbeitslosenraten treffen, sowohl die Beschäftigungsverhältnisse als auch das demografische Gleichgewicht bedroht. Wie man sieht, ist die Flüchtlingsfrage fundamental. Das Chaos, das in einigen Ländern, vor allem in Syrien und im Irak, herrscht, rechtfertigt alle Bestrebungen, woanders Asyl zu suchen, dem Tod zu entgehen, sei es dem Tod durch die Bomben der Armee von Baschar al-Assad, sei es dem Tod durch den Islamischen Staat oder die Schiiten, sofern man Sunnit ist, oder durch die Sunniten, sofern man Schiit ist.

Als Arno Klarsfeld einen Tweet postete, in dem er die Eltern des dreijährigen syrischen Jungen Aylan, der tot an einem Strand gefunden wurde, mit der Begründung kritisierte, es sei doch »unvernünftig, mit zwei so kleinen Kindern die Türkei zu verlassen und sich auf einem zerbrechlichen kleinen Boot auf die stürmische See zu begeben«, brach eine heftige Debatte aus. Unter den zahllosen Internetsurfern, die sofort reagierten, setzte Bruno Masure den Tweet ab: »Und die europäischen Juden, die in den Dreißigerjahren vor der Verfolgung durch die Nazis flohen, waren die etwa ›vernünftig‹?« Derart verkürzende historische Vergleiche sind zwar mit Vorsicht zu genießen, dennoch werfen sie große ethische Probleme auf. Das Foto dieses Kindes ging um die ganze Welt und hatte eine durchschlagende Wirkung. Angela Merkel, die damals von allen europäischen Machthabern dem Flüchtlingsstrom am kritischsten gegenüberstand, sah sich gezwungen, Deutschlands diesbezügliche Position von Grund auf zu verändern und die massenhafte Ankunft von Flüchtlingen zu bewilligen, was eine gewisse Sogwirkung hatte.

Aber ist es denn sicher, dass die Menschen, die in Scharen nach Europa kommen, ausschließlich eine Last sein und dafür sorgen werden, dass alles nur schlimmer wird, die Arbeitslosigkeit, die Verbrechensrate, ja, für einige sogar der Dschihad? Wieso sollten unter den Menschen, die diese gefährliche Reise unternommen haben, nicht auch welche dabei sein, die zum Aufschwung des Alten Kontinents beitragen? Ich möchte daran erinnern, dass der Vater von Steve Jobs ein syrischer Flüchtling war. Der zukünftige Apple-Gründer war in Kalifornien von einem Arbeiter namens Jobs adoptiert worden. Der Rest ist bekannt. Es ist durchaus sinnvoll, in diesen Zeiten, in denen Hoffnung für viele nur noch ein unnützes Wort zu sein scheint, wieder daran zu erinnern.

20. September

FRANKREICH UND MAROKKO ARBEITEN AN DER VERBESSERUNG IHRER BEZIEHUNG

François Hollande befindet sich zurzeit in Marokko, das dürfte Ihnen nicht entgangen sein, schließlich kommen Sie gerade von einem Gipfeltreffen mit König Mohammed VI. Offiziell wird es um die Klimaerwärmung und den Kampf gegen den Terrorismus gehen; inoffiziell wird es vor allem darum gehen, das Klima zwischen den beiden Ländern zu verbessern. Halten Sie das für opportun?

Hollandes Besuch beendet eine Art Zerwürfnis, das Sicherheitsfragen und Fragen des Protokolls betraf. Auf marokkanischer Seite war man der Ansicht, ein Sicherheitsbeauftragter sei auf Betreiben einiger Menschenrechtsverbände in Frankreich behelligt worden, was gegen die diplomatischen Regeln verstößt. Daraufhin kam es zu spürbaren Missstimmungen, die dazu führten, dass – in einer angesichts der dschihadistischen Bedrohung für beide Länder problematischen Situation – der Informationsaustausch ausgesetzt wurde. Ich selbst habe Leute in Marokko sagen hören, die Attentate vom Januar 2015 hätten vereitelt werden können, wenn nicht die Aussetzung der Zusammenarbeit verhindert hätte, dass manche Informationen nach Paris gelangten.

Diese Behauptung ist mit Vorsicht zu genießen, aber sie zeigt sehr gut, dass wir jenseits der offiziellen Versöhnungsgesten, Musikdarbietungen und des Besuchs des Hafens von Tanger nicht recht begreifen, was vor sich geht, und zwar nicht nur in Marokko, sondern generell im Maghreb und alten Nordafrika. Früher, während der Kolonialzeit, kannten wir diese Region erstaunlich gut, da wir direkt oder indirekt in die Verwaltung eingebunden waren, wir kannten sie fast so gut wie unsere französischen Departements, wenn ich das so sagen darf. Jetzt ist das nicht mehr so. Doch es gibt wichtige Strömungen zwischen beiden Ufern des Mittelmeers, positive wie negative, erfreuliche, aber auch besorgniserregende, deshalb müssen wir wissen, was mit dem Maghreb geschieht, dessen Kinder sich zu einem Teil in Europa niedergelassen haben, vor allem in Frankreich.

Das Zerwürfnis mit Marokko scheint aus der Welt, aber ist der Maghreb nicht gerade dabei, der französischen Forschung zu entgleiten? Diese Woche erschien ein Artikel in Le Monde *darüber, dass die Universität ihren Blick von Nordafrika abgewandt hat und dass es immer weniger auf die arabische Welt spezialisierte Wissenschaftler gibt. Inwiefern ist es wichtig, sich für diese Region zu interessieren?*

Der Artikel, von dem Sie sprechen, stammt aus der Feder von Ruth Grosrichard, Professorin für Politikwissenschaft und Arabisch und Spezialistin für den Maghreb, den sie sehr gut kennt und wo sie im Übrigen geboren wurde. Sie bedauert es sehr, dass es 2016 an Frankreichs Universitäten keinen einzigen Lehrstuhlinhaber mehr gibt, der sich Nordafrika widmet. In Marokko beherrschen zwar die Eliten Französisch und das klassische Arabisch, die Nationalsprache ist allerdings nach wie vor *darija*, der marokkanische Dialekt des Arabischen, der gewissermaßen den ureigenen Geist des Landes verkörpert. Und an unseren Fakultäten lernt das keiner mehr. Die Folge ist, dass wir nicht mehr imstande sind zu verstehen, was auf dem Land und in den Köpfen der Menschen vor sich geht, welche Vorstellungen die Leute haben. In Anbetracht der aktuellen Bedeutung des Maghreb für Frankreich kann man da ohne Übertreibung von einer Katastrophe sprechen. Das geht leider auch mit einem allgemeinen Niedergang der Arabischstudien in diesem Land einher, der sich in den letzten fünf Jahren verschärft hat, und das gerade in dem Augenblick, da man sie am nötigsten hätte.

Könnten Sie uns etwas über das Brennpunkt-Thema dieses Treffens sagen, den Kampf gegen den Terrorismus?

Erinnern wir uns daran, dass das jüngste Attentat im Thalys-Schnellzug, das zum Glück in allerletzter Sekunde abgewendet werden konnte, die Tat eines jungen Marokkaners war, Ayoub el-Khazzani. Er stammt aus Tétouan, hat im spanischen Algeciras gelebt, wo er sich auch als Drogendealer betätigte, ging dann nach Frankreich, wo er Telefonkarten verkaufte, und reiste in die Türkei und schließlich nach Syrien. Um Bedrohungen solcher Art zu erkennen und bereits im Keim zu ersticken, muss man imstande sein, die Zusammenhänge zu verstehen, den ökonomischen Faktor, die Frage der Immigration.

27. September

FRANKREICHS LUFTANGRIFFE AUF SYRIEN

Anfang des Monats erklärte François Hollande auf der Pressekonferenz nach den großen Ferien, er ziehe eine militärische Intervention in Syrien in Betracht. Jetzt hat Frankreich den Worten Taten folgen lassen, heute hat es die ersten Angriffe gegeben. Im Rahmen rechtmäßiger Verteidigung werden die »Refugien« des IS angegriffen, wo jene ausgebildet werden, die unser Land zugrunde richten wollen, wie Manuel Valls erläutert hat. Wir könnten uns jetzt fragen, welche operative Wirksamkeit ein solches Vorgehen hat, aber analysieren wir doch lieber die Botschaft, die Frankreich mit diesen Vorstößen vermitteln will.

Die Angriffe vermitteln in der Tat mehrere Botschaften. Die erste richtet sich an die französische Bevölkerung und Wählerschaft, denn die Regierung und unsere Mitbürger hegen vor allem die Angst, weitere Attentate erleben zu müssen. Laut Aussage der Geheimdienste werden die Attentate von Dschihadisten in Syrien geplant und dann auf deren Initiative hin von Dschihadisten in Frankreich ausgeführt. Mit der Zerstörung der »Refugien« soll dies verhindert werden. Aus demselben Grund werden Sie wahrscheinlich in der Presse der letzten Tage mitbekommen haben, dass Informationen aus einigen gerichtlichen

Verfahren durchgesickert sind, die den Dschihadisten Salim Benghalem aus Cachan betreffen [vgl. S. 79], den man für den Polizeichef des IS hält. Er steht im Verdacht, der Folterer und Chefüberwacher der französischen Journalisten Didier François, Édouard Elias, Nicolas Hénin und Pierre Torres gewesen zu sein, die vom Juni 2013 bis April 2014 in einem Gefängnis in Aleppo festgehalten wurden.

Er soll 2011 im Jemen seinen Militärdienst geleistet haben.

Das Bemerkenswerte an dieser Person ist ihre Allgegenwärtigkeit: Man findet diesen Mann einfach überall. Er hat die Brüder Kouachi getroffen, er war der Befehlsgeber von Mehdi Nemmouche. Die nebulösen Theorien vom »Einzeltäter« lösen sich in Luft auf. Die einzelnen Teile dieses recht schlüssigen dschihadistischen Puzzles landen allmählich an ihrem Platz.

Die französischen Angriffe vermitteln eine weitere Botschaft, die sich an die ganze Welt richtet. Frankreich schickt seine Kampfflieger gegen den Islamischen Staat in dem Augenblick los, in dem Russland mit sechsundzwanzig eigenen Flugzeugen die Rebellenbasen in Aleppo angreift. Im Vergleich zu Russland hat man bei Frankreich das Gefühl, dass es etwas hinterherhinkt und seine Politik geändert hat. François Hollande hat lange gefordert, Baschar al-Assad müsse verschwinden; nun ist seine Priorität, einen Feind Assads zu schlagen, der auch ein Feind Frankreichs ist. Am Ende seiner Interventionen kann er noch so sehr behaupten, Assad sei kein Teil der politischen Lösung, die Stimme Frankreichs ist jetzt isoliert. Angela Merkel hat verkündet, der syrische Präsident könne vorläufig noch an seinem Platz bleiben. Genauso David Cameron. In Washington hält man sich bei diesem Thema eher bedeckt.

Muss man François Hollandes Strategiewechsel Beifall spenden?

Es ist immer schwierig, wenn man mitten auf der Strecke die Strategie ändert. Zu Anfang war die Vision wahrscheinlich eher ideologischer denn pragmatischer Natur. Als die engen Vertrauten des Präsidenten anfingen zu sagen, »der Syrienkrieg ist unser Spanischer Bürgerkrieg«, standen Tür und Tor offen für alle möglichen Auswüchse, wofür wir zum Teil heute noch den Preis zahlen.

Sie haben die Ausbildungslager für Kämpfer aus dem Ausland angesprochen, die Frankreich in Syrien ins Visier nimmt und in denen sich Franzosen befinden. Sie kommen gerade aus der Kleinstadt Lunel im Departement Hérault, die man mittlerweile die französische Hauptstadt des Dschihad nennt, seit an die zwanzig junge Menschen innerhalb von etwas über zwei Jahren von dort nach Syrien aufgebrochen sind und man Anfang des Jahres dort eine Kontaktzelle aufgespürt hat. Ist die gesendete Botschaft gehört worden?

In Lunel versucht man zu verstehen, was diese jungen Leute dazu gebracht hat, in den Kampf nach Syrien zu ziehen. Welche Rolle haben die religiösen Würdenträger dabei gespielt? Waren sie Komplizen oder haben sie es zumindest geduldet? Wie hängt das mit dem kulturellen Bruch zusammen, den die salafistischen Bewegungen herbeiführen wollen, in der Ansicht, dass die französischen Werte letztlich nicht mehr zählen und dass sie ihre eigenen Werte befördern müssen? Angesichts der massenhaften Ankunft von Migranten ist das heute umso verblüffender. Im Nachbarort von Lunel, in Lunel-Viel, hat der Stadtrat beschlossen, eine syrische Familie im alten Pfarrhaus unterzubringen. Es ist schon erstaunlich, was da in ein und derselben Region, in nur wenigen Kilometern Entfernung zueinander, geschieht: Zwanzig Personen ziehen nach Syrien in den Dschihad, und wenig später lassen aus Syrien geflohene Flüchtlinge sich dort nieder.

OKTOBER 2015

4. Oktober

WLADIMIR PUTINS REALPOLITIK

Ein Händedruck auf der Vortreppe zum Élysée-Palast und ein zufriedenes Lächeln nach einem angeblich offenen Gespräch über Syrien, mehr wissen wir nicht über die Unterredung zwischen François Hollande und Wladimir Putin, die am Freitag Nachmittag vor einem Vierergipfel zur Ukraine stattgefunden hat. Selbst wenn es bei einzelnen Punkten im Kampf gegen den Terrorismus zu einer Verständigung kam, sind sich Paris und Moskau doch alles andere als einig darüber, welchen Platz sie Baschar al-Assad im Falle einer politischen Regelung des Konflikts geben wollen. Von der Ukraine bis Syrien: Was für ein Spiel spielt Wladimir Putin?

Der russische Präsident spielt eine ausgleichende Rolle, deshalb konnte er eine Runde für sich entscheiden, aber Russland hat die Partie noch nicht gewonnen. Beim Verlassen des Vierergipfels von Paris legte Putin den westlichen Ländern eine deutlich gemäßigtere Sicht auf die Ukraine nahe. Das konnte er sich erlauben, weil er in Syrien die Initiative ergriffen hatte. Diese ist widersprüchlicher, als er hatte zugeben wollen. Die russischen Angriffe auf Syrien hatten nicht den IS im Visier, sondern die Stellungen der syrischen Opposition rund um das sogenannte alawitische Rückzugsgebiet, die Küste, Latakia, Tartus, wo sich jener Teil der Bevölkerung konzentriert, der derselben Konfession angehört wie Präsident Assad. Man versucht, die Region aus dem Würgegriff zu befreien, um so dem Verbündeten Assad wieder Luft zum Atmen zu geben.

Wladimir Putins mittelfristiges Ziel ist, sicherzustellen, dass nicht mehr als zwei Gegenspieler übrig bleiben: das Assad-Regime, das er stark gemacht hat, und der Islamische Staat. Mit einer gut durchdachten Kampagne wird es dann, so hofft er, möglich sein, eine gewisse Anzahl westlicher Regierungschefs davon zu überzeugen, dass der IS gefährlicher ist als Assad. Letzterer hat einen Großteil der eigenen Bevölkerung niedermetzeln lassen, und die Mehrheit der etwa zweihundertfünfzigtausend Personen, die im Laufe des Bürgerkriegs in Syrien getötet worden sind, starb bei den Luftangriffen des Regimes. Aber die Monstrosität der Verbrechen des IS und das Risiko der Terrorattentate im Westen und insbesondere in Europa, die von den Dschihadisten des IS in Syrien in Auftrag gegeben werden, bewegen die westlichen Machthaber dazu – auch wenn sie Baschar al-Assad nicht unterstützen –, die öffentliche Meinung davon zu überzeugen, dass sie alle Maßnahmen ergreifen, die nötig sind, um den Terrorismus im eigenen Land abzuwehren.

Heute hat Moskau erneut Dutzende von Angriffszielen bombardiert. Assad seinerseits erklärte gegenüber einem iranischen Fernsehsender, Russland und seine Verbündeten, die gesamte Koalition, müssten sich erfolgreich zeigen, sonst werde der Nahe Osten vernichtet werden. Der syrische Präsident, den man gestern noch einen Diktator und Autokraten nannte, hat seinen Titel wieder und reibt sich die Hände. Ist er ein Leichtgewicht?

Im Nahen Osten bildet sich ganz eindeutig wieder eine schiitische Achse, wie man das einst nannte, in der Moskau, Teheran, Bagdad und Damaskus in einer Mannschaft spielen. Die Situation ist paradox, denn sogar der Präsident des Irak, eines Landes, das im Prinzip durch die Vereinigten Staaten »befreit« wurde, hat die russischen Luftstreitkräfte gebeten, den Islamischen Staat auf irakischem Territorium zu bekämpfen. Das weist darauf hin, dass diese Achse vorerst, auch weil es dem Iran gelungen ist, in die Staatengemeinschaft zurückzukehren, strukturiert und organisiert genug ist, das Gefühl zu vermitteln, in der Offensive zu sein, während die westliche Koalition den Islamischen Staat seit einem Jahr ohne großen Erfolg bombardiert.

Die westliche Koalition ist sehr heterogen. Die Türkei, Saudi-Arabien, Europa und die Vereinigten Staaten spielen nicht gerade das gleiche Spiel, was Moskaus Position stärkt. Aber es ist nicht einmal sicher, ob sich eine solche Politik auf lange Sicht durchhalten lässt. Baschar al-Assad setzt auf Zeit: Seine Armee ist geschwächt, seine Truppen können nicht mehr am Boden kämpfen, weil es an Nachschub mangelt, dafür kommen, jedenfalls heute noch, schiitische Freiwillige aus dem Libanon, um die Infanterie zu verstärken. Immer mehr Menschen verlassen die vom Regime kontrollierten Gebiete. Wir sehen einem Wettlauf mehrerer Gegenspieler gegen die Zeit zu, einem Dreiband-Billard zwischen Russland und seinen Verbündeten, den Saudis und ihren Verbündeten und den westlichen Ländern. Sollte es Wladimir Putin gelingen, Assad noch eine gewisse Zeit an der Macht zu halten und die Anti-IS-Opposition zu schwächen, dann wird er Punkte erzielt haben, aber nichts garantiert, dass seine Rechnung aufgeht.

Mit einem Wort, versuchen die Vereinigten Staaten und Frankreich, einander gegenseitig auszustechen, oder lassen sie Moskau gewähren, weil sie gar keine andere Wahl haben?

Die westlichen Staaten sind in ihrer Beschlussfähigkeit beeinträchtigt. Die Vereinigten Staaten scheinen außerstande, ihre Führungsrolle wahrzunehmen, und sie scheinen das auch gar nicht mehr zu wollen. Was die europäischen Länder und damit auch Frankreich betrifft, das sich große Sorgen macht, es könnte während der UN-Klimakonferenz in Paris Ende des Jahres terroristische Attentate geben, so hat die innere Sicherheit gegenwärtig Vorrang vor der Sicherheit im Nahen Osten.

11. Oktober

DIE TÜRKEI, DIE KURDEN UND DER IS

In der Türkei, und auch in Frankreich, gehen Tausende Demonstranten für die Opfer des mörderischen Attentats auf die Straße, das gestern in Ankara verübt worden ist und zu dem sich noch niemand bekannt hat.[1] *Die Mobilisierung ist auch Ausdruck des Protests gegen die Kriegspolitik von Präsident Recep Tayyip Erdoğan. Drei Wochen vor den Parlamentswahlen am 1. November herrscht große Spannung im Land. Ist das eine aus strategischen Gründen aufgeladene Spannung?*

Im Nahen Osten befindet sich die Türkei zurzeit im Auge des Zyklons. Die Wahlen, die Anfang November stattfinden sollen, werden auf innenpolitischer Ebene über das Schicksal des türkischen Staatsoberhaupts entscheiden. Bei den vorangegangenen Wahlen im Juni diesen Jahres ist es dessen islamistischer Partei AKP (Partei für Gerechtigkeit und Entwicklung) mit 40 % der Stimmen und zweihundertachtundfünfzig von fünfhundertfünfzig Sitzen nicht gelungen, eine Mehrheit zu erzielen, um eine Regierungskoalition zu bilden. Die prokurdische Gruppierung HDP (Demokratische Partei der Völker), die zu der Demonstration aufgerufen hatte, auf der gestern dieses schreckliche Attentat verübt wurde, hat 13 % der Wählerstimmen erhalten, somit die 10 %-Hürde genommen und darf achtzig Abgeordnete ins Parlament schicken. Die ultranationalistische und antikurdische Partei MHP (Partei der Nationalistischen Bewegung), auch die »Grauen Wölfe« genannt, konnte ebenfalls achtzig gewählte Abgeordnete stellen, womit die AKP von Präsident Erdoğan nicht regierungsfähig war.

Dieser erhofft sich ganz offensichtlich von den neuen Wahlen, die Mehrheit wiederzuerlangen und vielleicht sogar drei Fünftel der für eine Verfassungsänderung notwendigen Sitze zu erringen, mit welcher er das Regime in ein Präsidialsystem überführen kann. Die Umfrageergebnisse sahen bislang ungünstig für ihn aus, aber in der derzeitigen Lage kann es leicht zu allen Arten von Manipulation kommen. In der Türkei brodelt die Gerüchteküche, die Verantwortung für das Attentat wird verschiedenen aktuellen politischen Kräften in die Schuhe geschoben. Vergessen wir nicht, dass die syrischen Kurden die Hauptgegner des IS sind. Sie waren es, die die Truppen des Islamischen Staates im Januar in Kobane und im Juni in Tall Abyad besiegt haben, wo sich der wichtigste Übergang zwischen der Türkei und Syrien für die aus Europa kommenden oder dorthin zurückkehrenden Dschihadisten befand. Handelt es sich bei dem Attentat um einen gegen die Kurden in der Türkei gerichteten Racheakt des IS? Auch eine jener Manipulationen ist denkbar, auf die die verschiedenen türkischen Geheimdienste so versessen sind. Jedenfalls erzählen die Machthaber der AKP jedem, der es hören möchte, die Kurden hätten das Attentat selbst verübt, um die Regierung zu diskreditieren. Dieses Klima ist ungünstig für ruhige Wahlen, denn von solchen strategisch geschürten Spannungen kann die AKP profitieren, indem sie sich als starke Macht geriert.

Die Türkei ist heillos in die Widersprüche ihrer Nahost-Politik verstrickt, und zwar auf zweifache Weise. Sie hat heftig für den Abgang von Baschar al-Assad gekämpft, und sie unterstützt die islamistische Widerstandkoalition gegen den IS, in der sich übrigens auch al-Qaida befindet. Auch die Türkei schlägt sich auf die Seite der Sunniten aus der Region, gegen die Schiiten, und das, obwohl sie selbst über eine bedeutende schiitische Minderheit verfügt, die Aleviten, die traditionell eher laizistisch als religiös ist und der Politik, welche die Regierung Erdoğan in Syrien verfolgt, äußerst feindlich gegenübersteht.

Was hat es mit den Slogans der Demonstranten auf sich, die den Präsidenten ausbuhen und ihm vorwerfen, er treibe mit dem IS ein doppeltes Spiel?

Im Grunde verfolgt die Türkei eine Politik der Doppelsanktion, denn sie bombardiert sowohl den IS als auch die Basen der PKK (Arbeiterpartei Kurdistans). Im Südosten der Türkei ist seit dem letzten Sommer der Bürgerkrieg wieder aufgeflammt. Die nach Unabhängigkeit strebende kurdische Untergrundpartei PKK, deren Anführer, Abdullah Öcalan, auf einer türkischen Insel im Gefängnis versauert, verübte Attentate, bei denen türkische Militärs zu Tode kamen, worauf grausame Vergeltungsschläge folgten. Es besteht die Gefahr, erneut in ein Aufstände begünstigendes Klima zurückzufallen, wie es vor dem Sieg der AKP bei den Parlamentswahlen von 2002 und Recep Tayyip Erdoğans Machtübernahme im Jahr darauf herrschte.

Der letzte und vielleicht für die Europäer interessanteste Punkt ist der, dass Erdoğan diese Woche in Straßburg eine große Wahlversammlung für seine Anhänger abhielt, denn viele Türken wählen ja in Europa. Straßburg hat den Vorteil, dass es von dort nicht weit nach Deutschland ist, wo sich die bedeutendste Konzentration türkischer Immigranten in der EU befindet. Außerdem leben viele von ihnen im Elsass, in den Niederlanden und in Belgien. Erdoğan reiste auch nach Brüssel, wo er sich als der Mann hinstellte, der die Ankunft der Flüchtlinge aus Syrien und dem Nahen Osten, die in Massen sein Land durchqueren, mit den Instanzen der Europäischen Union, wenn ich das so sagen darf, aushandeln kann. Im Übrigen wurde auch das Foto des bedauernswerten kleinen Aylan in der Türkei aufgenommen. Er wurde an einem Strand bei Bodrum, das bis dahin ein beliebter Badeort gewesen war, tot aufgefunden, nachdem das Boot Schiffbruch erlitten hatte, in das er dortselbst mit seiner Familie gestiegen war, um auf einem der kürzesten Seewege nach Europa zur griechischen Insel Kos zu gelangen.

Sie sprechen von »aushandeln«: Um welche Vertragsklauseln geht es denn da?

Die EU bittet die Türkei, auf ihrem Boden Zentren einrichten zu dürfen, in denen die Flüchtlinge registriert und sortiert werden sollen, um zu entscheiden, wer nach Europa einreisen kann. Erdoğan lehnt das ab, denn es würde die Souveränität seines Landes gefährden. Wir dürfen nicht vergessen, dass die Türkei seit Langem der EU beitreten möchte, dass diese aber die Untersuchung des Beitrittsgesuchs auf den Sankt-Nimmerleinstag verschoben hat, wenn ich das so sagen darf.

18. Oktober

FRANZÖSISCHER DSCHIHAD, SYRISCHER DSCHIHAD

Am 9. Oktober verkündete Verteidigungsminister Jean-Yves Le Drian, Frankreich habe mit der Bombardierung eines in der Nähe von Rakka gelegenen Ausbildungslagers den IS ein zweites Mal getroffen. In der gestrigen Ausgabe von Le Monde *hieß es, »Ziel der Operation sei im Wesentlichen ein fünfunddreißigjähriger, aus Cachan stammender Franzose namens Salim Benghalem gewesen« – eine Behauptung, die vom Verteidigungsministerium weder bestätigt noch dementiert wurde. Falls die Informationen stimmen, was ändert das an unserer Einschätzung des französischen Militäreinsatzes in Syrien?*

Es ist lediglich eine Bestätigung dafür, dass die Fronten des syrischen und französischen Dschihad einander überschneiden. Man wollte Salim Benghalem mit diesen Angriffen ausschalten, weil in den Prozessen, die gegen die dieses Jahr in Frankreich verhafteten Personen geführt wurden [vgl. S. 71], mindestens einer von ihnen ausgesagt hatte, er sei von Syrien aus, und zwar namentlich von Benghalem selbst, rekrutiert worden, um auf französischem Boden Attentate zu verüben.[2]

Ziel ist es, Anschläge in Frankreich zu vereiteln, indem man die Personen auslöscht, die sie in Syrien anzetteln. Im Fall Merah, dessen Prozess noch nicht stattgefunden hat, obwohl die Ermittlungsverfahren abgeschlossen sind[3], weiß man nicht, wie die Dinge genau zusammenhängen. Auch ist es unerlässlich zu verstehen, wie die Massaker vom Januar 2015 vorbereitet und durchgeführt werden konnten, und sei es nur, um weitere Anschläge zu verhindern. Die Regierung, die für die Aufrechterhaltung der Ordnung verantwortlich ist, möchte nicht an der Wahlurne dafür abgestraft werden, dass sie nicht alle erforderlichen Maßnahmen zu ihrer Verhinderung ergriffen hat. Das führt unweigerlich zu großen Problemen. Darf zum Beispiel ein Rechtsstaat Personen, die im Verdacht stehen, Attentate zu organisieren, ins Visier nehmen und sie mittels Verfahren, die Ähnlichkeiten mit extralegalen Hinrichtungen haben, neutralisieren oder ausschalten? Die Frage stellt sich natürlich auch in den Vereinigten Staaten, wo das Töten von Dschihadisten durch Drohnen zu einer hitzigen Debatte geführt hat.

Was wissen wir über den Lebensweg von Salim Benghalem, dem jungen Mann aus Cachan?

So jung ist er gar nicht mehr, schließlich ist er schon fünfunddreißig, auch wenn sich die Jugend in den Vororten mit hoher Arbeitslosenquote länger hinzieht. Er ist ein typischer Repräsentant für dieses Puzzle des Dschihadismus, dessen Einzelteile wir Stück für Stück zusammensetzen. Es ist beispielsweise erwiesen, dass er zeitgleich mit Mehdi Nemmouche, dem mutmaßlichen Attentäter auf das Jüdische Museum in Brüssel vom 24. Mai 2014, der sechs Tage später mit einem Waffenarsenal in Marseille festgenommen wurde, einer der Aufseher der vier französischen Journalisten war, die in Syrien als Geiseln gefangen gehalten wurden. Er hat sich mit einem der Brüder Kouachi im Jemen in einem Trainingslager aufgehalten und sich mit den Attentaten von Paris gebrüstet. Wie einige abgehörte Telefonate beweisen, stand er in Kontakt mit Personen, die Vorbereitungen trafen, die erschütternde Anschlagserie vom Januar zu kopieren.

So sind die französischen Behörden zu dem Urteil gekommen, dass eine genau identifizierte und in Syrien lokalisierte Person eine wichtige Rolle bei den Attentaten gespielt hat, und haben laut *Le Monde* beschlossen, sie auszuschalten. Das ist einer der Schwachpunkte des Dschihadismus der dritten Generation: Selbst wenn die Struktur dieses Dschihadismus nicht so klar ist wie zur Zeit von Bin Laden und dem pyramidalen System von al-Qaida, so kann es doch gelingen, Schritt für Schritt seine Funktionsweise zu durchschauen. Natürlich sollten die Angriffe ihr Ziel dann auch treffen.

25. Oktober

ZEHN JAHRE NACH DEN AUFSTÄNDEN IN DER BANLIEUE

Vor zehn Jahren, am 27. Oktober 2005, starben Bouna Traoré und Zyed Benna nach einer Verfolgungsjagd mit Polizisten in einem Umspannwerk in Clichy-sous-Bois. Die Ereignisse waren der Auslöser für drei Wochen andauernde Gewaltausschreitungen in mehreren Städten Frankreichs. In einer groß angelegten Umfrage, die Sie fünf Jahre nach den Ereignissen in Clichy-Montfermeil durchgeführt und unter dem Titel Banlieue de la République *(Vorort der Republik) veröffentlicht haben, unterstreichen Sie, dass sich ein großer Teil der jungen Menschen, die in diesem Ballungsgebiet leben, unmittelbar nach den Unruhen in die Wählerlisten hat eintragen lassen. Können wir nun, zehn Jahre danach, davon sprechen, dass die Bewohner der sozialen Brennpunktviertel sich die politischen Themen wieder aneignen wollen?*

Es war das erklärte Ziel einiger Verbände, die die jungen Leute betreuten, die auf die Straße gegangen waren, ihnen zu verdeutlichen, dass sie noch andere Ausdrucksmittel als Molotowcocktails haben und als französische Bürger ihren Forderungen auch auf dem Stimmzettel Ausdruck geben können. Diese Sozialisierung hat sich allerdings als zwiespältig erwiesen. In den Jahren 2006 und 2007 konnte man zwar eine deutliche Zunahme der Eintragungen in die Wählerlisten in den Brennpunktvierteln beobachten, vor allem im Departement Seine-Saint-Denis. Gleichzeitig schürten die Unruhen jedoch große Ängste in der Gesellschaft. Nicolas Sarkozy, der zu dieser Zeit Innenminister war, wusste diese für sich zu nutzen, indem er etwa 7 % der Wählerstimmen von Jean-Marie Le Pen abschöpfte, im Vergleich zu den Ergebnissen, die der Kandidat des Front National 2002 erzielte, was Sarkozy einen bedeutenden Vorsprung vor Ségolène Royal einbrachte. Diese machte zwar in den Vororten Wahlkampf, vor allem in Clichy-sous-Bois, wo sie 82 % der Wählerstimmen bekam, doch das genügte nicht für einen Wahlsieg. François Hollande dagegen erhielt 2012 so viele Stimmen von Wählern, die sich selbst als Muslime bezeichnen – zwischen 85 % und 90 % laut Meinungsumfragen –, dass diese entscheidend zu seinem Sieg beigetragen haben.

Man hätte meinen können, die Wählerschaft mit Migrationshintergrund aus den sozialen Brennpunktvierteln sei dauerhaft auf die Seite der Linken gewechselt, aber dem war nicht so. Bei den nächsten Wahlen enthielt man sich oder ging gar nicht erst zur Wahl, und zwar aus mehreren Gründen. Die dauerhaft hohe Arbeitslosigkeit – in den besagten Vierteln bei bis zu 40 % der jungen Leute – hat ihnen jede Perspektive genommen, und die Identifizierung mit der linken Regierung verlor ihre Selbstverständlichkeit. Ein weiterer Faktor, der die Abkehr einer Wählerschaft, die zum Großteil muslimischen Glaubens und muslimischer Kultur ist, von der Linken erklärt, ist die Verabschiedung des Gesetzes vom 17. Mai 2013 zur Legalisierung der gleichgeschlechtlichen Ehe, der sogenannten »Ehe für alle«.

In den Parlamentswahlen von 2012 hatte die Sozialistische Partei den Bürgern die Ehe für gleichgeschlechtliche Paare in Aussicht gestellt. Seit den Teilwahlen, die auf die vom Verfassungsrat für ungültig erklärten Wahlergebnisse im Herbst folgten, konnte man in Vierteln mit starken muslimischem Bevölkerungsanteil beobachten, dass die Kandidaten der Sozialistischen Partei auf Aufforderung der Imame hin abgelehnt wurden, die die Sozialisten, da sie die Homo-Ehe erlaubten, als »Verderber auf Erden« anprangerten. Diese Wählerschaft ist heute gespalten, und diejenigen, die nicht so weit gehen würden, für die Rechte zu stimmen, sind zumindest demotiviert. Paradoxerweise kam in Städten wie Aulnay-sous-Bois oder Bobigny im Departement Seine-Saint-Denis der Sieg der Rechten bei den Kommunalwahlen im Frühling 2014 vor allem durch eine massive Wahlenthaltung zustande sowie durch den Zusammenschluss einiger ausgewiesen islamistischer Militanter mit den Listen der Rechten. Das Departement, das die Gaullisten bei der Festlegung der Wahlbezirke geschaffen hatten, um dort die Kommunistische Partei zu »konzentrieren«, und von dem 2005 die Aufstände ausgingen, hat in diesem Jahr erstmals in seiner Geschichte einen Rechtsruck der Mehrheit seiner Gemeinden zu verzeichnen.

Glauben Sie, die Linke hat die Unterstützung dieser Wählerschaft heute definitiv verloren?

Nicht unbedingt, aber sie hat sich ihrer zu sicher geglaubt und in den benachteiligten Vierteln nur wenig öffentliche Politik gemacht. Schon vor den Unruhen von 2005, vor allem aber danach, fußten diese politischen Maßnahmen auf denen der Anru (Agence nationale pour la rénovation urbaine), das heißt, man setzte auf Stadterneuerung, auf Beton. Die Vorstädte sehen gewiss nicht mehr so aus wie damals, und in vielen Fällen konnte man der Verwahrlosung entgegenwirken. Aber solange die hohe Jugendarbeitslosigkeit weiter anhält, droht sich auch dieses Phänomen zu wiederholen. Als sie frisch aus dem Boden gestampft wurden, sahen die Viertel prächtig aus, damals nach dem Krieg. Man zog dorthin, weil man rauswollte aus den abgenutzten Altbauwohnungen ohne Badezimmer, wie es sie in den Stadtzentren gab … Doch seitdem sind die Viertel wieder schrecklich heruntergekommen …

NOVEMBER 2015

1. November

SYRIEN, VOM GOLF AUS GESEHEN

Gilles Kepel, Sie sind uns aus Abu Dhabi in den Vereinigten Arabischen Emiraten zugeschaltet, wo Sie an einer Konferenz über die Lage der arabischen Staaten im Persischen Golf teilnehmen. Am Freitag hat das Weiße Haus zum ersten Mal die Entsendung von Bodentruppen in den Norden Syriens angekündigt. Wie wird diese Entscheidung in den Golfstaaten aufgenommen?

Die Ankündigung wurde heute Morgen im Konferenzsaal mit traurigen Gesichtern aufgenommen. Die Anrainerstaaten des Persischen Golfs – Saudi-Arabien, die Vereinigten Arabischen Emirate, wo ich mich gerade befinde, Kuwait, Bahrain, Katar und Oman – sind abhängig von militärischer Unterstützung durch die USA. Sie mögen viele Waffen gekauft haben, aber sie sind klein, schwach und von großen Rivalen und Feinden umgeben, insbesondere dem Iran, der ihnen allen keine Ruhe lässt. Die Vorstellung, dass nur fünfzig amerikanische Soldaten auf dieses hochexplosive Gefahrengebiet verteilt sind, gibt ihnen das Gefühl, dass die Vereinigten Staaten sie komplett vergessen haben und es nun, seit der Preis für ein Barrel Öl auf 40 Dollar gesunken ist und Schieferöl jetzt so ziemlich überall produziert wird, nicht mehr für notwendig erachten, Truppen in bedeutender Zahl loszuschicken, um die Ölmonarchien zu schützen.

Ihre Enttäuschung hindert sie aber nicht daran, die syrischen Rebellen weiterhin zu unterstützen, auch wenn die Golfstaaten in der Syrienkrise ohnmächtig und gespalten wirken. Oman führt erste Verhandlungen mit Iran und wird daher von den anderen Mitgliedern des Golf-Kooperationsrats als Verräter angesehen, während Katar vor allem die Muslimbrüderschaft unterstützt. Es ist eine große Verunsicherung spürbar.

Letzten Freitag haben sich die an der Lösung des Syrienkonflikts beteiligten diplomatischen Hauptakteure in Wien getroffen, und diesmal befand sich erstmals auch der Iran unter den Teilnehmern. US-Außenminister John Kerry hat das Treffen mit der sehr vielsagenden Formulierung zusammengefasst, die Vereinigten Staaten, Russland und Iran hätten sich »darauf geeinigt, dass man sich nicht einig ist über das Schicksal Präsident Baschar al-Assads«. Was ändert sich dadurch, dass der Iran dazugekommen ist? Ist das wirklich ein Wendepunkt?

Das ist fundamental. Der Iran wurde wieder aufgenommen in die Gemeinschaft der Nationen, als widerspenstiges Mitglied freilich, aber auch nicht mehr und nicht weniger als Russland, und er hat das Recht, seine Meinung zu äußern. Vorher war der Iran ein Paria-Staat, dem niemand zuhören wollte. Die bis vor Kurzem noch unbeugsame Haltung Frankreichs gegenüber dem Iran kommt einem heute wie ein Nachhutgefecht vor, das zu nichts nütze war. Es ist frappierend zu sehen, dass jetzt auf beiden Seiten eine neue Generation das Kommando übernommen hat.

In Saudi-Arabien hat der König seinen Neffen, den Kronprinzen, und seinen Sohn, den etwa dreißig Jahre alten Vize-Kronprinzen, an die Macht gebracht. Der saudi-arabische Außenminister, Adel al-Dschubeir, den ich gut kenne, ist ein in den Vereinigten Staaten ausgebildeter Akademiker. Sein iranischer Kollege, Mohammad Dschawad Zarif, dem ich schon oft begegnet bin, ist ebenfalls ein in den Vereinigten Staaten ausgebildeter Akademiker. Diese Verantwortlichen gehören einer anderen Welt an als ihre Altvorderen, auch wenn sie selbst oder ihre Repräsentanten in Wien noch ihre Männerkämpfe austragen. Auch die Arbeitsmethoden ändern sich. Wird das den Frieden in Syrien wiederherstellen? So weit sind wir noch nicht, und das Schicksal von Baschar al-Assad bleibt ungewiss, aber die Tatsache, dass darüber diskutiert wird, zeigt bereits, dass die Vereinigten Staaten die Möglichkeit nicht ausschließen, dass er bis auf unbestimmte Zeit an seinem Platz bleiben wird.

Trotz alledem hat der iranische Ayatollah Ali Chamenei heute verlauten lassen, es sei »aberwitzig, wenn Länder sich treffen, um über das Schicksal eines Landes und seines Oberhauptes zu entscheiden«, wobei er natürlich von Syrien sprach. Von der Seite her scheint die Sache kaum in Bewegung zu kommen.

Gewiss, aber es handelt sich um eine offizielle Position, die nur vertreten wird, um verhandeln zu können. Der oberste Religionsführer Chamenei hat auch erklärt, dass es in Syrien Wahlen geben sollte. In der Rhetorik des Iran bedeutet das, wenn man die Kriegsparteien entwaffnen würde, wäre das Regime stärker, und der Präsident könnte unter den gegenwärtigen Umständen wiedergewählt werden …

8. November

DER ORIENT UND DER FRANZÖSISCHE ROMAN

Letzten Dienstag wurde Mathias Énard für seinen Roman Kompass *der Prix Goncourt verliehen. Letzte Woche bekam Hédi Kaddour, der es ebenfalls in die Endrunde des Prix Goncourt schaffte, für* Les Prépondérants *den Grand prix du Roman der Académie française verliehen, gemeinsam mit Boualem Sansal für* 2084. *In allen drei Romanen geht es um den Orient, einen Orient, der vom Maghreb bis zu den Grenzen Asiens reicht. Wie erklären Sie sich, dass die zeitgenössischen Schriftsteller sich so vom Orient angezogen fühlen?*

Seit wir mit dieser Chronik begonnen haben, sprechen wir über Bomben, den Dschihad, den IS, die Flüchtlinge, das heißt über das aktuelle Tagesgeschehen in seiner ganzen Grausamkeit. Über die tragischen aktuellen Ereignisse hinaus verbindet uns eine lange Geschichte mit der arabisch-muslimischen Welt, insbesondere unsere Kolonialgeschichte, die heute wieder auf uns zurückfällt. Dass dies auch in Literatur und Fiktion geschieht, ist dafür ein deutliches Indiz. Das Jahr 2015 begann mit den Attentaten auf *Charlie Hebdo* und den koscheren Supermarkt und wird vermutlich mit einem Vormarsch des Front National bei den Regionalwahlen enden. Das sind natürlich die Extreme, aber im Inneren unserer Gesellschaft herrscht großer Widerstreit. Die Literatur spiegelt diese Bewegungen im Bewusstsein wider, geht aber zugleich auch über das hinaus, was sich auf politischer Ebene abspielt. Das Werk von Mathias Énard kannte ich schon, vor allem sein Roman *Zone* hat mir sehr gefallen.

In seinem neuen Buch zeichnet er das Porträt eines Mannes, den man früher einen Orientalisten nannte. Sie sind selbst Orientalist. Haben Sie sich in dieser höchst melancholischen Romanfigur wiedererkannt?

Ganz und gar. Seit 1978 *Orientalism* von Edward Saïd erschienen war – 1981 auf Deutsch unter dem Titel *Orientalismus* –, hat sich jahrelang keiner mehr getraut, den Begriff überhaupt noch zu verwenden, denn der Orientalist wurde darin als Helfershelfer des Kolonialismus dargestellt. Diese Sicht war jedoch falsch. Ich bin der Ansicht, dass der Orientalismus, ganz unabhängig davon, wie man unseren Beruf bezeichnet, Wissen weiterzugeben und Kenntnisse zu teilen versucht, so wie ich es in diesem Augenblick mit Ihnen für das Radio tue. Ein Orientalist wie ich hat zu den verschiedensten Staatsoberhäuptern auf der einen wie der anderen Seite des Mittelmeers Zugang, aber ebenso pflegt er Umgang mit ihren Kontrahenten, ja sogar mit ihren Feinden. Es ist sehr wichtig, ein tiefes Verständnis für das zu entwickeln, was in diesen Gesellschaften vor sich geht, indem man ihre Sprache meistert und ihre Kultur, Geschichte und Anthropologie kennenlernt. Ohne ein solches Verständnis wird es uns nicht gelingen, uns vor vorschnellen Entscheidungen zu bewahren, wie etwa im Fall der arabischen Revolutionen, deren Entwicklung man fehlinterpretierte, indem man die Übergangsphase der Länder im Osten nach dem Kommunismus zum Modell nahm oder auch Samuel Huntingtons Konzept vom »Kampf der Kulturen«.

Als Schlusswort wollten Sie uns eine Passage aus den Prépondérants *von Hédi Kaddour vorlesen.*

Diese wundervolle Geschichte spielt in einem imaginären Maghreb der Zwanzigerjahre: »Sie las mehr arabische als französische Bücher. Das beruhigte ihren Vater, bis er merkte, dass es arabische Bücher gab, die genauso gefährlich waren wie die französischen. Sie hieß Rania, war dreiundzwanzig Jahre alt, vollendeter Körper, Mandelaugen, sie war die Tochter von Si Seddiq, einem Großbürger aus der Hauptstadt und ehemaligem Minister des Herrschers. Sie war verwitwet, ihr Mann gestorben, als sie neunzehn war, er war schön gewesen, sie hatten sich geliebt, auch er liebte die Bücher, und als er den Kampf genauso zu lieben begann, verschwand er in einem ohrenbetäubenden Granatenhagel in der Champagne. […] Wenn wieder ein Mann auftauchte, war ihr Urteil schnell gefällt, ein Schläger, ein Zahnloser, ein Ungewaschener oder ein Ausbeuter. Auf Einzelheiten ging sie gar nicht erst ein. Und doch beruhigte sie ihren Vater, sie werde schon noch eine gute Partie finden. Er machte sich Sorgen, denn sie hatte ein gewisses Handicap, sie war größer gewachsen als ein durchschnittlicher Mann, hielt ihren Blicken stand, mit jener Haltung, wie sie denen eigen ist, die schon als Kind den Korb auf dem Kopf tragen mussten. Gezwungen hatte sie dazu keiner, sie hatte es den Hausangestellten gleichtun wollen.«

Der Roman spielt in einem nicht näher benannten, französischen Protektorat. Was bewegt Sie so an dieser Passage?

Wir schlüpfen in die Figur dieser jungen Frau aus dem Maghreb, von denen es heute in Frankreich so viele gibt, deren Vorstellungswelt, so eigen sie auch sein mag, mittlerweile Teil unser aller Identität und

Kultur ist, und deren körperliche Präsenz für uns etwas ganz Vertrautes ist.

15. November

FRANKREICH NACH DEM 13. NOVEMBER

Anfang Dezember erscheint Ihr neues Buch: Terreur dans l'Hexagone *(auf Dt.* Terror in Frankreich, *Kunstmann 2016). Sind Sie, als Sie sich diesen Titel ausgedacht haben, davon ausgegangen, dass die Attentate von vorgestern, die von außergewöhnlicher Brutalität und perfekt geplant waren, zum einen oder anderen Zeitpunkt stattfinden würden?*

Ich will mich hier im Nachhinein nicht als Prophet aufspielen, aber überrascht hat es mich nicht. Titel und Untertitel, *Genèse du djihad français* (dt. *Der neue Dschihad in Europa*) hat sich mein Verleger lange vor dem 13. November einfallen lassen. Meine ganze Arbeit bestand darin, die Ereignisse miteinander in Beziehung zu setzen, die in der mit Mohamed Merahs Verbrechen begonnenen Serie vom 11., 15. und 19. März 2012 mündeten – und jetzt in den Attentaten vom Freitag, dem 13. November 2015. Diese Kontinuität lässt eine globale Logik hervortreten, die man hätte verstehen können, und eine Zielgerichtetheit, die man leider auch hätte verstehen können.

Es fielen Worte, die einen vor Entsetzen erstarren lassen: »Tötet sie, spuckt ihnen ins Gesicht, tut alles, um sie zu erniedrigen, denn sie verdienen nichts anderes.« Mit »sie« sind die Franzosen gemeint. Seit gestern zirkulieren Videos im Netz, die zu Bluttaten aufrufen. Sie werden, soweit das möglich ist, zensiert. Ist Frankreich in der dschihadistischen Logik zu einem bevorzugten Ziel geworden?

Das ist nicht neu. Die Sequenz, von der ich Ihnen erzählt habe und aus der Sie Auszüge zitiert haben, wurde schnell aus dem Netz entfernt. Anders als letzten Januar, als die Geheimdienste sich noch sehr schwer damit taten, in den sozialen Netzwerken zu reagieren, scheinen sich zahlreiche neue Expertengruppen gebildet zu haben, und Bilder, die früher zwei oder drei Tage online blieben, verschwinden jetzt unverzüglich wieder. Ich denke da vor allem an einen Videoclip, in dem ein junger Konvertierter mit einem starken Akzent aus dem französischen Südosten von Syrien aus seine »muslimischen Glaubensbrüder in Frankreich« dazu aufruft, sich dem IS anzuschließen. Ich denke auch an die Audio-Aufzeichnungen eines der Brüder von Boubaker al-Hakim, Anführer der 2005 zerschlagenen Islamistengruppe Buttes-Chaumont, der in den Irak gereist war und seine sämtlichen Kontakte bei den radikalisierten Muslimen des 19. Arrondissements von Paris dazu aufrief, sich ihm anzuschließen, um Amerikaner zu töten. In den Online-Netzwerken der Dschihadistenszene wird dergleichen Rhetorik schon seit über einem Jahrzehnt verbreitet.

Freitagabend bei seiner ersten Fernsehansprache hat man François Hollande angemerkt, wie bewegt er war, bisweilen wirkte er geradezu verstört. Glauben Sie nicht auch, dass die Regierung und die Exekutive von den Ereignissen etwas überfordert sind?

Die polizeilichen Kenntnisse in diesem Bereich sind unbestreitbar gewachsen. Hingegen ist es um die Fähigkeit zur Analyse dessen, was der IS denkt, was diese Männer und Frauen antreibt, katastrophal bestellt. Ich bin entsetzt über den Niedergang der Arabischstudien in Frankreich und über die Gleichgültigkeit, mit der die öffentliche Hand darauf reagiert. Dass Manuel Valls gestern so kriegerische Töne anschlug, ist bei den Franzosen gewiss gut angekommen, aber man spürt, dass die politischen Eliten und die öffentliche Verwaltung hier außerstande sind, ein echtes Verständnis für die Lage im Nahen Osten aufzubringen. Unser Land hat drei große Orientalisten hervorgebracht, Maxime Rodinson, Jacques Berque, Mohammed Arkoun. Ihre Institute werden vernachlässigt, ja sogar abgeschafft, wie etwa an der Sciences Po Paris. Heute müssen junge französische Akademiker und Forscher, die sich in diese Richtung spezialisieren wollen, ins Ausland gehen, nach Amerika oder nach England. Werden sie zurückkommen? Wir haben in einem entscheidenden Bereich den Anschluss verloren, selbst in der Frage, wie wir unsere eigene Gesellschaft und ihre Problemviertel verstehen können, die Welt, in der wir leben, und wie wir auf die Herausforderungen reagieren können, die sich uns stellen.

Dazu zählt auch die Intervention Frankreichs und im weiteren Sinne die der Koalition im Irak und in Syrien. Muss man Ihrer Ansicht nach die Angriffe auf den Islamischen Staat noch verschärfen?

Es ist nicht die Aufgabe eines Akademikers, zu sagen, was man tun *muss* oder nicht, das sind letztlich politische Entscheidungen, aber er sollte versuchen, Klarheit über die Situation zu verschaffen. Die Stärke des IS beruht darauf, dass er das sunnitische Gebiet unter seine Kontrolle gebracht hat, jenes »Sunnistan«, das von Mossul bis zum Stadtrand von Damaskus reicht und bis Palmyra, auf dem sich Zehntausende von Dschihadisten befinden, die entweder direkt von dort oder aber aus unseren sozialen Brennpunktvierteln stammen. Bewaffnet mit ihrem Glauben, ihren Kalaschnikows – und ein wenig Captagon, der Droge der Wahl für Selbstmordattentate –, vermitteln sie den Eindruck, sie könnten den mächtigsten Armeen standhalten, den Angriffen von Kampfjets wie Mirage, Rafale und Phantom, die Milliarden Dollars kosten, und so gerieren sie sich in manchen Gegenden wie die Retter der Welt.

22. November

BEFINDEN WIR UNS IM KRIEG?

»Frankreich ist im Krieg.« Das sind die Worte, die der Präsident der Republik letzten Montag wählte, um seine Rede vor dem Parlament

zu eröffnen. Heute hat der Verteidigungsminister Jean-Yves Le Drian auf Europe 1 von einem »hybriden Weltkrieg« gesprochen und angekündigt, der französische Flugzeugträger Charles-de-Gaulle *könnte schon morgen unsere Kampfjäger gegen den Islamischen Staat einsetzen. Befindet sich Frankreich im Krieg?*

Es gibt hier zwei Operationsfelder. Zum einen finden außerhalb Frankreichs natürlich Militäreinsätze statt. Der Flugzeugträger *Charles-de-Gaulle* wird in die Region gebracht, und von einigen Militärbasen werden bereits Mirage- und Rafale-Kampfjets ausgesendet, um die Stellungen des IS zu bombardieren, aus denen manche der Kämpfer gekommen sind, die in Frankreich Terror verbreiten. Das sind Militäreinsätze, die man als Kriegshandlungen bezeichnen kann. Ich möchte aber der Formulierung »Frankreich ist im Krieg« widersprechen. Auf französischem Staatsgebiet führen wir nicht Krieg gegen diesen oder jenen Gauner aus Molenbeek, diesen oder jenen Waffenhelden von was weiß ich woher, gegen all die zum Dschihadismus übergelaufenen Gangster, die sich gebärden wie Großkriminelle und denen die salafistische Ideologie den Verstand geraubt hat. Mit einem Kriegszustand hat das alles nichts zu tun.

Von Krieg zu sprechen würde bedeuten, dass wir einem tatsächlichen Staat gegenüberstehen. Vor allem würde es bedeuten, dass wir den Dschihadisten entgegenkommen, die mit ihren Aktionen in Europa einen Bürgerkrieg zwischen den unter ihrer Fahne versammelten Muslimen und den Nicht-Muslimen hervorrufen wollen. Wir müssen sehr sorgfältig mit den Begriffen umgehen: Die Einsätze innerhalb Frankreichs sind Polizeieinsätze. Auch wenn sie bedauerlicherweise die Terrorakte nicht verhindern konnten, sind sie in der Folge sehr wirksam gewesen. Der Angriff auf das Versteck des Koordinators der Attentate vom 13. November in Saint-Denis, Abdelhamid Abaaoud, war ebenso beeindruckend wie geglückt, aber es handelt sich um einen Polizeieinsatz, nicht um einen Kriegseinsatz. Die Herausforderung bei allen Einsätzen auf französischem Boden liegt darin, die radikalen Dschihadisten von denjenigen unter der Bevölkerung, die sie hinter sich scharen wollen, fernzuhalten.

Gestern hat Wirtschaftsminister Emmanuel Macron gesagt, Frankreich müsse Verantwortung dafür übernehmen, dass es sich zu einem Nährboden des Dschihadismus entwickeln konnte. »Wir haben zugelassen, dass der offene, republikanische Elitismus, durch den in unserer Gesellschaft einem jeden die Möglichkeit des Aufstiegs gegeben ist, gleich ob Mann oder Frau, nach und nach in die Brüche ging«, erklärte er. Schließen Sie sich Emmanuel Macrons Position an?

Mein Buch *Terror in Frankreich*, das Anfang Dezember erscheint, stützt Emmanuel Macrons Aussage mit dem Hintergrundwissen, dass der Dschihadismus in Frankreich einerseits das Ergebnis eines Wandels der dschihadistischen Bewegungen im Ausland ist, von Afghanistan über Bin Laden bis hin zum heutigen IS, aber andererseits auch das Ergebnis einer inneren, gesellschaftlichen Logik, der wachsenden Abneigung bestimmter, in den sozial prekären Vororten lebender Bevölkerungsgruppen gegen die französische Nation insgesamt. Denn das ist der »Nährboden«, auf dem die dschihadistischen Bewegungen gedeihen konnten, und genau der muss ausgetrocknet werden. Ein Krieg wird da nichts ausrichten können. Das betrifft im Übrigen nicht nur die Dschihadisten, sondern auch den Teil der französischen Gesellschaft, der nicht muslimischen Glaubens ist und die Lösung des Problems darin sucht, bei der nächsten Wahl die extreme Rechte und den Front National zu wählen. Wir befinden uns im Zangengriff zwischen dem Salafismus und dem FN, und die Folgen sind beängstigend. So gut wie überall tauchen jetzt die Plakate auf, vor den Schulen und an öffentlichen Orten, die Regionalwahlen werden unter diesem Vorzeichen stattfinden, ich nehme an, das hat Emmanuel Macron damit sagen wollen.

29. November
SYRIEN IST NICHT UNSER SPANISCHER BÜRGERKRIEG

Diese Woche hat François Hollande sich mit mehreren Staatschefs getroffen, um den Kampf gegen den IS zu intensivieren. Am Donnerstag verkündete er nach einer Unterredung mit Wladimir Putin in Moskau, beide Länder wollten fortan ihre Angriffe in Syrien koordinieren. Am Freitag ließ der französische Außenminister Laurent Fabius verlauten, eine Kooperation gegen den IS mit allen syrischen Kräften, darunter auch der syrischen Armee, sei wünschenswert. Wie schätzen Sie am Ende dieser Woche die Syrienpolitik der französischen Regierung ein?

Diese Politik ist spannend, weil sie so radikal neu ist. Noch vor noch gar nicht allzu langer Zeit hatten François Hollande und sein Mitarbeiterstab erklärt, Syrien sei »unser Spanischer Bürgerkrieg« und man müsse das Regime von Baschar al-Assad um jeden Preis stürzen. Mit dieser geradezu romantisch gefärbten Formulierung, deren historische Anspielung im Übrigen weder Hand noch Fuß hat, haben wir, ohne uns dessen bewusst zu werden und aus Unkenntnis des Nahen Ostens, Operationen Tür und Tor geöffnet, die schließlich, je weiter der Auflösungsprozess der arabischen Revolutionen fortschritt, zum IS und zum Dschihadismus führten. Heute, nachdem der IS Frankreich schwer getroffen hat, im Januar durch die Massaker in den Redaktionsräumen von *Charlie Hebdo* und im Supermarkt Hyper Cacher sowie anschließend am 13. November, macht Frankreich eine Kehrtwende und stellt den Kampf gegen den IS über die Absicht, Assads Regime ein Ende zu setzen.

Paradoxerweise hat François Hollande ausgerechnet in Moskau die Erklärung abgegeben und stieß damit bei einem anderen Staatschef auf die größte Zustimmung, nämlich Wladimir Putin. Weder von den Vereinigten Staaten noch von Deutschland bekam er große

Unterstützung. In Moskau gingen die beiden Präsidenten sogar so weit, den Austausch von Karten ins Auge zu fassen, auf denen die Stellungen der nicht-dschihadistischen Opposition verzeichnet sind. Das stieß Letztere vor den Kopf, da ihre Führungen befürchteten, Russland könnte sie nutzen, um sie zu bombardieren. Die Situation ist umso verworrener, als am selben Tag, an dem Außenminister Laurent Fabius erklärte, Frankreich werde möglicherweise mit einer syrischen Regierungsarmee kooperieren, Verteidigungsminister Jean-Yves Le Drian in einem Interview mit der britischen Tageszeitung *The Guardian* erneut betonte, Baschar al-Assad müsse verschwinden. Zu einem Zeitpunkt, als Frankreich mit der Anreise der vielen Staatschefs zur UN-Klimakonferenz im internationalen Rampenlicht steht, scheint seine diplomatische Stellungnahme, auch wenn man aufgrund seines Opferstatus darauf hört, kaum vernehmlich.

Am Donnerstag warf Präsident Putin nach seinem Treffen mit François Hollande der Türkei vor, den IS nicht daran zu hindern, hohe Profite aus dem Ölhandel zu ziehen. Bemüht sich die Türkei Ihrer Ansicht nach nicht ausreichend, gegen den IS zu kämpfen?

Das ist ein wiederkehrender Vorwurf. Wenn man sich ein wenig über die Ressourcen des IS kundig macht, sieht man sehr gut, dass der Ölexport einen großen Anteil daran ausmacht. Ein ehemaliger CIA-Chef erklärte, die Vereinigten Staaten hätten sich, wenigstens bis zum 13. November, geweigert, Tanklaster anzugreifen, die sich auf dem Weg in die Türkei und sogar in die vom Assad-Regime kontrollierten Gebiete befanden – ebenso wie die Bohranlagen, die der IS in Syrien betreibt –, um eine ökologische Katastrophe zu verhindern und dafür zu sorgen, dass die Infrastrukturen auch nach einer Beseitigung des IS noch funktionieren. Ihre paradoxe Weltsicht lässt die Vereinigten Staaten sich gegen eine Anerkennung der Klimaerwärmung sträuben, während ökologische Motive als Vorwand für die Weigerung herhalten müssen, die vom IS kontrollierten Ölquellen in Syrien zu bombardieren.

DEZEMBER 2015

6. Dezember
SAN BERNARDINO: DSCHIHADISTEN ODER MASSENMÖRDER?

Am Mittwoch hat ein Massaker in einer gemeinnützigen Einrichtung in San Bernardino, Kalifornien, vierzehn Tote und einundzwanzig Verwundete gefordert. Die Täter, ein Paar, wurden von der Polizei getötet. Der FBI geht von einem terroristischen Attentat aus, die US-amerikanischen Behörden untersuchen eine Facebook-Seite, auf der sich die Frau, Tashfeen Malik, auf den IS beruft. Ist dieses Attentat mit den Angriffen vom 13. November in Frankreich vergleichbar?

Nur bedingt, denn es handelt sich hier nicht um Personen, die sich auf dem Gebiet des IS aufgehalten haben, anders als es bei Abaaoud und seinen Komplizen der Fall war. Wenn die Einzelheiten, die bisher bekannt wurden, sich bestätigen sollten, so haben wir es immerhin mit einem Phänomen zu tun, das in das Muster des Dschihadismus der dritten Generation passt: Einzelpersonen begehen aus eigenem Antrieb Straftaten und rekurrieren dabei auf Grundlagen aus dem Internet, die es ihnen gestatten, selbst zu entscheiden, auf welche Weise sie den bewaffneten Dschihad in die Tat umsetzen wollen. In den Vereinigten Staaten ist das nichts Neues, denn der Hauptentwickler des *homegrown djihad*, des »hausgemachten Dschihads«, ist ein Amerikaner jemenitischen Ursprungs, Anwar al-Awlaki, der perfekt Englisch sprach und am 30. September 2011 im Jemen durch den CIA mittels einer Drohne ausgeschaltet wurde. Er hatte das Online-Magazin *Inspire* gegründet, in dem er vor allem Anleitungen dazu gab, wie man mithilfe eines Schnellkochtopfs in Mamas Küche eine Bombe bastelt. Ein amerikanischer Militärpsychiater palästinensischen Ursprungs, Nidal Malik Hasan, hatte schon im November 2009, beeinflusst von al-Awlakis Texten, in einer Kaserne das Feuer auf Soldaten eröffnet, dreizehn Menschen getötet und über dreißig verletzt.

Das Attentat von San Bernardino ist also nichts Ungewöhnliches, aber es ist doch das erste, das ein so großes Aufsehen erregt. In den Vereinigten Staaten werden solche Schießereien in der Regel von Menschen verübt, die vollkommen unterschiedslos auf alle schießen, oft an Universitäten, manchmal ohne ersichtliches Motiv oder unter dem Einfluss einer Sekte, und man nennt sie Massenmörder. Bei dem Massaker von San Bernardino haben wir es mit einem Hybrid zu tun: Es bewegt sich im für Amerika charakteristischen Rahmen solcher Taten, gleichzeitig wird sich auf den Dschihad berufen. Im Übrigen ist es interessant festzustellen, dass Präsident Obama, genau wie die *New York Times*, in Reaktion auf das Attentat als Erstes auf das Problem der frei verkäuflichen Schusswaffen einging und nicht auf die Terrorfrage. Amerika neigt dazu, sich für immun zu halten, da das Ziel der Angriffe, wie es in der Theorie von Abu Musab al-Suri erläutert wird, von der wir in diesen Beiträgen schon viel geredet haben, Europa ist, die Schwachstelle des Westens, und nicht Amerika wie zu Zeiten von al-Qaida.

Floridas Senator Marco Rubio verspottete Barack Obama, weil er sich weigert, den Ausdruck »radikaler Islamismus« zu benutzen und seine gestrige Ansprache auf den Waffenbesitz konzentrierte. Hat Barack Obama zum Terrorismus eine eigene Haltung eingenommen?

Präsident Obama ist extrem vorsichtig, wenn es um die Frage des radikalen Islamismus geht. Seine engeren Mitarbeiter drängen ihn nicht zu kritischen Stellungnahmen, aber es ist zu bemerken, dass die Tragödie von San Bernardino sofort zu einem wichtigen Wahlthema wurde, wie übrigens auch in Frankreich.

Glauben Sie, dass der IS in Europa und in den Vereinigten Staaten auf die gleiche Weise Anhänger rekrutiert?

In den Vereinigten Staaten ist die Rekrutierung durch den IS recht schwach ausgeprägt, denn die Sache ist ziemlich kompliziert. Von hier aus kommt man mit dem Campingwagen bis nach Syrien, wenn man die Fähre über die Türkei nimmt. Amerika dagegen ist sehr weit vom Kampfgeschehen entfernt, sodass es im näheren Umfeld keinen Dschihadismus gibt, wie das in Europa der Fall ist. Und dennoch, das Internet ist grenzenlos, und für die sozialen Netzwerke sind die Distanzen völlig belanglos.

Markiert das Attentat von San Bernardino Ihrer Meinung nach einen Wendepunkt in der Geschichte des Terrorismus in den Vereinigten Staaten?

Auf alle Fälle markiert es ein Wiederaufleben, bei dem ein vorwiegend amerikanisches Phänomen mit dem Dschihadismus der dritten Generation eine unheilvolle Verbindung eingeht.

13. Dezember

LIBYEN, GESCHEITERTER STAAT

Gilles Kepel, Sie sind uns telefonisch aus Rom zugeschaltet, wo heute eine von Italien und den Vereinigten Staaten organisierte Konferenz abgehalten wird, um die Bildung einer Einheitsregierung in Libyen zu beschleunigen. Wie schätzen Sie die Maßnahmen der internationalen Gemeinschaft im Umgang mit der Libyenkrise ein?

In Rom wird dieses Thema für fundamental erachtet, schließlich ist Libyen Italiens alte Kolonie. Außerdem brechen von diesem Staat, der so gründlich gescheitert ist, dass es ihn eigentlich gar nicht mehr gibt, mit afrikanischen Migranten überladene Schiffe auf, um die Insel

Lampedusa zu erreichen, und versinken dabei manchmal im Meer. Er ist ein Symbol für die humanitäre Katastrophe und die durchlässigen Grenzen der Europäischen Union, eine der größten Herausforderungen für die Gemeinschaft.

Vor Ort ist die Situation wesentlich komplexer, als die wohlmeinenden Worte der internationalen Gemeinschaft vermuten lassen. Das Scheitern des libyschen Staates nach Gaddafi hat sich entlang der Bruchlinien des Ölgeschäfts vollzogen. Jeder Stamm und jeder Familienverband hat die Kontrolle über ein Teilgebiet mit Ölfeldern oder Pipelines. Das libysche Rohöl, von exzellenter Qualität und geringem Schwefelgehalt, muss kaum raffiniert werden und wird nahe der europäischen Grenze produziert. Und so glaubt jede Gruppe, dass sie das Stückchen vom Kuchen, das sie in der Hand hält, besser direkt verkauft, statt sich mit den anderen Stämmen in einem Staat zusammenzutun, der die Rendite nach einem undurchsichtigen Verteilungsschlüssel verteilen würde, so komplex sind die Kräfteverhältnisse. Unter solchen Voraussetzungen weiß man nicht recht, wie überhaupt Fortschritte erzielt werden sollen.

Hinzu kommt, dass die Gruppen nicht nur neue Zusammenschlüsse von Einzelpersonen darstellen, die ein Gebiet kontrollieren, sondern seit dem Zusammenbruch des Staates nach Ansicht einiger auch vom IS unterwandert sind. Die von Gaddafi zuletzt zur Hauptstadt gemachte Stadt Sirte, in die ich kurz nach dem Sturz des Diktators reiste, um den Ort kennenzulernen, an dem er ermordet wurde, und die ich in meinem Buch *Passion arabe* beschrieben habe, ist zum Symbol für die Gräueltaten des IS geworden. Leider sind alle, die mich damals empfangen hatten, in der Zwischenzeit von Islamisten enthauptet oder bei Anschlägen mit Maschinengewehren getötet worden. Heute plant der IS, seine Operationen im Hinblick auf seine Hochburg Syrien auszuweiten, indem er eine Art strategischen Stützpunkt in Libyen aufbaut, von dem aus er Europa angreifen könnte, entweder durch Infiltration der Flüchtlinge oder durch feindselige Aktionen, den Einsatz von Raketen etwa.

Die Libyenkrise ist somit auch sicherheitspolitisch eine Herausforderung. Darüber hinaus können wir den Zusammenbruch der europäischen und internationalen Diplomatie beobachten, die nicht in der Lage ist, das Ausmaß der Absichten des IS zu erkennen. Wenn es doch bekanntlich Frankreich unter Sarkozy, England unter Cameron und Amerika unter Obama mit der Methode des *leading from behind*, des »Führens aus dem Hintergrund« gelungen ist, mit koordinierten Bombardierungen das Gaddafi-Regime zu stürzen, so scheint es völlig unverständlich, dass die mächtigen westlichen Luftwaffen und Marinen nicht imstande sein sollen, die bescheidenen Stellungen des IS in Sirte[4] zu zerstören.

Was müsste man also Ihrer Meinung nach tun, um das Vordringen des Islamischen Staates in Libyen zu verhindern?

Das Gleiche wie in Syrien. Solange die Gegensätze zwischen den einzelnen Mitgliedern der Allianz wichtiger sind als die zwischen dem IS und der Allianz, wird die Organisation fortbestehen.

20. Dezember

DIE UNO UND SYRIEN: OHNMACHT DER MÄCHTE

Am Freitag haben die fünf ständigen Mitglieder des UN-Sicherheitsrats einstimmig eine Resolution für einen Waffenstillstand in Syrien verabschiedet. Diese sieht die Bildung einer Übergangsregierung vor und ruft Generalsekretär Ban Ki-moon dazu auf, vom nächsten Monat an die Repräsentanten der Syrischen Regierung und der Opposition an einen Tisch zu bringen. Rückt Ihrer Ansicht nach dadurch ein Waffenstillstand in greifbare Nähe?

Besser eine schlechte Resolution als überhaupt keine. Die bisherige Ohnmacht der UNO war erschreckend und hat viel über die Unfähigkeit der Organisation im Umgang mit Konflikten ausgesagt, die über den grundlegenden Auftrag, der ihr nach dem Zweiten Weltkrieg erteilt wurde, hinausgehen. Aber zwischen der Verabschiedung einer Resolution und ihrer Umsetzung liegt ein Abgrund, und es stellt sich die Frage, wie er zu überbrücken ist. Politisch gesehen handelt es sich um einen beträchtlichen Fortschritt für den Iran und das Lager, das Baschar al-Assad verteidigt, da über die Frage, ob man ihn eliminieren soll, die man vor allem in Frankreich zur Voraussetzung machte, nicht mehr debattiert wird.

Sollte man Ihrer Meinung nach Saudi-Arabien darin unterstützen, Mitglieder der al-Nusra-Front zu empfangen, jener zu al-Qaida gehörenden und als »gemäßigte Dschihadisten« bezeichneten Gruppe[5]? Oder in seinem Versuch, eine von der amerikanischen Politik losgelöste Koalition der sunnitischen Länder zu bilden?

Das hängt davon ab, welche Begründungen Saudi-Arabien für sein Engagement anführt, denn die Regierungsoberhäupter Saudi-Arabiens haben ihren guten Willen klar zum Ausdruck gebracht, da sie vom IS, auch auf ihrem Territorium, bedroht werden. Dagegen muss geklärt werden, inwiefern Gruppen wie die al-Nusra-Front durch die Ölmonarchien am Golf finanziert werden. Nach dem 13. November hat es darum viele Kontroversen gegeben, vor allem nach dem berühmten Ausspruch des algerischen Journalisten und Schriftstellers Kamel Daoud: »Saudi-Arabien ist ein Islamischer Staat, der es geschafft hat.« Das ist Teil der Debatte.

27. Dezember

WO DER TERROR GEDEIHT

Terror in Frankreich *hat große Reaktionen hervorgerufen. Hatten Sie ein solches Echo erwartet?*

Vielleicht nicht in diesem Maße. Das Buch erscheint zu einem Zeitpunkt, Ende 2015, nach *Charlie Hebdo* und dem 13. November, da nun alle der Ansicht sind, dass man sich mit dem Problem des französischen Dschihad auseinandersetzen muss. Man kann nicht mehr so tun, als gäbe es ihn nicht. Ich wollte in meinem Buch zeigen, auf welchem Humus er besonders gut gedeiht: in unseren Problemvierteln, den Banlieues. Ich forsche schon sehr lange zu diesem Thema. Anfang 2012 habe ich *Quatre-vingt-treize*[6] veröffentlicht, eine Forschungsarbeit zum Departement Seine-Saint-Denis und wie die Islamisierung in den Vierteln dort vonstattenging, aus denen sich die politischen Akteure insbesondere der Linken und der Kommunistischen Partei zurückgezogen hatten. Anfang 2014 veröffentlichte ich *Passion française*, eine weitere Feldstudie, für die ich tief ins soziale, politische und religiöse Gefüge von Roubaix und den Siedlungen von Marseille eingedrungen bin, indem ich Interviews mit Kandidaten der Parlamentswahl 2012 führte, die einen Migrationshintergrund hatten. Meine Untersuchungen stießen bei der Presse nur auf geringes Echo, bestimmte Journalisten zogen es vor, den Kopf in den Sand zu stecken und die Realität zu leugnen[7].

Jean-Jacques Bourdin interviewte Sie auf Radio Monte Carlo über das, was Sie als die »Kongruenz« zwischen dem Aufstieg der extremen Rechten in Frankreich und des Dschihadismus bezeichnen. Marine Le Pen twitterte in Reaktion auf das Interview drei grauenerregende Hinrichtungsfotos des IS.

Diese äußerst merkwürdige Reaktion ist einer gewissen Hysterie geschuldet, die nach der Veröffentlichung meines Buches um sich gegriffen hat; dabei ist das Buch selbst überhaupt nicht polemisch, sondern ganz im Gegenteil sehr rational und analytisch. Ich habe versucht herauszustreichen, welche einzelnen Stränge da zusammengelaufen sind und zum französischen Dschihad geführt haben, sowie den Kontext, in dem er auftaucht, also besagte *Kongruenz* – und es macht mich stolz, dass ich zur Wiederverbreitung dieses Wortes im französischen Sprachgebrauch beitragen konnte. Damit wollte ich keineswegs behaupten, der Front National und der IS seien das Gleiche, wohl aber, dass in der Art und Weise, wie sie die großen Erzählungen erzählen, die ihre Sicht auf die Welt strukturieren, Ähnlichkeiten bestehen. Das lässt sich feststellen, wenn man die Rekrutierungs-Videos der Dschihadisten analysiert und sie mit den Inhalten von Internetseiten wie »Égalité et Réconciliation« (Gleichheit und Versöhnung) von Alain Soral vergleicht. Da werden Barrieren hochgezogen, zwischen Identitäten und Gemeinschaften, die den anderen auf der Grundlage ontologischer Argumente ausschließen: ethnisch-rassische versus religiöse Zugehörigkeit, echte Franzosen versus falsche Franzosen, guter Muslim versus Apostat oder Ungläubiger.[8]

Die immense Herausforderung ist kultureller und nicht mehr im eigentlichen Sinne politischer Art, denn das Wahlsystem, das ein repräsentatives System ist, scheint nicht mehr in der Lage zu sein, die sozialen Brüche abzubilden. Und so nimmt sich die Kultur, ja sogar die Religion des sozialen Unmuts an und übersetzt ihn in ihr eigenes Vokabular, indem sie einen Bruch propagiert, der, wenn man nicht aufpasst, die Einheit der Nation zerstören wird.

JANUAR 2016

3. Januar

DER ENTZUG DER STAATSANGEHÖRIGKEIT

Die Maßnahme, mit der die Möglichkeit des Entzugs der Staatsangehörigkeit auf in Frankreich Geborene mit doppelter Staatsbürgerschaft ausgeweitet wird, ist Teil des Gesetzentwurfs für ein Verfassungsgesetz zum Schutz der Nation, das demnächst dem Parlament vorgelegt wird. Ist das Ihrer Ansicht nach eine gute oder eine schlechte Maßnahme im Kampf gegen den Terrorismus?

Einige Menschen mit ursprünglich doppelter Staatsangehörigkeit, die bereits die französische Staatsbürgerschaft verloren haben, sitzen im Gefängnis. Man kann sie nicht ausweisen, weil in ihrem Herkunftsland ihr Leben bedroht wäre. Der Europäische Gerichtshof für Menschenrechte verbietet das. Wieso sollte man außerdem, wenn man sich die Dschihadisten des IS vorknöpfen will, nur die belangen, die zwei Staatsbürgerschaften haben, und nicht die konvertierten »Urfranzosen«, die ebenso viele Gewalttaten begehen, wenn nicht sogar mehr. Das ist ein juristisches Problem, man beraubt diese Menschen der Gleichheit vor dem Gesetz, dazu hätte man Spezialisten befragen müssen, Professoren der Rechtswissenschaften.

Vielleicht müssen wir daran erinnern, dass es darum geht, die Möglichkeit, Individuen, die einer terroristischen Straftat überführt und verurteilt wurden, die französische Staatsbürgerschaft abzuerkennen, auf alle Personen mit doppelter Staatsbürgerschaft auszuweiten, darunter auch die in Frankreich geborenen und nicht nur diejenigen, die die französische Staatsbürgerschaft erworben haben, was das Zivilgesetzbuch ja bereits gestattet. Welche symbolische Bedeutung hat diese Maßnahme Ihrer Ansicht nach für die Regierung?

Wir hören mittlerweile so oft, diese oder jene, ja Tausende Franzosen würden Terrorakte gegen ihr eigenes Land begehen, dass man meinen könnte, manche von ihnen seien letztlich nur »auf dem Papier« Franzosen. Aber von dem Moment an, da sie durch ihre Geburt auf französischem Boden oder durch das Abstammungsrecht die französischen Staatsbürgerrechte erhalten haben, haben wir es mit einem besorgniserregenden Problem zu tun, denn dann sind das unsere Mitbürger, die diese Taten begehen. In meinen Augen ist das Projekt des Entzugs der Staatsbürgerschaft vor allem ein schwerwiegender politischer Fehler, denn die Massaker vom 13. November haben, anders als die im Januar, ihre Opfer unterschiedslos unter allen gefordert. Eine große Zahl derer, die sich im Januar nicht mit den Opfern identifizieren wollten, haben sich mit den Opfern vom November solidarisiert, ob Franzosen oder nicht. Vielleicht haben sie sich zum allerersten Mal als Franzosen gefühlt, aufgrund des vergossenen Blutes, wie im Krieg, denn die Attentate waren auch gegen sie gerichtet, auch gegen die jungen Muslime, die wie alle anderen auf den Caféterrassen oder im Bataclan getötet wurden.

Die Maßnahme wird momentan von der öffentlichen Meinung befürwortet. Vielleicht gewinnt Präsident Hollande dadurch ein paar Punkte in den Meinungsumfragen. Ich halte sie jedoch im Grunde für eine schlechte Notlösung, die verheerende Rückkopplungseffekte haben wird, sollte man sie wirklich umsetzen. Ich bedaure, dass ein so zentrales Thema, das so grundlegend unsere Gesellschaft, unser soziales Gefüge betrifft, nicht Gegenstand einer umfassenderen Debatte geworden ist.

Die kommende Woche wird von Gedenkveranstaltungen für die Attentate vom 7., 8. und 9. Januar auf Charlie Hebdo, *Montrouge und den Hyper Cacher bestimmt sein. Was für einen politischen Sinn haben Ihrer Meinung die Gedenkfeiern für die Regierung?*

Diese Gedenkveranstaltung ist vor allem für die französische Gesellschaft wichtig, für die Einheit der Nation. Die Kundgebung vom

11. Januar 2015, die größte in der Geschichte Frankreichs, hat einen Bruch offenbart zwischen denen, die sagten *#jesuisCharlie*, und denen, die nicht begriffen, worum es im Kern eigentlich ging, oder aber absichtlich sagten *#jenesuispasCharlie*. Am 13. November hat sich dieser Bruch nicht gezeigt. Zu dieser Einmütigkeit muss die Gesellschaft wieder zurückfinden, denn sie ist unerlässlich, um den Terrorismus zu besiegen. Wir dürfen nicht vergessen, dass der IS Frankreich zerschlagen und mitten in diesen Bruch einen Keil treiben will, bis ein Bürgerkrieg ausbricht.

6. Januar

VON JANUAR BIS NOVEMBER 2015 – DIE WECHSELFÄLLE DES DSCHIHAD

Lassen Sie uns noch einmal auf die Anschläge vom Januar und vom November zu sprechen kommen und zu verstehen versuchen, inwiefern sie eine Entwicklung des IS sichtbar machen. Welche Schlüsse können wir aus den Attentaten ziehen?

2015 wurde Frankreich zweimal durch die Organisation Islamischer Staat in Trauer gestürzt, das erste Mal im Januar und noch einmal am 13. November. In beiden Fällen schickt der IS Mörder los, die einen Dschihad auf unserem Boden ausführen sollen, um die französische Gesellschaft so tief zu verunsichern, dass der Bruch in ihrem implodierten Inneren sich zu einem Bürgerkrieg ausweitet und sie schließlich, so die Wahnvorstellung, auf ihren Ruinen ein islamistisches Kalifat errichten können. Doch die unterschiedlichen Herangehensweisen der beiden Attentate offenbaren gewisse Unwägbarkeiten in der dschihadistischen Logik wie auch in der Fähigkeit, die Vorhaben umzusetzen.

Die Opfer des Attentats im Januar waren genau ausgewählt worden. Bei den Zeichnern von *Charlie Hebdo* handelte es sich um Personen, die wegen ihrer Mohammed-Karikaturen als »islamophob«

angeprangert wurden. Der Polizist Ahmed Merabet wiederum wurde dafür abgestraft, dass er ein Abtrünniger war – ein Verräter des Islam, dessen Blut zu vergießen in den Augen radikaler Islamisten erlaubt ist –, denn er trug eine französische Uniform. Und die jüdischen Kunden aus dem Supermarkt Hyper Cacher schließlich wurden als Unterstützer Israels angesehen, waren folglich Islamfeinde und damit des Teufels. Die großen Demonstrationen, die im Januar auf das Attentat folgten, haben so viele Menschen wie noch nie in der Geschichte Frankreichs auf die Straße gebracht, aber sie haben die Gesellschaft auch gespalten und dazu beigetragen, dass auf beiden Seiten viel Tinte floss.

Die Novemberattentate gehorchten zwar derselben globalen Logik, unterschieden sich aber in der Ausführungsweise. Im Bekennerschreiben des Islamischen Staates heißt es, dieser wolle die moralisch verdorbene französische Nation bestrafen, in ihrer Gänze angreifen, unterschiedslos. Die Menschen, die auf den Terrassen der Restaurants und Cafés im 10. und 11. Arrondissement und im Saal des Bataclan-Theaters niedergemetzelt wurden, und vor allem jene, die im Stade de France getötet werden sollten, verkörpern die Nation in all ihren Schattierungen, besonders Frankreichs Jugend, und zahllose junge Menschen, deren Eltern oder Großeltern immigriert sind, fanden den Tod. Deshalb reagierte die Bevölkerung auf diese Massaker anders als auf die vorherigen. Von dem Bruch, der bei der Demonstration vom 11. Januar zu spüren war, war im November keine Spur mehr. Im Gegenteil, hier wurde gewissermaßen absolute Einigkeit zum Ausdruck gebracht, und die Einzigen, die sich mit Abdelhamid Abaaoud und den anderen Mördern solidarisch erklärten, waren überzeugte IS-Sympathisanten.

Die Lektion, die wir daraus ziehen können, ist folgende: Der Dschihadismus der dritten Generation stützt sich auf Einzelpersonen, die aus der Basis hervorgegangen sind, sich der polizeilichen Überwachung entziehen können und manchmal in Syrien ausgebildet worden sind, jedoch die Organisation der Attentate eigenständig in die Hand nehmen. Weder sind sie politisch gewieft noch besonders schlaue Taktierer. Das Ziel des islamistischen Terrorismus ist ein doppeltes: den Feind überrumpeln und Sympathisanten rekrutieren. Die Überrumpelung hat funktioniert, die Rekrutierung allerdings ist, jedenfalls was den 13. November betrifft, fehlgeschlagen. In diesem Sinn kann man sich fragen, ob der IS nicht zu weit gegangen ist und ob wir nicht bereits den Niedergang seiner operativen Effektivität erleben wie bei den beiden ersten Dschihad-Generationen (die algerische GIA – Bewaffnete Islamische Gruppe – der Neunzigerjahre und al-Qaida Anfang dieses Jahrhunderts).

13. Januar

SCHLAG GEGEN ISTANBUL

Gestern wurde im türkischen Istanbul ein Anschlag verübt. Wie ordnen Sie diesen ein?

Das Attentat zeigt, dass die Türkei sich von jetzt an im Zentrum des Dschihads befindet, der von Europa über den Maghreb bis in den Nahen Osten reicht. Man wusste bereits, dass Istanbul zur Drehscheibe der Dschihadisten geworden ist, die von Frankreich, Belgien oder anderswo aufbrechen und die türkisch-syrische Grenze überschreiten, um sich in den Lagern des Islamischen Staates für Massaker ausbilden zu lassen, wie wir sie im November in Paris erlebt haben. Es war auch bekannt, dass Istanbul für einen großen Teil der syrischen Flüchtlinge der Transitort ist, von dem aus sie Europa und insbesondere Deutschland zu erreichen versuchen.

Das wurde in Europa mit einer gewissen Sorge beobachtet, und man fragte sich, welche Rolle Ankara wirklich spielte. Kämpft die Türkei gegen den Islamischen Staat oder lässt sie ihn gewähren? Unterstützt sie womöglich insgeheim eine Gruppe, die die Kurden, ihre Hauptfeinde, bekämpft? Im Norden von Syrien ist die mehrere Hundert Meter lange Grenze zur Türkei heute zu einem Großteil unter der Kontrolle syrisch-kurdischer Rebellen, der PYD (Partei der Demokratischen Union), die eng mit der PKK, der nach Autonomie strebenden Arbeiterpartei Kurdistans, zusammenarbeitet. Die Existenz einer kurdischen Zone, die nicht der syrischen Autorität oder dem, was davon noch übrig ist, unterstehen würde und die mit den Kurden im Süden der Türkei in Kontakt stünde und diesen Waffen und Munition lieferte, ist für Ankara ein Albtraum, ein politisches und militärisches Risiko. Aus diesem Grund hat die islamisch-konservative Regierung von Recep Tayyip Erdoğan vor dem Dschihadisten-Nachwuchs, der nach Syrien geht und von dort wieder zurückkommt, doch zumindest die Augen verschlossen.

Ist diese ambivalente Haltung immer noch angebracht?

Seit Sommer 2015 steht die Türkei stark unter dem Druck ihrer Verbündeten, endlich der Koalition gegen den Islamischen Staat beizutreten, der bereits Iran, Russland, Saudi-Arabien und die europäischen Länder angehören. Alle müssen ihre internen Streitigkeiten und nachrangige Widersprüchlichkeiten beiseitelassen, um sich vor allem auf den Kampf gegen den IS zu konzentrieren, den Hauptfeind. Als Saudi-Arabien am 2. Januar die Hinrichtung von siebenundvierzig Personen bekannt gab, darunter auch vier Schiiten, unter denen sich der schiitische Geistliche Nimr Baqir al-Nimr befand, führte dies zum Abbruch der diplomatischen Beziehungen zwischen Riad und Teheran und fügte der Koalition ernsthaften Schaden zu. Dagegen hat sich die Türkei in den letzten Wochen verstärkt am Kampf gegen den IS beteiligt. Und der Islamische Staat hat dies gewissermaßen mit einem Warnschuss beantwortet, dem Massaker von Istanbul.

Das Attentat wurde im touristischen Herzen Istanbuls verübt und traf auch eine deutsche Touristengruppe, und das zu einem Zeitpunkt, als in Deutschland nach den Ereignissen der Silvesternacht [vgl. S. 121][9] eine heftige Debatte über die Aufnahme von Flüchtlingen entbrannt war. Das Viertel, in dem der Anschlag stattfand, ist zugleich auch ein muslimischer Identifikationsort: Mit der Blauen Moschee und der Hagia Sophia, der alten byzantinischen Kathedrale, die zur Moschee umgebaut und unter Atatürk in ein Museum verwandelt wurde, ist er das Symbol der islamischen Eroberung. Doch der Ort wurde von Erdoğan umgeformt, um ihn zum Emblem der neuen Türkei der AKP zu machen, mit ihrem islamistischen Gehabe und ihrem neo-ottomanischen Hegemoniestreben im Nahen Osten. Dieser Politik versetzt der IS mit seinem Konkurrenzprojekt des »Kalifats« einen gewaltigen Schlag.

Was folgern Sie daraus, welche Konsequenzen können aus dem Attentat gezogen werden? Wird es Ihrer Meinung nach die türkische Politik verändern?

Es bringt vor allem Präsident Erdoğan in Konflikt. Hier wird seine Fähigkeit, für Ordnung zu sorgen, infrage gestellt, genau das, womit seine Partei im November 2015 die Präsidentschaftswahlen gewonnen hat. Die europäischen Länder müssten eigentlich mehr Druck auf ihn ausüben, vor allem Deutschland, wo über dreieinhalb Millionen Personen türkischen Ursprungs leben und wo, wie wir gesehen haben, eine sehr lebhafte Debatte über Syrien geführt wird. Während Frankreich das Land zu sein scheint, das von den Attentaten des Islamischen Staates am härtesten getroffen wurde, droht sich die Gefahr mittlerweile auf den ganzen Kontinent auszuweiten.

20. Januar

IS: ALLGEGENWÄRTIG ODER AUF DER FLUCHT NACH VORN?

Nach Istanbul und Jakarta in Indonesien ist nun in Ouagadougou in Burkina Faso ein Attentat verübt worden. Ist die Allgegenwärtigkeit des IS Ihrer Ansicht nach ein Zeichen der Stärke oder der Schwäche?

Auf den ersten Blick ist sie ein Zeichen der Stärke, denn die dschihadistische Terrororganisation zeigt sich auf dem ganzen Planeten und vermittelt das Gefühl, sie könnte zuschlagen, wo und wann sie will. Wir könnten Ihrer Aufzählung noch den fünfzehnjährigen kurdischen Jugendlichen hinzufügen, der am 11. Januar in Marseille mitten auf der Straße mit einer Machete einen Mann mit Kippa angegriffen hat, den Lehrer einer jüdischen Schule. Auf den zweiten Blick ist die Situation komplexer. Der dschihadistische Terrorismus besitzt wie jede andere Form des Terrorismus auch eine eigene politische Ökonomie: Er muss nicht nur seine Gegner in Angst und Schrecken versetzen, ihnen wehtun, sie überraschen, sie entmutigen, sondern auch Sympathisanten dazugewinnen. Wie sieht es denn damit aus in Jakarta, in Istanbul oder Ouagadougou? Man hat das Gefühl, für Aqmi (al-Qaida im islamischen Maghreb), den IS und all diese Bewegungen, die sich auf dieselben verschwommenen Grundsätze stützen, ist es von oberster Wichtigkeit, Attentate zu begehen, um ihre schädliche Kraft zu demonstrieren, und darüber hinaus Kämpfer zu rekrutieren, nicht unbedingt in großer Zahl, aber genug, um neue Angriffe starten zu können, in der Hoffnung, dass die muslimischen Massen eines Tages scharenweise zu ihnen überlaufen.

Vor Ort, im Irak und in Syrien, zeigen die Luftschläge trotz der Konflikte innerhalb der Koalition, vor allem zwischen Saudi-Arabien und dem Iran, sogar eine gewisse Wirksamkeit, und das vom Islamischen Staat kontrollierte Gebiet schrumpft. Nach dem Massaker in Istanbul wurde der Druck der Türkei auf die Gebiete des »Kalifats« stärker. Laut jüngsten Informationen sind die Löhne, die der IS den Leuten zahlt, die für ihn arbeiten, beträchtlich gekürzt worden. In Rakka, wo so viele französische Dschihadisten konzentriert sind, werden die Lebensbedingungen immer schwieriger. Der IS verhindert die Verbreitung jeglicher Aufnahmen vom Alltag in den Gebieten, die er kontrolliert, mit Ausnahme der von ihm selbst produzierten Propaganda. So sind beispielsweise die syrischen Oppositionellen und zugleich Gegner des IS, die Aufnahmen von Aktionen unter dem Slogan »Rakka wird leise geschlachtet« online stellten, in den türkischen Städten, in die sie sich geflüchtet hatten, enthauptet worden. So gesehen hat man das Gefühl, dass die wachsende Zunahme der Attentate eher eine Flucht nach vorn ist. Sie müssen präsent sein, zeigen, dass sie töten können, aber sind sie wirklich imstande, die Massen zu mobilisieren? Daran darf heute gezweifelt werden.

Hat der Islamische Staat denn nicht länger die Möglichkeit, neue Glaubenskrieger für seine Sache zu gewinnen?

Gegenwärtig ist zwar der Strom radikalisierter Personen, die von Frankreich aus losziehen, um sich dem irakisch-syrischen Dschihad anzuschließen, immer noch nicht versiegt, aber ein spürbarer Zuwachs ist auch nicht auszumachen. Der Terrorismus verbraucht sich sehr schnell. Wenn die Attentate zunehmen, aber nicht genug neue Sympathisanten durch sie gewonnen werden, wenn die Wachstumskurve nicht exponentiell ist, verlieren die Attentate ihre Wirksamkeit und schaden am Ende denen, die sie verübt haben.

Durch den Anschlag von Istanbul und die Massaker von Paris könnten die Touristen weniger werden, mit beträchtlichen wirtschaftlichen Auswirkungen. Sind diese Folgen nicht bereits jetzt in Frankreich spürbar?

Sicher, aber auch das nutzt den Terroristen nicht unbedingt. Sehen wir uns beispielsweise Ägypten im November 1997 an, als das Attentat auf den Hatschepsut-Tempel in Luxor verübt wurde, das siebenundsechzig Opfer forderte. Die Familien, die ihre Einkünfte aus dem Tourismus bezogen, also fast ganz Oberägypten, haben sich an den Dschihadisten gerächt und das Milieu, in dem sie sich wie Fische im Wasser bewegen konnten, austrocknen lassen. Von außen betrachtet hat man den Eindruck, der Terrorismus sei eine einfache Angelegenheit: Man tut sich zu dritt zusammen, zündet eine Bombe, und erhält eine gigantische Investitionsrendite. Aber die Begleiterscheinungen sind äußerst schwer vorherzusehen und erfordern einen gekonnten Umgang mit dem politisch günstigen Zeitpunkt.

27. Januar

WIRD DER IRAN WIEDER GESELLSCHAFTSFÄHIG?

Wie denken Sie über die Wiederaufnahme des Iran in die internationale Gemeinschaft?

Der Besuch des iranischen Präsidenten Hassan Rohani in Paris ist schon sehr erstaunlich. Während die französischen Regierungsvertreter lange Zeit der Rückkehr des Iran ins politische Rampenlicht mit Misstrauen begegneten und zu den kompromisslosesten Verhandlungspartnern in der Atomwaffenfrage zählten, wird jetzt eine ganz andere Linie verfolgt, und sie spielen nur noch die Begleitstimme in einem von den Vereinigten Staaten orchestrierten Werk.

Die von Obama verfolgte, US-amerikanische Politik ist insofern paradox, als sie eine Fortsetzung der Politik der Neokonservativen aus dem Umfeld von George W. Bush ist. Diese gaben Saudi-Arabien die Schuld an den Attentaten vom 11. September 2001, das seit 1945 ihr Bündnispartner bei der Kontrolle der Erdölproduktion des Nahen Ostens gewesen war und dem Westen all das Öl lieferte, um seinen Fortschritt zu sichern und ihm zu ermöglichen, der Sowjetunion im Kalten Krieg standzuhalten.

Nachdem bekannt wurde, dass fünfzehn der neunzehn Attentäter, die an dem »gesegneten zweifachen Angriff« auf New York und Washington am 11. September 2001 beteiligt gewesen waren, saudi-arabische Staatsbürger waren, richteten die Neokonservativen die amerikanische Politik in der Region auf den schiitischen Irak aus, mit doppeltem Ziel: erstens die irakische Ölproduktion zu fördern, um der Rolle Saudi-Arabiens als »Swing Producer« auf dem Weltölmarkt ein Gegengewicht zu geben, und zweitens die irakischen Schiiten zum Nachteil der Sunniten zu unterstützen, deren höchster lokaler Vertreter Saddam Hussein gewesen war, was ebenfalls Saudi-Arabien schadete, das vornehmlich sunnitisch ist. Außerdem hofften die Amerikaner, die schiitischen Nachbarn im Iran würden sich von der proamerikanischen Haltung ihrer irakischen Glaubensgenossen anstecken lassen, was dann den Iran endlich ins westliche Lager treiben würde. Daraus wurde jedoch nichts, diese Politik scheiterte.

Der Rückzug der Amerikaner aus dem Irak lieferte das Land seinem iranischen Nachbarn aus, dem immerhin schlimmsten Feind der Neokonservativen. Präsident Obama zog seine Lehre aus diesem Misserfolg und verhandelte fortan direkt mit dem Schutzherrn der Schia, dem Iran. Durch die direkte Wiedereingliederung der islamischen Republik in die internationale Gemeinschaft möchte er auf die Gleichgewichte in der Region Einfluss nehmen. Die Vereinigten Staaten hoffen, der Iran werde ein Gegengewicht zu Saudi-Arabien bilden, das man in Washington und anderen Zentren des Westens stets im Verdacht hatte, Förderer jenes Salafismus zu sein, aus dem der Dschihadismus hervorgegangen ist.

Halten Sie das für ein geschicktes Manöver?

Es hat wenigstens den Vorteil, dass es kohärent ist. Die Wiedereingliederung des Iran auf diplomatischer Ebene ist Teil einer echten Langzeitstrategie. Allerdings verläuft diese nicht auf einer Linie mit den diplomatischen Anliegen Frankreichs. Was die Geschäftsinteressen betrifft, sieht die Sache schon ganz anders aus: Air France wird Ende April seinen Direktflug Paris–Teheran wieder aufnehmen (vgl. S. 141) und es gibt Geschäftsleute, die sich gerne dem Iran zuwenden möchten. Seine Öffnung zu verpassen und nicht auf die möglichen Veränderungen einer äußerst dynamischen und zur herrschenden politischen Klasse distanzierten Mittelklasse zu setzen, wäre ein Eingeständnis der eigenen Blindheit gegenüber den Umwälzungen im Nahen Osten, selbst wenn Iran dem Regime von Baschar al-Assad immer noch seine rückhaltlose Unterstützung gewährt.

FEBRUAR 2016

3. Februar

DREHKREUZ TÜRKEI

Gilles Kepel, Sie sind uns aus Istanbul zugeschaltet, einer Stadt, wo sich die Wege von Dschihadisten und syrischen Flüchtlingen kreuzen. Erleben wir gerade eine Neudefinition der Geopolitik am Mittelmeer?

Im Vergleich zu Calais und der traurigen Berühmtheit seines »Dschungels« liegt Istanbul am ganz anderen Ende der nicht enden wollenden Migranten- und Flüchtlingsströme aus dem Nahen Osten. Die Stadt ist durch den Bosporus geteilt, den Seekorridor, der Asien von Europa trennt, den Osten vom Westen. Er wird täglich in beide Richtungen überquert, von den Dschihadisten, die aus Europa zur syrischen Front aufbrechen, und von den Flüchtlingen, die von hier oder den türkischen Stränden aus aufbrechen, um die griechischen Inseln und die EU zu erreichen.

Früher fuhr man in die Türkei in den Urlaub. Heute ist keine Rede mehr von »Blauen Reisen« und Charter-Segelturns zu den kleinen verzauberten Buchten am Ägäischen Meer: Die türkische Küste – die wie viele Mittelmeerküsten, ganz besonders natürlich die libysche, wegen der Präsenz des IS extrem gefährlich ist – ist eine für die EU problematische Grenze geworden. Anfangs zielte die sogenannte Europäische Nachbarschaftspolitik auf Kooperation mit den Ländern des südlichen und südöstlichen Mittelmeers ab und förderte über die Entwicklungshilfe Alternativen zur Auswanderung. Heute ist das alles durch die massenhafte Einwanderung erschüttert und durch die schwierigen Abwägungen zwischen humanistischen Prinzipien der Flüchtlingshilfe und der Angst vor unkontrolliertem Zustrom.

In Deutschland, wo ich mich vor Kurzem aufhielt, spricht man nur über die Probleme im Zusammenhang mit den Migranten, etwa die sexuellen Übergriffe, die Diebstähle und die Gewalt, die in Köln und anderen großen Städten Deutschlands gegen Frauen verübt wurden (vgl. S. 121). Gestern erzählte mir ein griechischer Diplomat von der Ratlosigkeit in seinem Land angesichts der unzähligen Flüchtlinge auf den Ägäischen Inseln nahe der türkischen Küste, wie Lesbos, die man nicht mehr unter Kontrolle hat. Dieses wesentliche Problem wirft die Frage nach dem europäischen Zusammenhalt und der Solidarität zwischen den Mitgliedsstaaten der EU auf.

Welche Zukunftsszenarien halten Sie für möglich?

Bekanntlich haben Türkei und Frankreich einige Vereinbarungen getroffen, insbesondere darüber, dass Rückkehrer aus dem syrischen Dschihad von der türkischen Polizei abgefangen und den französischen Behörden übergeben werden. Doch wir können uns hier keine Blauäugigkeit leisten: Wir wissen, dass viele durch die Maschen schlüpfen, ob nun illegale Einwanderer, Asylsuchende oder Dschihadisten.

Die Türkei achtet penibel darauf, dass ihre Souveränität gewahrt bleibt, und möchte mit der EU immer noch aus einer Position der Stärke heraus verhandeln. Sie strebt in gewisser Weise danach, unter der Führung der AKP im Kräftespiel des Nahen Ostens wieder eine Großmachtstellung wie zur Zeit des Osmanischen Reiches zu erlangen. Aber damit begibt sie sich auch in die Gefahr eines Rückschlags: Im Südosten des Landes, entlang der Grenze zu Syrien, bedrohen Stellungen der Dschihadisten die Sicherheit auf dem eigenen Territorium. Zusammen mit dem Wiederaufflammen des Kurdenkonflikts und den gewalttätigen Zusammenstößen zwischen der PKK und der türkischen Armee stellt dies das Land, das sich bisher für das Vorauskommando der NATO im Nahen Osten hielt, vor zahlreiche Probleme, u. a. auch der inneren Sicherheit.

Man hat den Eindruck, die Regierung Erdoğan sei entschlossen, gegen die auf ihrem Staatsgebiet befindlichen Dschihadisten zu kämpfen, was sie nicht immer getan hat. Hat sie heute bessere Möglichkeiten zu agieren?

Die Sicherheitskräfte der Türkei haben angesichts der dschihadistischen Herausforderung ihr Vorgehen deutlich verschärft. An der Grenze wird jetzt ausgesiebt, was die Probleme anderswohin verlagert, viele Dschihadisten, die sich in dem gewaltigen Stadtdschungel Istanbuls mit seinen sechzehn Millionen Einwohnern versteckt halten, warten darauf, nach Syrien oder von dort nach Europa zu gehen. Das wirft erhebliche Sicherheitsfragen auf, wie der Anschlag zeigt, den der IS am 12. Januar vor der Blauen Moschee verübte (vgl. S. 108). Und es bedeutet, dass die EU, sollte sie sich gegenüber der Türkei weiter besonders restriktiv zeigen, bereit sein muss, auch den politischen Preis dafür zu zahlen und ihre Sicherheit aufs Spiel zu setzen. Das ist das insgeheime Tauziehen, das derzeit zwischen Ankara und Brüssel stattfindet.

10. Februar

STAATSBÜRGERSCHAFT: ENTZUG UNWAHRSCHEINLICH

Sie wollten noch einmal auf den Gesetzesentwurf zum Entzug der Staatsbürgerschaft zu sprechen kommen, der heute Nacht von der Nationalversammlung gerade noch angenommen wurde.

Der Entzug der Staatsbürgerschaft bei allen Personen, die terroristischer Straftaten überführt werden, wurde mit knapper Mehrheit angenommen. Diese Maßnahme, mit der eigentlich die Einheit der Nation im Angesicht der terroristischen Bedrohung zum Ausdruck gebracht werden sollte, erzielt den gegenteiligen Effekt. Der Gesetzesentwurf muss noch vom Senat gebilligt werden – und danach sieht es derzeit nicht aus –, anschließend müssen die Nationalversammlung und der Senat im Kongress mit einer Dreifünftelmehrheit dafür stimmen, da es sich um eine Verfassungsänderung handelt. Davon ist man weit entfernt.[10]

Wenn man sich die Stimmenverteilung genauer ansieht, stellt man fest, dass die sozialistische Regierung in ihrem eigenen Lager nur eine kleine Mehrheit an Befürwortern der Maßnahme hat. Nur hundertneunzehn sozialistische Abgeordnete stimmten dafür, zweiundneunzig dagegen, und zehn enthielten sich. Das ergibt hundertneunzehn gegen hundertzwei, illustriert also eher einen Bruch als ein gemeinsames Vorgehen. Bei den Rechten sieht es nicht besser aus, von ihnen stimmten zweiunddreißig Abgeordnete dafür, dreißig dagegen, und sechs enthielten sich. Die Kommunistische Partei PCF stimmte geschlossen dagegen. Und was die Grünen angeht, so stimmten alle außer einem Abgeordneten, François de Rugy, dagegen, worauf in den sozialen Netzwerken ironische Kommentare über seine Hoffnung auf einen Ministerposten bei der nächsten Kabinettsumbildung gepostet wurden.

Wie soll man das alles interpretieren? Seit der Einführung der fünfjährigen Legislaturperiode hat die Umkehrung des Ablaufs – der Präsident wird vor den Parlamentsmitgliedern gewählt – die Abgeordneten tendenziell zu absolut blinden Parteigängern gemacht, da ihre Wiederwahl weitgehend von der Wahl des Staatschefs abhängt. Jetzt, da der Wahlkampf für die Präsidentschaftswahl 2017 beginnt, sind die Abgeordneten der Linken höchst besorgt, der Kandidat ihrer Partei könnte ein so niedriges Wahlergebnis erzielen, dass es ihre eigene Wiederwahl gefährden könnte. François Hollande wird wie Nicolas Sarkozy von der Öffentlichkeit so vehement abgelehnt, dass sich einige Abgeordnete in ihrer Panik dazu verleitet sehen, gegen ein Projekt stimmen, das der ehemalige und der gegenwärtige Präsident befürwortet hatten.

17. Februar

DER HEIKLE GEDENKTAG: 100 JAHRE SYKES-PICOT-ABKOMMEN

Sie wollen den hundertjährigen Gedenktag des Sykes-Picot-Abkommens auf Ihre Weise begehen. Welche Bedeutung hat dieses Abkommen im Kontext des aktuellen Zeitgeschehens?

Vor einem Jahrhundert, von November 1915 bis März 1916, führten Frankreich und England in London geheime Verhandlungen, die in der Aufteilung der arabischen Gebiete des Osmanischen Reiches endeten und später unter dem Namen »Sykes-Picot-Abkommen« bekannt wurden. Dabei wurde insbesondere die Grenze zwischen Syrien und dem Irak festgelegt, die mittlerweile vom Islamischen Staat wieder verwischt wurde. Es ist interessant zu beobachten, dass die Fragmentierung der Staaten entlang der ethnischen, konfessionellen und kulturellen Grenzen in den Balkanstaaten und der Levante mit der Zerschlagung der Mittelmächte[11] im ersten Viertel des 20. Jahrhunderts begann und dass man ein Jahrhundert später in der Problematik immer noch nicht wesentlich weitergekommen ist.

Aber was genau geschah 1915/1916? Frankreich und Großbritannien bemühten sich mit Unterstützung des russischen Reiches, das noch nicht von den Bolschewiken gestürzt war, um die Schaffung von Einflusszonen: einer französischen, einer englischen und einer internationalen. Das Ergebnis wurde 1920 durch den Vertrag von Sèvres erneut geändert, und 1923 dann noch einmal durch den Vertrag von Lausanne. Die rein französische Einflusszone reichte vom Süden der heutigen Türkei bis zum Libanon und umfasste auch eine arabische Zone unter französischem Einfluss in Syrien; die rein britische Einflusszone umfasste den Irak bis Mesopotamien, mit einer arabischen Zone unter britischem Einfluss im Gebiet des heutigen Jordanien und einem Teil des Irak, und einer kleinen internationalen Zone in Palästina. Zahlreiche Grenzlinien von damals sind heute im Begriff, wieder aktuell zu werden. Beispielsweise stemmte sich die Türkei auf Veranlassung von Atatürk gegen das Abkommen, und die Stadt Gaziantep, heute Hauptstadt der Syrer im Exil, in die man aus Sicherheitsgründen nicht reisen kann, verdankt ihren modernen Namen Atatürk, der den Beinamen *Gazi*, »Sieger«, hatte, weil er die französischen Truppen aus der Region vertrieben hatte.

Das Abkommen und der unmittelbar darauffolgende Vertrag von Sèvres sahen die Schaffung einer autonomen Kurdenregion vor, worauf im Vertrag von Lausanne jedoch verzichtet wurde. Durch seine militärischen Siege war Atatürk mittlerweile zum Oberbefehlshaber avanciert und setzte sich erfolgreich gegen jeden Versuch durch, einen Kurdenstaat zu bilden. Nun sieht man aber heute diese autonome Region Gestalt annehmen, in der kurdischen Regionalregierung des Irak und zugleich in der kurdischen Zone im Norden von Syrien, wo sie eine Art Pufferzone zwischen Syrien und der Türkei bildet, was eine der Ursachen für die wiederaufflammenden Spannungen ist. Es ist erstaunlich zu sehen, dass in den Zwanzigerjahren Frankreich und England die Weltmächte waren, die die Gesetze vorgaben, während sie derzeit bei den Entscheidungen zwar nicht ausgeschlossen, aber doch auf Nebenrollen beschränkt sind, zugunsten der regionalen türkischen, iranischen und arabischen Mächte am Golf, die damals durch das Sykes-Picot-Abkommen an den Rand gedrängt worden waren. Nach dem Rückzug der Vereinigten Staaten ist die Lage in Syrien mehr als chaotisch, und kein Staat ist aktuell imstande, sie zu beeinflussen, als fände ein Jahrhundert später in der Levante eine Wiederkehr des Verdrängten statt.

Und jetzt erfolgen die Versuche, das Gleichgewicht wiederherzustellen, vor dem Hintergrund eines IS, den keiner richtig kennt. Der Islamische Staat profitiert vom Unfrieden zwischen den Mitgliedern der Koalition, die ihn eigentlich zerschlagen sollen. Wo Türken und Kurden einander bekämpfen, gedeiht der Islamische Staat. Sollte der gegenwärtige Trend sinkender Ölpreise – heute 50 Dollar im Vergleich zu 120 Dollar im letzten Jahr – anhalten, würde dies zu einer bedeutenden Umverteilung im Gleichgewicht der Regionalmächte führen. Die Ölmonarchien, die starkem Finanzdruck unterworfen sind, drosseln überall ihre Investitionen, was kurz- oder mittelfristig die geopolitische Lage auf den Kopf stellen wird.

24. Februar

KAMEL DAOUD UND DIE SEXUELLEN ÜBERGRIFFE VON KÖLN

Sie möchten über eine Kontroverse sprechen, die über einen Artikel des Autors Kamel Daoud entbrannt ist und darin mündete, dass er sich entschloss, in Zukunft zu schweigen.

In der Tat. Sie kam auf, als dieser große algerische Schriftsteller, Autor des bemerkenswerten Romans *Der Fall Meursault, eine Gegenermittlung* – einer arabischen Variante von Camus' *Der Fremde* –, in mehreren europäischen Zeitschriften einen Artikel über die Vorgänge in der Silvesternacht von Köln veröffentlichte: Mehrere Hundert Frauen waren von unzähligen, in Banden agierenden Männern bedrängt, bestohlen und sexuell belästigt worden, und man nahm an, dass es sich um Flüchtlinge aus der muslimischen Welt handelte[12]. Und das zu einem Zeitpunkt, als Deutschland Flüchtlinge aus Syrien und von anderswo in großer Zahl bei sich aufgenommen hatte.

Und es war mehr als nur eine Annahme.

Ähnliche Vorfälle spielten sich in mehreren deutschen Städten ab. Beispielweise wurden in Schwimmbädern Frauen bis auf die Toiletten verfolgt, so dass sich selbst eher linke oder grüne Gemeinden gezwungen sahen, männlichen Migranten über achtzehn den Besuch von öffentlichen Bädern zu verbieten, bevor sie nicht einen Integrationskurs absolvierten. Kamel Daoud hat sich gefragt, was es auf sich habe mit dem, was er »das sexuelle Elend in der arabischen Welt« nennt, vor allem mit dem »pornografischen Islamismus«, den manche Prediger verbreiten, die Frauen vor allem als Objekte der Begierde sehen. Wie es der berüchtigte salafistische Imam von Brest, Rachid Abu Houdeyfa, sinngemäß ausdrückt: Wenn sie nicht züchtig angezogen sind, mit anderen Worten ordentlich verschleiert, dürfen sie sich auch nicht beschweren, wenn sie bei den Männern Gelüste wecken.

Kamel Daouds Artikel folgte eine Stellungnahme von Intellektuellen und Akademikern. Bereits 2014 hatte der Salafist Abdelfattah Hamadache in Algerien eine Fatwa gegen den Schriftsteller verhängt, die ihn zum Tode verurteilte, weil er es gewagt hatte, die Religion zu kritisieren. Diese zweite Fatwa, die diesmal aus dem Westen kommt, beschuldigt ihn, die »islamophoben« Fantasien von Teilen der europäischen Öffentlichkeit zu nähren und einen kolonialen Paternalismus an den Tag zu legen. Die Stellungnahme europäischer Intellektueller ist ein echtes Problem: Über die Formulierungen Daouds kann man diskutieren und man kann ihnen widersprechen, aber der Vorwurf der Islamophobie bringt jeden kritischen Ansatz derer zum Schweigen, die zu analysieren versuchen, was sich derzeit im muslimischen Kosmos abspielt, insbesondere die Darstellung der Welt im islamistischen Diskurs.

Wir haben es hier mit einer Blackbox des Denkens zu tun. Auf der einen Seite wollen bestimmte Leute jede kritische Analyse von jedwedem Geschehen im zeitgenössischen Islam verbieten, da es schließlich Ausdruck unantastbarer kultureller Authentizität sei. Auf der anderen Seite ordnen bestimmte Leute diese Phänomene sämtlich unter dem Stichwort *Radikalisierung* ein und verbieten sich selbst, über ihre Komplexität nachzudenken. Mit dieser Art von Herausforderungen hat man zu kämpfen, wenn man verstehen will, was seit dem Entstehen des Islamischen Staates, der anschließenden Aufnahme von Flüchtlingen durch Länder wie Deutschland und Griechenland bis hin zum Attentat im Bataclan geschehen ist. Solange man diese Situationen nicht allesamt genauer unter die Lupe nimmt, wird man die Komplexität der sozialen und kulturellen Phänomene nicht angemessen deuten können.

Trotzdem hat man Kamel Daoud vorgeworfen, er verallgemeinere und sei in gewisser Hinsicht ungenau in seinen Anklagen, schließlich habe es auch andere Situationen gegeben, in denen Frauen belästigt wurden, ohne dass eine hypothetische muslimische Kultur dafür verantwortlich gemacht worden wäre.

Über seine Formulierungen kann man in der Tat streiten, aber darum geht es nicht. Was mir Sorgen macht, ist der Gebrauch dieses »Islamophobie«-Ukas: »Schweig, denn wenn du Kritik an Verhaltensweisen übst, in denen man das Ideengut der salafistischen Predigten wiederfindet, dann bist du islamophob.« Es muss möglich gemacht werden, innerhalb der arabischen Welt über den Salafismus zu debattieren. Kamel Daoud hat die bleiernen Jahre in Algerien verbracht, er ist bereits einmal zum Tode verurteilt worden. Dass man nun von einem amerikanischen oder europäischen Campus aus einem algerischen Autor wie ihm verbieten will, diese Debatte zu führen, scheint mir dem ureigenen Auftrag der Universität den Rücken zu kehren. Das ist intellektueller Amtsmissbrauch.

MÄRZ 2016

2. März

IST DER FLÜCHTLINGSSTROM EINE BEDROHUNG FÜR EUROPA?

Wird Europa unter der Last der Flüchtlingsströme zusammenbrechen?

Wie mir jüngst ein hoher Beamter der Europäischen Union anvertraute, ist Europa wahrscheinlich noch nie so gründlich in seiner Identität infrage gestellt worden wie derzeit durch die Auswirkungen der Flüchtlingsströme. Die Menschen kommen aus dem Südosten, aus Griechenland und den Balkanländern nach Europa, über eine vergessene Route, nämlich die der osmanischen Armee auf dem Weg zu den Belagerungen Wiens der Jahre 1529 und 1683, deren endgültiges Scheitern das Ende der Eroberungsgelüste des Sultans von Istanbul im christlichen Europa bedeutete. In den Balkanstaaten oder in Ländern wie Österreich, Ungarn und Bulgarien sind die Erinnerungen an die Invasionen aus dem Osten immer noch im kollektiven Gedächtnis verankert.

Angesichts der Millionen von Menschen, die in Europa Schutz suchen, um dem Krieg in Syrien, im Irak oder in Afghanistan zu entkommen, schließen die Regierungen der betroffenen Länder, allen voran Österreich, entgegen der in Brüssel getroffenen Entscheidungen ihre Grenzen und setzen den Zusammenhalt in der EU einer harten Zerreißprobe aus. Für Griechenland, das eine strapaziöse Finanzkrise hinter sich hat, ist der Umgang mit dem Flüchtlingsstrom, der die ägäischen Inseln nahe der türkischen Küste in riesige Lager unter freiem Himmel verwandelt, ein Albtraum. Die geringer Qualifizierten, vor allem die Afghanen, stecken auf griechischem Boden fest, weil man sie am Weiterkommen hindert.

In Deutschland gibt sich die Kanzlerin zuversichtlich, dass ihr

Land die Aufgabe bewältigen kann, über eine Million Flüchtlinge aufzunehmen und zu integrieren. Sie setzt darauf, dass diese jungen Menschen, von denen sie sich erhofft, sie seien qualifiziert, den demografischen Wandel in Deutschland aufhalten und die Wirtschaft ankurbeln werden. Der politische, soziale und kulturelle Umgang mit den Flüchtlingsströmen stellt die größte Herausforderung dar, der Angela Merkel im Laufe ihrer Karriere begegnet ist. Seither wird ihre Autorität infrage gestellt, und zum ersten Mal steht ihre politische Zukunft auf dem Spiel. Die Gewalttaten der Silvesternacht in Köln haben die Wählerschaft traumatisiert, und die extreme Rechte marschiert mit großen Schritten nach vorn.

Auch in Frankreich, wo die Regierung keine andere Lösung zur Ausräumung des Abszesses von Calais fand, als nach etlichen Vorkommnissen, die teilweise das Funktionieren des Eurostar behinderten, den »Dschungel« räumen zu lassen, scheint nichts das Erstarken des Front National aufhalten zu können. Kein Kandidat der Präsidentschaftswahl 2017 kommt an Calais vorbei. In der Folge plant Belgien, das befürchtet, die Flüchtlinge könnten sich entlang der Küste bis Knokke-le-Zoute (Seebrügge) vorarbeiten, um nach England zu gelangen, seine Grenzen zu schließen, eben jene durchlässigen Grenzen, über die die Mitglieder des Kommandos, das am 13. November 2015 den Anschlag auf Paris verübte, und ihre Komplizen in beide Richtungen verkehren konnten.

Wenn man in einen Thalys steigen will, muss man schon auf den Bahnsteigen des Gare du Nord seine Papiere vorzeigen, ein möglicher Beweis für das Scheitern des Schengener Abkommens, das die freie Zirkulation innerhalb Europas ermöglicht. Unterdessen sind in England, einem traditionell Flüchtlingen gegenüber gastfreundlich eingestellten Land, die Befürworter des Brexit mit ihrer Anti-Immigrations-Rhetorik auf dem Weg zum Sieg, was wahrscheinlich die Trennung Schottlands vom Königreich zur Folge haben wird. Dieses Katastrophenszenario ist umso erstaunlicher, als es den Prophezeiungen von Abu Musab al-Suri im *Aufruf zum weltweiten islamischen Widerstand* entspricht. Für al-Suri ist ein Zusammenbruch Europas der beste Rahmen, um den ersehnten Bürger- und Glaubenskrieg einzuleiten, damit auf den Ruinen des Alten Kontinents das islamistische Kalifat errichtet werden kann. Wir wollen hier nicht alles durcheinanderwerfen, aber es scheint doch klar zu sein, dass die Jahre zu großer intellektueller Nachgiebigkeit in Brüssel und in den großen europäischen Zentren im Bezug auf die Nachbarschaftspolitik gegenüber dem Süden und Südosten der EU zu dem heutigen Durcheinander geführt haben, und dass die entsprechend panischen Reaktionen, falls nichts unternommen wird, die Gefahr bergen, das Chaos des Nahen Ostens nach Europa zu tragen.

Falls nichts unternommen wird, sagen Sie, aber hat Europa überhaupt noch eine Möglichkeit zu handeln?

Hoffen wir, dass Brüssel Schritte unternehmen wird, um der Sache Einhalt zu gebieten. Seit etlichen Jahren verfolgt die Europäische Union eine Politik der gemeinsamen Entwicklung mit dem Ziel, die Bevölkerung der Länder des Südens ebendort durch Subventionen festzuhalten, aber das Chaos, das der Krieg angerichtet hat, macht das unmöglich. Was wollen Sie in Libyen oder in Syrien mit einer Einrichtung wie Frontex anfangen, der Europäischen Agentur für die operative Zusammenarbeit an den Außengrenzen der Mitgliedstaaten der Europäischen Union[13], die zur Grenzsicherung am Mittelmeer entsendet ist und deren Mittel der Größe der Herausforderung gar nicht entsprechen?

Heißt das, dass die Rückkehr zur Normalität in Syrien, im Irak und in Afghanistan für Europa und den Westen in gewisser Weise unerlässlich ist?

Ganz gewiss, und daraus ergibt sich das Problem eines außenpolitischen Handelns der Europäischen Union. Solange es kein gemeinsames solches gibt und solange die Länder der EU ihre kleinen Solostücke spielen, ist da nicht viel zu erwarten.

16. März

DIE »ISLAMOPHOBIE«-FALLE

Im Rahmen der Ermittlungen zu den Attentaten des 13. November letzten Jahres in Paris und Saint-Denis ist es gestern zu einer Verfolgungsjagd in Brüssel gekommen, bei der ein mit einer Kalaschnikow bewaffneter Verdächtiger erschossen wurde. Wie lautet Ihre Analyse dieses Ereignisses?

Man muss das Ereignis begrifflich richtig einzuordnen versuchen. Seit den Attentaten vom Januar und November 2015 stehen wir vor der schwierigen Aufgabe, das Phänomen des Terrorismus genau zu erfassen. Es sind wütende Debatten entbrannt. Einige sind der Ansicht, das Ganze sei nur die »Islamisierung der Radikalität«. Das Schlüsselwort bei diesem Slogan, der so eingeschlagen hat, ist die *Radikalität*, dieses zeitlose Phänomen, das seit den Anarchisten des 19. Jahrhunderts über die italienischen Roten Brigaden, die Baader-Meinhof-Bande in Deutschland bis hin zur Action directe[14] und jetzt dem IS angeblich unverändert geblieben ist. Man sagt, es handle sich dabei um nichts als einen nihilistischen Juckreiz, der typischerweise bei Heranwachsenden zur Zerstörung der Gesellschaft drängt und der heute im grünen Gewand des Islamismus daherkommt, während er gestern noch das rote der Kommunisten und vorgestern das braune Gewand der Faschisten trug.

Von dieser Sichtweise halte ich überhaupt nichts. Hinter dem heutigen Phänomen steckt etwas, das man mit dem Pseudo-Konzept der »Radikalität« gedanklich nicht fassen kann: das Aufkommen des Dschihadismus und das Wesen seiner Verbindung zum Salafismus. Wenn man das Problem des Dschihadismus mit dem allgemeinen Begriff Radikalität verwässert, liefert man bloß jenen Argumente an die Hand, die am liebsten alle, die diese Verbindung grundlegend hinterfragen, in einem Hexenprozess der »Islamophobie« bezichtigen würden. Erst kürzlich ist es Kamel Daoud so ergangen (vgl.

S. 121), als er nach Äußerungen im Zusammenhang mit Gewalttaten, insbesondere sexuellen Übergriffen auf Frauen in Deutschland, geschmäht wurde. Jedes Nachdenken über das, was heute in der Sphäre des Islam geschieht, jede kritische Auseinandersetzung läuft Gefahr, als islamophob zu gelten. Man zeigt mit dem Finger auf jeden, der es wagt zu veranschaulichen, wie sich, auch in der Debatte innerhalb des Islam, vom Salafismus wie vom Dschihadismus getragene Machtstrategien entwickeln, um die Entscheidungsgewalt über die Frage zu bekommen, was im privaten wie im öffentlichen Bereich gesagt werden darf.

Diese Herausforderung betrifft in erster Linie unsere muslimischen Mitbürger, denn sie sind Geiseln einer Ideenströmung, die es ihnen verbietet, eine reflexive Haltung gegenüber eben jenen einzunehmen, die sich das Exklusivrecht anmaßen, in ihrem Namen zu sprechen und sämtliche Widersacher als »Apostaten« zu geißeln. Die Angelegenheit ist komplex. Einige Akademiker, zu denen ich auch meine Wenigkeit zähle, sind der Ansicht, es sei entscheidend, über die Besonderheit dessen nachzudenken, was seit mindestens einem Jahrzehnt nicht nur in der französischen Gesellschaft, sondern auch in anderen europäischen Gesellschaften und im Innern der muslimischen Welt selbst vor sich geht. Ich spreche von den Anzeichen einer Salafisierung in den sozialen Brennpunktvierteln Frankreichs, zu einem Großteil unter dem Einfluss der gigantischen Finanzmittel, die zu diesem Zweck von den Ölmonarchien der arabischen Halbinsel eingesetzt werden.

Der Salafismus steht im Wesentlichen für eine äußerst strenge, wörtliche Auslegung des Korans, im Zuge derer die Schriften aus ihrem historischen Kontext herausgelöst werden; so kann man beispielsweise, wenn man die Verse aus dem 7. Jahrhundert und die Hadithe des Propheten buchstabengetreu umsetzt, Jesidinnen versklaven oder ungestraft Frauen sexuell belästigen, nur weil sie nicht den Hidschab tragen und sich damit der Schamlosigkeit schuldig machen. Salafismus führt in einigen Fällen – und hier ist es wichtig zu verstehen, aufgrund welcher Prozesse – zum Dschihadismus. Wenn man die Zusammenhänge nicht nachvollziehen kann – was durchaus schwer ist, denn dafür muss man nicht nur die Texte auf Arabisch lesen können, sondern auch in den schwierigen Vierteln Feldforschung betreiben, in die Gefängnisse gehen, in denen dieses Phänomen ein extremes Ausmaß annimmt –, dann versteht man nichts. Gewiss, es ist einfacher, die konformistischen Ansichten aus Wikipedia-Seiten oder Presseartikeln nachzuplappern, statt sich an den Ort des Geschehens zu begeben und sich der Gefahr auszusetzen, dass die vorgefertigten Gewissheiten ins Wanken geraten.

Gelegentlich wurde behauptet, die jungen Leute, die zur Tat schreiten, die Terroristen, seien in religiösen Dingen äußerst unbewandert. Sind Sie derselben Ansicht?

Manchmal stimmt das, aber das gilt nur für den Anfang. Die Dynamik der Salafisierung besteht darin, diese jungen Leute zu indoktrinieren. Sobald sie von der Peergroup an der Hand genommen werden, kann die Macht der salafistischen Ideologie sie umkippen lassen. Die Welt hat sich verändert seit den Zeiten der Roten Brigaden und der Action directe.

Sind Sie aus diesem Grund so kritisch gegenüber dem Ausdruck »Islamisierung der Radikalität«?

Ja, auch wenn die, die ihn verteidigen, selbstverständlich das Recht haben, ihn zu benutzen, und vor allem die Pflicht, darüber zu diskutieren. Ich denke, es ist sehr wichtig, über diese Fragen zu debattieren und ihnen auf den Grund zu gehen. Nur die Kontroverse bringt die Geisteswissenschaften voran.

23. März
DSCHIHADISMUS: IN DIE TAT UMGESETZTER SALAFISMUS

Nach den Attentaten von Brüssel wollten Sie noch einmal auf die Verbindung zu sprechen kommen, die in Frankreich, Belgien und anderswo oft zwischen Salafisierung und Radikalisierung hergestellt wird.

In der Tat. Diesen Montag habe ich an einer vom Innenministerium veranstalteten Gesprächsrunde zum Dialog mit dem Islam in Frankreich teilgenommen. Sie fand bereits zum zweiten Mal statt. Ich finde diese Initiative interessant, da sie einer großen Zahl von Akteuren – Gefängnisseelsorgern, Imamen, Verbandsvorsitzenden und anderen – gestattet, zu diskutieren und gemeinsam nachzudenken.

Diesmal war das Tagesthema der Kampf gegen die Radikalisierung. Hier stehen wir bereits vor dem Problem, ob die Verwendung dieses Begriffes überhaupt sinnvoll ist. Ist die Radikalität zur Zeit der Roten Brigaden vergleichbar mit der von heute? Viele der Teilnehmer waren, ob sie das nun explizit zum Ausdruck gebracht haben oder nicht, der Ansicht, dass die Ausbreitung des salafistischen Islam ein Problem darstellt. Früher dachte man, er sei absolut sektiererisch und vorwiegend in Saudi-Arabien verbreitet. Der Salafismus erfuhr einen beträchtlichen Aufschwung, als der Ölpreis in die Höhe schoss, der das Fortbestehen der Ölmonarchien sicherte, und beförderte zugleich den kulturellen Bruch nicht nur mit der französischen Gesellschaft und den europäischen Gesellschaften im Allgemeinen, denn er steht der Demokratie, dem Laizismus und der Gleichheit von Mann und Frau entgegen, sondern auch den Bruch mit den muslimischen Gesellschaften selbst. Im Maghreb und in der Türkei, wo alte malikitische und hanafitische Traditionen etwas geschmeidigere Verbindungen mit der Moderne einzugehen suchten, indem sie sich auf eine humane Auslegung der Heiligen Schriften stützten, sind diese heute vom Salafismus bedroht. Es ist wirklich sehr schwierig, den Salafismus in einen breiten Zusammenhang zu stellen, wenn man systematisch diejenigen, die das versuchen, der Islamophobie bezichtigt.

Bei der eintägigen Gesprächsrunde habe ich an einem sehr interessanten Workshop zur Lage in den Gefängnissen teilgenommen. Eine große Zahl muslimischer Seelsorger erklärt, wie Gefangene, die dem Geist des IS nahestehen und aus Syrien zurückgekehrt sind oder hoffen, dorthin reisen zu können, Gegenpredigten zu den Freitagsgebeten zu organisieren versuchen, damit die salafistische und dschihadistische Literatur auch hinter die Gefängnisgitter gelangt. Der Kampf dieser Seelsorger ist zäh, aber um den Terrorismus auf französischem Boden zu bekämpfen, darf man sich nicht auf Polizeieinsätze beschränken.

Man muss auch verstehen, auf welche Weise und unter welchen Umständen ein Salafist zur Gewalt schreitet und Dschihadist wird, wo doch die meisten Anhänger von sich behaupten, eher unpolitisch und quietistisch zu sein. Einige Vertreter der Kommunen streiten das überhaupt ab, denn sie sehen im Salafismus lieber ein verbindendes Element, das in Vierteln, wo die staatlichen Institutionen wirkungslos geworden sind, für sozialen Frieden sorgt. In Belgien hatten die Bürgermeister sogar geglaubt, die extrem strikte, aber nicht notwendigerweise gewalttätige Bewegung könnte ihnen im Kampf gegen den Drogenhandel, den sozialen Absturz und die Prostitution eine Hilfe sein.

Doch gerade das war bei den Brüdern Abdeslam in Molenbeek nicht der Fall, sie wurden unter dem Einfluss des dortigen salafistischen Umfelds von Drogendealern zu Dschihadisten. Paradoxerweise führten sie weiter ein »sündiges« Leben, wahrscheinlich in der Überzeugung, ihr Märtyrertod würde ihre Sünden wieder reinwaschen. Es ist eine kulturelle Herausforderung innerhalb des Islam, im Rahmen derer bereits zahlreiche Muslime auf den Internetseiten des IS heftig attackiert worden sind. Mehrere der Personen, die an der Tagung des Innenministeriums teilgenommen haben, wurden übrigens als »Abtrünnige« beschimpft und zum Tode verurteilt. Sie sind dazu aufgerufen, im Kampf um die Definition davon, wie der Islam von morgen aussehen soll, einen entscheidenden Beitrag zu leisten.

Was machen Sie mit den Quietisten, den vollkommen gewaltlosen Personen unter den Salafisten?

Anfangs sind sie in der Tat noch gewaltlos, und können das tatsächlich auch bleiben. Aber sobald der kulturelle Bruch vollzogen ist, sobald die Salafisten Sie und mich als Ungläubige (*Kuffar*) ansehen, oder – falls wir Muslime sind, die aber ihre Sicht der Dinge nicht teilen – als Abtrünnige, deren Blut man ungestraft vergießen darf, sobald ihr Lehrmeister oder Imam sich unter dem Einfluss der Peergroup oder der sozialen Netzwerke dem Dschihad zuwendet, ist der erste Schritt zur Tat bereits getan. Die Artikel auf *Dar-al-islam*, dem Online-Magazin des IS, beruhen auf einer doktrinären, rein salafistischen Logik, in der der Dschihad nur noch das Tüpfelchen auf dem i darstellt.

Wenn Sie ein Verhältnis von Ursache und Wirkung zwischen Salafismus und Terrorismus herstellen, oder jedenfalls die Ansicht vertreten, dass gerade der Salafismus den Terrorismus ermöglicht, heißt das dann, dass es Ihrer Ansicht nach keine kathartischen Kräfte geben kann und die Praxis eines strikt ausgelegten Islam nicht verhindern kann, dass zur Tat geschritten wird?

Zwar bezeichnen einige Salafisten die Dschihadisten als »Höllenhunde«, dennoch bedeutet der Salafismus einen grundlegenden Wertebruch mit der »ungläubigen« Gesellschaft, und genau dieser bildet den Nährboden für Attentate. Nicht jeder geht diesen Schritt, aber er wird von der wortgetreuen, aus dem historischen Kontext herausgelösten Lesart der Schriften, auf die sich der Salafismus beruft, befördert.

30. März

MOLENBEEK, BRÜSSELS VERBORGENE SEITE

Wenn Sie sich die Anschläge von Brüssel anschauen, welche ersten Lehren ziehen Sie daraus?

Es sind noch nicht alle Fakten bekannt, und wir werden wahrscheinlich noch einige Überraschungen erleben, besonders wenn – und falls – Salah Abdeslam preisgibt, was er weiß. Versucht man, die Ereignisse vom Januar und November in Paris und das, was jetzt in Brüssel geschehen ist, im richtigen Zusammenhang zu sehen, stellt man fest, dass sie exakt dem Modell entsprechen, das die Theoretiker des Dschihadismus der dritten Generation erstellt hatten: provozierende Attentate zu verüben, mit dem Ziel, den Bruch zwischen Muslimen und Nicht-Muslimen im Inneren der europäischen Gesellschaften zu vertiefen.

Diese Gebrauchsanweisung sieht vor, dass die Nicht-Muslime »islamophobe« Pogrome organisieren, um sich für die dschihadistischen Attentate zu rächen. Als Reaktion darauf werden sich die Muslime unter dem Banner der Radikalsten unter ihnen zusammenrotten und einen Bürgerkrieg auslösen, das Ganze nennen sie »Management der Barbarei«. Im Verlauf dieses seit 2005 skizzierten Szenarios ist es zu einigen Pannen gekommen. Die Attentate vom 13. November 2015 in Paris und Saint-Denis und vom 22. März 2016 in Brüssel stehen in einem klaren Zusammenhang, die Täter gehörten ein und derselben Gruppe an. Der Bombenbauer vom November, Najim Laachraoui, hat sich in Brüssel selbst in die Luft gesprengt. Es macht den Eindruck, als sei dem Team mit diesem letzten Selbstmord der Atem ausgegangen, ein Selbstmord mit gewiss schrecklichen Folgen, der jedoch im Hinblick auf die zuvor festgelegten politischen Ziele keine geplante Operation gewesen ist. Die Attentate vom 13. November rückten überhaupt den mafiösen oder zumindest kriminellen Hintergrund einiger der Täter in den Blickpunkt der Aufmerksamkeit, anstelle der von Abu Musab al-Suris *Aufruf zum weltweiten islamischen Widerstand* propagierten politischen Strategie.

Im Januar hatten sowohl die Brüder Kouachi als auch Amedy Coulibaly ihre Opfer, die Journalisten von *Charlie Hebdo* und die jüdischen Kunden des Supermarkts Hyper Cacher an der Porte de Vincennes, dafür bestraft, »islamophob« und »Feinde Allahs« zu sein. Was den »abtrünnigen« Polizisten Ahmed Merabet betrifft, so wurde seine Ermordung zwar in der Dschihadistenszene gefeiert, doch im Nordosten des Departments Seine-Saint-Denis, wo er gelebt hatte, war man sehr betroffen, was so weit ging, dass man in den Blogs aus der Region Clichy-Montfermeil und anderswo behauptete, er sei ein Opfer des Mossad und ruhe im Paradies.

Dagegen ging man bei den Novemberattentaten in Paris und letzte Woche in Brüssel völlig wahllos vor, indem man unterschiedslos alle tötete und verletzte, darunter auch junge Muslime, die al-Suri und Konsorten eigentlich mobilisieren wollen. Nach Paris und nach Brüssel hat sich ein Graben aufgetan. In den Interviews, die meine Studenten und ich mit Gefängnisinsassen geführt haben, und in den sozialen Medien werden die Täter dieser Anschläge oft als »barjos[15]« beschimpft. Der Fall Abdeslam fügt der goldenen Legende des Dschihadismus einen weiteren Widerspruch hinzu. Salah Abdeslam ist keineswegs der idealisierte Held der IS-Propaganda, er erscheint wie ein Feigling, der vor dem Gefecht geflohen ist, sich in sein altes Molenbeeker Umfeld geflüchtet und am Ende kampflos aufgegeben hat.

Eine Frage, über die lebhaft debattiert wird, ist, ob die Enklave von Molenbeek jetzt als Musterbeispiel dafür anzusehen ist, was in zahlreichen anderen abgeschlagenen Vierteln vor sich geht. Das glaube ich nicht. Molenbeek ist speziell. Wir haben es dort aufgrund des Handels mit Haschisch aus dem Riff mit einer großen organisierten Kriminalität zu tun. Radikal-islamistische Bewegungen haben dort schon vor langer Zeit Fuß gefasst. Die beiden Mörder von Kommandant Massoud, der am 9. September 2001 in Afghanistan getötet wurde, kamen aus Molenbeek. Durch die außergewöhnlich lasche Haltung der lokalen Behörden konnten diverse Gebetsorte entstehen, die nicht kontrolliert wurden und in denen die dschihadistische Logik gedeihen konnte.

Können Sie uns ein paar Worte dazu sagen, was in Lahore, Pakistan, geschehen ist[16]*? Haben wir es hier mit dem gleichen Terrorismus zu tun?*

Nicht ganz. Es handelt sich nicht um einen gegen Europa gerichteten Anschlag, der zu einem Bürgerkrieg führen soll, sondern um einen Religionskrieg innerhalb Pakistans. Der Staat ist destabilisiert durch die Anwesenheit der Taliban, der aus Afghanistan stammenden islamistischen Bewegung in ultrasalafistischer Tradition, in deren Augen alle, die nicht sunnitische Muslime sind oder ihrer Sekte angehören, angefangen bei den Schiiten und der kleinen christlichen Minderheit in Pakistan, geeignete Ziele sind. Diesem Massaker an Christen sind leider schon viele andere vorausgegangen.

APRIL 2016

6. April

DER KAMPF UM DEN ISLAM IN FRANKREICH

Letzten Montag erklärte Premierminister Manuel Valls: »Der Salafismus ist im Begriff, den Kampf um den Islam in Frankreich zu gewinnen.« Was halten Sie davon?

Dass der Salafismus in Frankreich signifikant zugenommen hat, vor allem seit den Unruhen im Herbst 2005, die ihre Auswirkungen auf den Islam in Frankreich hatten, ist eine Tatsache. Davon habe ich mich selbst überzeugen können, schließlich bereise ich seit den Achtzigerjahren die islamische Welt in unserem Land. Im Vergleich zu dem, was ich in meinem Buch *Les Banlieues de l'islam* von 1987 beobachtet habe, sind in gewissen Vierteln die Anzeichen der Salafisierung, die es damals kaum gab, heute allgegenwärtig. Aber zu behaupten, der Salafismus habe den Kampf bereits gewonnen, wäre doch ein bisschen verfrüht. Nach den Attentaten von 2015 haben viele Muslime in Frankreich angefangen, den Salafismus viel stärker infrage zu stellen, als das bisher der Fall gewesen ist.

Vielleicht sollte man den Salafismus überhaupt erst einmal ordentlich definieren, ein Begriff, von dem inflationärer und dabei oft unbedachter Gebrauch gemacht wird. Das Wort kommt aus dem Arabischen *salaf* (»Vorfahren«) und bezeichnet die ersten Muslime, die Zeitgenossen des Propheten waren und Zeugen dessen, was dieser gesagt und getan hat. Durch ihre Zeugenberichte können wir verstehen, welche Normen des Islam der Prophet selbst in die Tat umgesetzt hat. Für die Normenlehre gibt es zwei Quellen: zum einen den Koran, den geoffenbarten, oftmals vieldeutigen Text, der indes wenig über die unendlich vielen Lebenssituationen der Muslime und anderer Menschen aussagt; zum anderen »Hadith«, die Sprüche und Berichte des

Propheten, die exemplarischen Wert haben. Einen Großteil der Hadithe hielten jedoch Rechtsgelehrte der muslimischen Gelehrtentradition für erfunden oder erdichtet. Sie wurden deshalb auf ihre Echtheit überprüft, und diejenigen, die von dieser Tradition für authentisch erachtet wurden, sind in Form verschiedener, *sahih* (»authentisch«) genannter Sammlungen veröffentlicht. Entgegen der herrschenden Tradition beziehen die Salafisten fast den gesamten Korpus mit ein, darunter auch all jene Hadithe, welche die meisten Muslime für die schwächsten und sogar für irreführend erachten.

Indem sie die Schriften wörtlich nehmen, verfolgen die Salafisten das Ziel, den Islam aus seinem historischen Kontext herauszureißen, ihn zu vergegenständlichen. Auf der Grundlage eines solchen Denkens meinen die Kämpfer des IS, wenn sie die »heidnischen« Jesiden im Norden des Irak gefangen nehmen, sie könnten sie kurzerhand töten und ihre Frauen versklaven, sofern sie nicht auf der Stelle zum Islam konvertieren. Sie weigern sich, in der Frage des Niqab oder des Gesichtsschleiers nachzugeben, und Laizismus, Republik und Demokratie sind für sie Ausdruck des Unglaubens, denn es darf kein anderes Gesetz außer der Scharia geben. Das führt zu einem umfangreichen kulturellen Bruch mit den Gesellschaften, in denen sie sich aufhalten. Das läuft zwar nicht notwendigerweise auf die Anwendung von Gewalt hinaus, ist aber der dogmatische Nährboden für jene, die sich entscheiden, zur Tat zu schreiten.

Der Salafismus wird seit seiner Entstehung von den Ölmonarchien am Golf unterstützt, die ihn zu ihrer Ideologie und zur Legitimation ihrer Macht auserkoren haben. Saudi-Arabien hat als erstes Land Anfang der Neunzigerjahre salafistische Prediger nach Frankreich geschickt. Der Golfkrieg, in dessen Verlauf französische Muslime eher Saddam Hussein unterstützten als die Koalition, die ihn bekämpfte, bot die Gelegenheit, sich die Kontrolle über die muslimischen Einrichtungen in Frankreich zurückzuholen, zugunsten einer strengeren Auslegung des Islam. Nach dem Krieg und Dschihad der Achtzigerjahre in Afghanistan entstand eine internationale dschihadistische Salafistenbewegung, die die Matrix der heutigen Ereignisse liefert, vor allem jener, die unser Land im Jahr 2016 in tiefe Trauer stürzten.

Und doch ist nicht jeder Salafist zwangsläufig auch ein Dschihadist. In Frankreich sind die meisten Salafisten quietistisch. Sie lehnen Gewalt ab, nehmen aber gleichzeitig eine Haltung ein, die man »integrationsunwillig« nennen könnte. So überaus wichtig das Ziel der Integration für die Kinder der immigrierten Arbeiter in den Achtziger- und Neunzigerjahren gewesen ist, so stark ist heute der Wunsch der Salafisten in ihrer Gesamtheit, sich von der französischen Gesellschaft »abzuspalten«, die konvertierten »Urfranzosen« eingeschlossen. Ihr letztliches Ziel ist es, das Land zu verlassen und die Hidschra[17] zu vollziehen, um ein ganz und gar islamisches Leben zu führen. Am liebsten würden sie in Saudi-Arabien leben, aber die Monarchie, die eine gewisse Anzahl dieser Gruppen finanziert hat, will sie nicht in ihrem Land. Viele kehren am Ende in das Dorf zurück, aus dem ihre Eltern einst gekommen waren und wo sie nun ihre Familie wiederansiedeln, während sie weiter in Frankreich arbeiten – eine überaus paradoxe Situation.

Auch wenn es stimmt, dass nicht alle Salafisten Dschihadisten sind, so stimmt eben auch, dass der Dschihadismus auf dem Sockel des Salafismus aufbaut. Und diese Verbindung zwischen den beiden bereitet uns heute Probleme. Dem Dschihadismus lässt sich nicht mit einfachen Sicherheitsvorkehrungen beikommen, ohne dabei den Salafismus in seiner kulturellen Dimension zu hinterfragen. Dem Premierminister kommt das Verdienst zu, diese Frage gestellt zu haben.

13. April

KEHRSEITE UND WIDERSTANDSKRAFT DES »KALIFATS«

Die Stadt Mossul ist umstellt, und Mohamed Abrini, der Belgier marokkanischer Herkunft, der bei den Ermittlungen zu den Attentaten in Paris und Brüssel ins Fadenkreuz der Fahnder geriet, ist gefasst. Ist das für den IS der Anfang vom Ende?

Einige Fachleute behaupten das mittlerweile, und es ist auch in gewisser Hinsicht das Thema der Konferenz, für die ich heute Morgen nach Washington gereist bin. Doch man muss da vorsichtig sein, denn der IS hat in der Vergangenheit einige Widerstandskraft bewiesen. Wir werden sehen, was die Einkreisung von Mossul bewirken wird. Aber da es sich um eine große sunnitische Stadt handelt, wird die Tatsache, dass sie von Kurden und Schiiten angegriffen wird, die Unterstützung der örtlichen Bevölkerung für den IS aus konfessionellen oder ethnischen Gründen erhöhen. Hier geht es nicht nur um militärische Ziele.

Was Europa angeht, so hat der IS Rückschläge einstecken müssen. Nach Salah Abdeslams Festnahme, die aus der Sicht derer, die ihre Soldaten des »Kalifats« gerne zu Helden verklären, nicht sehr glorreich verlief, ist nun auch Mohamed Abrini, der berühmte »Mann mit Hut«, der auf dem Überwachungsvideo kurz vor dem Attentat am Flughafen von Brüssel einen Kofferkuli schiebt, von den belgischen Polizisten identifiziert und gestellt worden. Man geht davon aus, dass alle Mitglieder der Zelle, die die Anschläge am 13. November in Paris und Saint-Denis und am 22. März in Brüssel begingen, mittlerweile ausgeschaltet sind, entweder tot oder hinter Gittern. Die Verhaftung von Mohamed Abrini zeigt, dass die Anschläge von Brüssel in großer Hast ausgeführt wurden: Es waren bereits Pariser Ziele ausgesucht worden, doch die wirkungsvollen repressiven Maßnahmen und die Jagd auf die Mörder zwangen die Attentäter von Brüssel, überstürzt nach Belgien auszuweichen, sodass ihr Anschlag nicht die politische Durchschlagskraft besaß, die sie sich erhofft hatten.

Paris ist das Hauptziel der Rhetorik des Islamischen Staates. Man versteht das immer mehr, wenn man sich mit Gefangenen trifft oder in den sozialen Netzwerken mitliest, wo man Frankreich die Schuld an allem Elend der Muslime gibt. Es sind die Franzosen, so heißt es, die Unschuldige und Kinder töten, indem sie Rakka bombardieren, und das muss mit gleicher Münze heimgezahlt werden. Da Belgien an keinerlei Operationen auf syrischen Schlachtfeldern beteiligt ist, aber stark radikalisierte Enklaven besitzt, dient das Land als Refugium für das System des IS, um in Europa agieren zu können.

Mit den Attentaten von Brüssel hat sich der Islamische Staat in gewisser Weise ins eigene Fleisch geschnitten. Über die Ermittlungen der belgischen und der französischen Polizei hinaus wurde kürzlich in einer Reportage der *New York Times* der wahre Drahtzieher der Drehscheibe Molenbeek identifiziert. Es handelt sich um einen Marokkaner, um die fünfzig Jahre alt, der sich auf die Entdeckung einschlägig vorbestrafter, psychisch instabiler Straftäter marokkanischer Herkunft spezialisiert hatte. Er hat ihnen zu essen gegeben, sich um sie gekümmert und sie an die dschihadistische Ideologie herangeführt sowie an deren Umsetzung und den Aufbruch nach Syrien. Ganz allmählich verfügen wir über eine recht klare Kartografie davon, wie dieses auf Europa ausgerichtete System des IS in Belgien funktionierte. Wenn wir unsere Emotionen der rationalen Analyse hintanstellen, können wir den IS wirksamer bekämpfen. Wird der IS in der Lage sein, weitere Operationen auszuführen?

In dem Moment, da der Druck auf das Territorium des »Kalifats« steigt und alle Kämpfer an der Front sind, wird es schwierig werden, nach Rakka zu gehen und dort den Islamischen Staat zu einem »Potemkinschen Dorf« zu machen. Außerdem ist die Überquerung der türkisch-syrischen Grenze durch den Krieg zwischen den Kurden und der Türkei mittlerweile äußerst schwierig, was den Aufbruch der europäischen Dschihadisten zu den Schlachtfeldern verhindert, und so neigen sie dazu, direkt vor Ort aktiv zu werden, um Schläge gegen den Alten Kontinent zu verüben. Und einige Dschihadisten, die in Syrien waren, sind bereits wieder in Europa, so befürchten viele Beobachter.

20. April

ZURÜCK AUS TEHERAN

Air France hat die Flüge zwischen Paris und Teheran wieder aufgenommen, Sie waren an Bord des ersten Fluges und sind nun wieder zurück. Was haben Sie im Iran gesehen?

Ich bin seit der Unterzeichnung des Atomabkommens vor zwei Jahren nicht mehr im Iran gewesen. Da stellte sich die Frage, inwiefern sich die Islamische Republik durch das Abkommen verändert hat. Ist das Land im Begriff, sich in die internationale Gemeinschaft einzugliedern? Und wie geht es mit seiner Verantwortung als führender Akteur im Nahen Osten um? Barack Obamas Besuch in Saudi-Arabien dieser Tage findet unter recht schwierigen Umständen statt, denn die wahhabitische Monarchie befürchtet, ein amerikanisches Gericht könnte den Opfern und den Familien der Opfer vom 1. September 2001 gestatten, sie gerichtlich zu belangen. Auch in diesem Zusammenhang erschien es mir interessant, die Stimmung im Land auszuloten.

Ich habe generell in der iranischen Gesellschaft und vor allem bei den Bekannten, mit denen ich gesprochen habe, eine tiefe Erleichterung wahrgenommen. Das Scherbengericht, das über die Auslandsreisen vieler Iraner veranstaltet wurde, scheint der Vergangenheit anzugehören. Dennoch ist die Situation nicht wesentlich vorangekommen. Zwar ermuntern die Vereinigten Staaten den Iran, wieder auf die internationale Bühne zu treten, machen aber gleichzeitig Druck und drängen die Islamische Republik in eine Randposition. Die amerikanischen, pro-israelischen Lobbys sind nach wie vor äußerst misstrauisch gegenüber dem Iran. Zum Beispiel ist für französische Bürger, die im Iran waren und in die Vereinigten Staaten einreisen wollen, die Befreiung von der Visumpflicht aufgehoben. Man muss also einen Visumantrag stellen und dem Konsulat erklären, was man in Teheran gemacht hat …

Der Iran wiederum bleibt weiterhin misstrauisch gegenüber den Ländern des Westens. Die Öffnung seines Marktes, auf die die Geschäftsleute schon lange warten, denn er ist gigantisch – ein Franzose, der in einem der gewaltigen Verkehrsstaus von Teheran feststeckt, kann sich damit trösten, dass es sich bei zwei von drei Autos um einen Peugeot handelt –, geht nur sehr langsam vonstatten. Was Frankreich betrifft, so werfen viele Iraner den Franzosen ihr Engagement im Syrienkonflikt an der Seite von Saudi-Arabien und den arabischen Golfstaaten vor und die allgemein feindliche Haltung gegenüber dem Regime von Baschar al-Assad, das vom Iran unterstützt wird. Man kann sich gut vorstellen, dass sich die Islamische Republik als wesentliches Element der Wiederherstellung des von den USA herbeigewünschten Gleichgewichts im Nahen Osten erweisen wird, und dass Frankreich den Austausch mit ihr verstärken könnte. Das Land mit seinen achtzig Millionen Einwohnern verfügt über eine sehr dynamische Mittelklasse und ein leistungsstarkes Universitätssystem, aus dem die Mathematikerin Maryam Mirzakhani hervorgegangen ist, die 2014 mit der Field-Medaille ausgezeichnet wurde, dem Nobelpreis-Ersatz für Mathematik. Und es hat sich eine gewisse Unabhängigkeit gegenüber dem Staat und seinem obersten Religionsführer bewahrt.

Im Zuge der Eingliederung in die internationale Ordnung gibt es für den Iran sicherlich einige Hürden zu überwinden, denn das Land ist nach wie vor von vielen Widersprüchen geprägt. Es wird sich gewiss wieder integrieren, aber das kann dauern. Selbst wenn der Iran sich verändert, wenn der oberste Religionsführer, die Revolutionsgarde und andere zugunsten der in der Regel prowestlich eingestellten Mittelschicht von der Bildfläche verschwinden, wird sich doch das Misstrauen, vor allem Israels, nicht von heute auf morgen legen, und Teheran müsste weitere Karten auf den Tisch legen. Wir müssen noch dazusagen, dass die Moscheen im Iran leer sind und es überhaupt nur wenige gibt. Ich habe in Teheran eine Ausstellung besucht, bei der ein ausländischer Künstler einer Gruppe von jungen Frauen, die sich seine Installationen ansahen, erklärte, er sei »nicht sehr religiös«. Die jungen Frauen, die allesamt verschleiert waren, aber sehr geschickt hier und da ein paar überaus charmante Locken hervorblicken ließen, lachten einstimmig und antworteten ihm, das sei bei ihnen nicht anders. Das ist nur ein Beispiel für öffentliche Äußerungen, die man in Saudi-Arabien beispielsweise nicht tun dürfte.

27. April

DIE SCHULPROGRAMME DES IS

Der Fortschritt lässt sich nicht aufhalten: Der IS soll Schulbücher veröffentlicht haben. Können Sie uns verraten, was in diesen Büchern steht?

In der Presse und den sozialen Netzwerken war viel von den neuen Schulprogrammen die Rede, die der IS in den von ihm kontrollierten Gebieten, vor allem in Rakka und Mossul, eingerichtet hat. Es ist üblich, dass autoritäre Regime ihre Vision des neuen Menschen verbreiten. Beispielhaft dafür sind die sowjetischen Schulbücher, später die der italienischen Faschisten und natürlich die deutschen Schulbücher aus der NS-Zeit.

Zu Beginn des Irakkrieges hat die Islamische Republik Iran nicht gezögert, Zehntausende Jugendliche von dreizehn, vierzehn Jahren einzuziehen: Sie wurden aus den Schulklassen geholt und an die Front geschickt, mit einem Stirnband um den Kopf, auf dem »es gibt keinen Gott außer Gott« geschrieben stand, und einem kleinen Schlüssel um den Hals, meist aus Plastik, der ihnen die Pforten zum Paradies öffnen sollte, falls sie auf den Minenfeldern in die Luft gesprengt würden.

Was mit den Kindern geschieht, ist nach wie vor eine zentrale Frage, denn sie sind die Dschihadisten von morgen. Die Schulbücher, von denen Sie sprechen, werden in den Schulen von Rakka oder Mossul vor allem dazu verwendet, die Kinder, die mit ihren Eltern aus Frankreich oder anderen Ländern gekommen sind, vom »Gift« der westlichen Kultur zu »befreien«. Die »Pädagogik« dieser Schulbücher besteht darin, sämtliche säkulare Schulfächer, die die Geisteswissenschaften und die Geschichte etc. betreffen, abzuschaffen und durch das Studium der Heiligen Schriften in der salafistischen Auslegung für die Doktrin, in der dschihadistischen Auslegung für die aktive Umsetzung zu ersetzen, während Englisch, Mathematik und Buchführung als einziges Zugeständnis beibehalten werden.

Die Schulbücher des IS sind nur die Spitze des Eisbergs. Tatsächlich dienen die salafistischen Indoktrinations-Handbücher, die man in vielen Ländern der Region findet, auch dazu, den Kindern eine Sicht auf die Geschichte und die Welt einzuimpfen, die der geschlossenen, hermetischen Lesart der heiligen Texte entspricht, wie sie von den Ulemas, den hohen islamischen Rechtsgelehrten dieser Prägung verbreitet wird. Das führt zu einer völlig polarisierten Wahrnehmung der Welt, die nur noch aus denen besteht, die dieser Lehre folgen, und den »Abtrünnigen und Ungläubigen«, deren Blut vergossen werden darf und gegen die der Dschihad erlaubt ist. Diese Indoktrinierung der Kinder findet auch in den Problemvierteln der europäischen Städte statt, allerdings unauffälliger: Mittels »Nachhilfeunterricht« und freier salafistischer Schulen versucht man, den Unterricht der »Ungläubigen« an den öffentlichen Schulen auszuhebeln.

MAI 2016

4. Mai

UMFRAGEN: DAS ISLAMBILD IN FRANKREICH UND DEUTSCHLAND

Laut einer Meinungsumfrage soll sich das Bild des Islam in Frankreich und in Deutschland immer mehr verschlechtert haben. Wie deuten Sie dieses Ergebnis?

Seit 1989 veröffentlicht *Le Figaro* einmal im Jahr eine Meinungsumfrage des französischen Meinungsbildungsinstituts Ifop, die in beiden Ländern gleichzeitig durchgeführt wird. Seit den Anschlägen 2015 in Frankreich und 2016 in Belgien hat sich das Islambild in Frankreich verschlechtert. Die Frage »Würden Sie sagen, dass der Einfluss und die Präsenz des Islam in Ihrem Land heute zu sehr zugenommen hat?« wurde in Frankreich von 63 % der Bürger bejaht, was eine Zunahme von 8 % in fünf Jahren bedeutet, und von 48 % der Bürger in Deutschland. In Deutschland sprechen sich übrigens 63 % der Befragten gegen das Tragen des Schleiers auf der Straße aus, eine Erhöhung um 4 %, und 52 % gegen den Bau von Moscheen, eine Erhöhung um 13 %. Neu und bestürzend ist die Tatsache, dass sich dieser Imageverlust vor allem bei der linken Wählerschaft zeigt. So ist zum Beispiel der Widerstand der linken Franzosen gegen das Tragen des Schleiers auf der Straße in fünf Jahren von 46 % auf 55 % gestiegen.

Die Zahlen ergeben einen eindeutigen Befund. Wie ist er zu deuten?

Es ist kaum zu bezweifeln, dass vor allem die Anschläge das Bild des Islam erschüttert haben. In Frankreich haben sich die anerkannten islamischen Autoritäten, die den Islam in der Öffentlichkeit vertreten sollen, bei der französischen Gesellschaft nicht ausreichend zu Gehör gebracht und es gelingt ihnen nur sehr schwer, mit den Spannungen innerhalb der muslimischen Bevölkerung selbst umzugehen.

Heißt das, dass der Aufruf »Werft nicht alle in einen Topf![18]*« nicht gehört wurde?*

Unter den französischen Muslimen fehlt es gegenwärtig an starken Persönlichkeiten, die den Menschen, die islamischen Glaubens sind, eine Identifikation bieten und für die gesamte betroffene Bevölkerung und die Behörden der Republik verantwortungsvolle Gesprächspartner sein könnten. Das ist ein ernstes Dilemma, denn noch ist nicht gänzlich klar, welche Auswirkungen die Attentate haben werden. Ich habe in unseren Gesprächen hier mehrfach auf die Doktrin von Abu Musab al-Suri hingewiesen, für den die Attentate Provokationen sind, die die Gesellschaft so gründlich spalten sollen, dass es zu pogromähnlichen Ausschreitungen kommt. Bei einer Diskussion mit jungen Leuten im Departement Seine-Saint-Denis[19] konnte ich beobachten, dass das wiederkehrende Argument der »Islamophobie« in der Vorstellung einiger die Erklärung für alle Übel des Landes geworden ist und sie deshalb das Trauma ignorieren können, das die Attentate für die französische Bevölkerung darstellen. Die hohe Aggressionsbereitschaft in der Diskussion – auf die ich nicht gefasst war – macht mir Sorge, ich sehe unseren sozialen Frieden in Gefahr.

Das führt auch zu der Frage, wie mit dem Islam als Religion umgegangen werden soll. Einige der jüngsten Reportagen über die Rekrutierung der jungen Leute, die nach Syrien gehen, vermitteln das beunruhigende Gefühl, dass die Behörden im Umgang mit diesem Phänomen machtlos sind, und dass die »muslimische Gemeinschaft«, wenn man das so sagen darf, selbst machtlos, wenn nicht sogar gleichgültig ist.

Würden Sie sagen, dass die muslimischen Eliten sich immer mehr von ihrer Basis entfernen?

Die sunnitischen Muslime in Frankreich verfügen über keine Kirche, keinen Bischof und keinen Papst, die ihnen Anweisungen oder Ratschläge erteilen könnten. Im Gegenteil, jede örtliche Gemeinde kann ihren Imam wählen, und dieser muss sich nicht vor dem Präsidenten des CFCM (Islamischer Dachverband der französischen Muslime) verantworten. Wie soll man mit dieser Interpretationsoffenheit umgehen und dafür sorgen, dass die Reden, die in den Moscheen gehalten werden, nicht das salafistische Dogma vom Bruch verbreiten, sondern stattdessen einen offenen Blick auf die Gesellschaft, der im Übrigen den traditionellen maghrebinischen Islam charakterisiert? Das ist eine enorme Herausforderung, die letztlich, sofern wir sie nicht bewältigen, unser Zusammenleben in Gefahr bringen wird.

11. Mai

DSCHIHAD IN FRANKREICH, REFORMEN IN SAUDI-ARABIEN?

Besteht eine Verbindung zwischen den von Premierminister Manuel Valls angekündigten Antiradikalisierungsmaßnahmen und den von Saudi-Arabien angekündigten Reformen?

Ja, auch wenn das auf den ersten Blick seltsam erscheinen mag. Am Montag verkündete der Premierminister einen Katalog von achtzig Maßnahmen, darunter fünfzig neue, mit denen er das eindämmen will, was er als »Ideologie des Chaos« bezeichnet. Darüber hinaus erklärte er, der Kampf gegen den Dschihadismus sei die größte Aufgabe unserer Zeit. Ebenfalls diese Woche erklärte der saudische Außenminister Adel al-Dschubeir, zu Besuch in unserem Land, Frankreich und Saudi-Arabien stünden bezüglich zahlreicher Themen auf einer Linie. Er beantwortete die Fragen, die ihm regelmäßig von seinen französischen Kollegen gestellt werden, nach der Rolle des saudischen Königreichs bei der Verbreitung der salafistischen Ideologie, die durchaus zu dschihadistischen Terrorakten führe, indem er beteuerte, sein Königreich habe nichts damit zu tun, er selbst sei gegenwärtig ein Opfer des IS. Zwischen diesen beiden Umständen, die durch die derzeitigen Ereignisse zusammengebracht werden, während sie auf den ersten Blick wenig miteinander zu tun haben, besteht durchaus eine Verbindung.

Manuel Valls' Maßnahmen sind wahrscheinlich das bislang erfolgversprechendste Instrument in dem Versuch, das, was noch recht unbeholfen »Radikalisierung« genannt wird, sowie die Umsetzung von Terroranschlägen und ihr Auftreten in unerwarteten Gebieten genau zu untersuchen. Diese Maßnahmen beruhen auf den Berichten der Geheimdienste, die über die Verhältnisse an den Schulen, Gymnasien und Universitäten, wo in großem Maßstab aktive Mitgliederwerbung betrieben wird, und in Sportvereinen, Amateurfußballvereinen etc. Auskunft erteilen. Wenn man diese Dokumente in ihrer Gänze liest, entsteht ein besorgniserregendes Bild der Entwicklung der französischen Gesellschaft, vor allem in den sozial benachteiligten Vierteln.

Die Wirkkräfte, die zu einer Konversion zum Salafismus – und dann möglicherweise auch zum Dschihadismus – führen, findet man so gut wie überall. Diese umfassende Sichtweise deckt zwar eine gewisse Zahl an Symptomen ab, die die Akademiker, die sich mit diesen Fragen befassen, beobachten konnten, dennoch fehlt es ihr entscheidend an Weitsicht: Sie erfasst das Phänomen nicht in ihrem Wesen, sondern beschreibt lediglich verschiedene Erscheinungsformen. Eine der Hauptfragen ist nach wie vor, woher die salafistische Ideologie eigentlich stammt.

Kürzlich war ich in Sevran, im Departement Seine-Saint-Denis, einer Gemeinde, die immer wieder in die Schlagzeilen gerät, weil sie im Handel mit Haschisch eine bedeutende Stellung einnimmt, und seit jüngster Zeit auch, weil von dort so viele junge Menschen nach Syrien aufbrechen. Ich habe die Familie eines jungen Franzosen besucht, der von einem Schulkameraden angeworben wurde und zum Islam konvertiert ist, dann plötzlich nach Syrien aufbrach, wo er schon bald im Dschihad den Tod fand. Unter den Büchern in seinem Kinderzimmer fand sich der ganze Lektürekanon eines perfekten Salafisten, herausgegeben in Saudi-Arabien und ins Französische übersetzt. In dieser Hinsicht werden sich die Dinge vielleicht ändern, denn das saudische Königreich hat gewaltige Reformen angekündigt, seitdem sie sich angesichts der gesunkenen Ölpreise ihren sozialen Frieden nicht mehr erkaufen können.

Der hohe Ölpreis hatte es ihnen lange gestattet, den Export des Salafismus zu finanzieren. Werden die Umbrüche in Saudi-Arabien die Ausbreitung des Salafismus bremsen? Oder werden sie zu einer Ablehnung der empfohlenen Reformen führen, was einen wachsenden Einfluss des IS zur Folge hätte? Oder werden sie doch zu einer Modernisierung des Landes führen, die der Sohn des Herrschers und stellvertretende Kronprinz angeblich anstrebt? Das sind einige der großen Fragen, die sich heute im Zusammenhang mit der Zukunft des Nahen Ostens stellen, deren Konsequenzen für Frankreich sehr bedeutend sein werden.

18. Mai

TAUZIEHEN ZWISCHEN ANKARA UND BRÜSSEL

Recep Tayyip Erdoğan scheint ein Kräftemessen mit Europa im Sinn zu haben. Warum tut er das Ihrer Ansicht nach, und auf welche Szenarien müssen wir uns vorbereiten?

Die Beziehungen zwischen der Türkei und Europa sind im Begriff, sich vor dem Hintergrund der immer schwieriger werdenden Lage im Nahen Osten gehörig zu verschlechtern. Mit Angela Merkels Türkeiabkommen und auf ihre Initiative hin hat die Europäische Union beschlossen, eine andere Beziehung zu Ankara aufzubauen, im Rahmen derer alle Flüchtlinge, die über die Türkei nach Griechenland gekommen sind, wieder in die Türkei zurückgeschickt werden. Im Gegenzug würde der Zugang zur Europäischen Union für türkische Staatsangehörige beträchtlich erleichtert werden: Sofern sie über einen biometrischen Pass verfügen, könnten sie ohne Visum in die EU kommen. Diese Vorkehrungen sind bestimmten Bedingungen unterworfen. Wer ohne Visum einreisen will, muss aus einem demokratischen Staat kommen. Nun erlebt aber die Türkei unter Erdoğan ein Wiederaufflammen des Krieges gegen die PKK im Südosten des Landes, und einige Städte nahe der syrischen Grenze befinden sich im Belagerungszustand.

Gleichzeitig sorgten sich mehrere Beobachter über den autoritären Machtkurs, der im Innern der Institutionen selbst durch eine tief greifende Transformation der türkischen Politik erfolgte. Präsident Erdoğan ist durch das Bündnis zweier sozialer Milieus an die Macht gekommen: die fromme Mittelklasse aus der tiefsten anatolischen Provinz, die den Islam gerne wieder ins Zentrum des politischen Systems rücken und zugleich die Wirtschaft liberalisieren will, und die laizistischen Demokraten, die schon seit Langem gegen die autoritären Strömungen des Kemalismus und der Generäle gerichtet sind. Die Generäle verdächtigen heute den Präsidenten, zu einem autoritären Modell kemalistischer Prägung zurückkehren zu wollen, mit dem einen Unterschied, dass es nicht mehr laizistisch, sondern islamistisch wäre.

Das Regime übt beträchtlichen Druck auf die Presse aus. Zahlreiche türkische Journalisten sind hinter Gitter gebracht worden oder warten auf ihre gerichtliche Verurteilung, angeklagt, angeblich die Staatssicherheit gefährdet zu haben. Zur gleichen Zeit will Recep Tayyip Erdoğan, der gerade seinen Premierminister, den Universitätsprofessor Ahmet Davutoğlu, entlassen hat, Dutzende von Abgeordneten verklagen und ihre Immunität aufheben lassen, vor allem die Abgeordneten der prokurdischen Partei HDP, sodass er die nötige Mehrheit in der Versammlung erhält, um zu einem reinen Präsidialsystem ohne nennenswerte Gegenkräfte überzugehen. Das alles wirft ernste Fragen auf. Während die europäische Exekutive einer Lockerung der Beziehungen zur Türkei eher positiv gegenüberstand, um den Flüchtlingsstrom einzudämmen, hat das Europäische Parlament, das mit den verfolgten türkischen Abgeordneten solidarisch ist, dem einen Riegel vorgeschoben. Um die Situation verstehen zu können, müsste man genauer wissen, was in der Türkei vor sich geht. Das ist auch so ein Bereich, neben der Arabistik und der Iranistik, in dem wir dringend unsere Sachkenntnis erweitern müssen.

Zur Vorbereitung des heutigen Gesprächs habe ich mich von einem hervorragenden Buch mit dem Titel *Erdoğan, der neue Vater der Türkei?* inspirieren lassen, verfasst von Jean-François Pérouse, dem Leiter des französischen Instituts für Anatolien-Studien, und dem Journalisten Nicolas Cheviron, das gerade im Verlag François Bourin erschienen ist und in der Presse ein wenig unterging. Die Autoren leben in Istanbul und sprechen beide fließend Türkisch. Das Buch zeigt auf, dass Präsident Erdoğan gerade auf dem besten Weg ist, ein zweiter Atatürk zu werden, nur dass er keine laizistische Modernisierung plant, dafür aber eine Islamisierung, und eine populistisch-autoritäre Beziehung zum türkischen Volk hat.

Wie kann die Europäische Union die nötige Beziehung zur Türkei aufbauen? Eine äußerst komplexe Frage. Angela Merkel hat, um dem »neuen Vater« der Türkei gefällig zu sein, zugelassen, dass ein deutscher TV-Moderator und Satiriker, der sich über ihn lustig gemacht hatte, sich vor Gericht dafür verantworten musste, eine Entscheidung, die der Kanzlerin sehr viel Kritik eingetragen hat.

»Die türkische Gefahr«, so titelte heute morgen L'Express. *Ist Recep Tayyip Erdoğan in der Lage, die Türkei über viele weitere Jahre zu regieren?*

Er wäre gern Präsident auf Lebenszeit …

Gewiss, aber gibt es keine anderen Kräfte, die ein Gegengewicht bilden könnten?

Momentan nicht wirklich. Es hat einmal eine Art Ablehnung des Herrschaftsanspruches der Präsidentenpartei AKP gegeben, und zwar bei den vorletzten Parlamentswahlen im Juni 2015, als eine Koalition der republikanischen Linken, der prokurdischen Partei und der extremen Rechten den Regierungsauftrag bekam, aber die Positionen der Parteien lagen zu weit voneinander entfernt. Die machthabende Partei nutzte die Spannungen strategisch aus, und die Türken, die zu Recht wegen des entsetzlichen Beispiels vom Chaos in Syrien besorgt waren, zogen es vor, ihre Stimmen Präsident Erdoğan zu geben, denn der schien ihnen ein relativ stabiler Garant zu sein, auch wenn er das nun, nachdem die AKP im November 2015 wieder die Mehrheit erreicht hat, nicht mehr durchweg zu sein scheint. Seither nimmt tatsächlich die Gewalt an der türkisch-syrischen Grenze und im Rest des Landes immer mehr zu.

25. Mai

WARUM WILL TARIQ RAMADAN FRANZOSE WERDEN?

Heute Morgen nun eine alles andere als theoretische Frage: Warum will ein Schweizer Bürger, wir wollen ihn Tariq Ramadan nennen, Franzose werden?

Gerade jetzt, da Sie die zweite von drei Steuervorauszahlungen gezahlt haben, und da die Mittelklasse unter den Steuerlasten zusammenbricht und nach Genf, Brüssel, London oder sonst wohin abwandert, warum zum Teufel will ausgerechnet jetzt ein Schweizer Franzose werden? Ich hielt letzte Woche in Zürich einen Vortrag, und etliche Leute stellten mir völlig verblüfft diese Frage. Tariq Ramadan, ein Star-Prediger aus Genf, hat einige Diskussionen vom Zaun gebrochen, als er diese Akte aufschlug. Nachdem er erklärt hatte, er sei »im Herzen ein Franzose«, sagte er, er wolle ein positives Beispiel für die Zustimmung zu den Werten der Republik geben, als Ausdruck seines Engagements für das Zusammenleben … Das hat Manuel Valls nicht gefallen, er ist der Ansicht, es bestehe überhaupt kein Anlass, diesem Mann die französische Staatsbürgerschaft zu geben, da die Werte der Republik »seiner Botschaft klar widersprechen«. Das hat die Diskussion erst so richtig angeheizt.

Tariq Ramadan ist der Enkel von Hasan al-Banna, der 1928 in Ägypten die Muslimbrüderschaft gründete, die Matrix des modernen Islamismus, deren Ziel ebenfalls die Wiederherstellung des islamischen Kalifats war, nur durch andere Mittel als die des IS. Tariq Ramadan hat Hasan al-Banna eine ganze Dissertation in Form einer Lobeshymne gewidmet und ist Inhaber eines von Katar bestens ausgestatteten Lehrstuhls an der Universität von Oxford. Im Emirat Katar leitet er das Forschungszentrum für Islamische Gesetzgebung und Ethik (CILE, vormals gemeinsam mit dem ägyptischstämmigen Yusuf al-Qaradawi, einer weiteren Lichtgestalt der Muslimbrüder). Der Prediger von Genf ist in den letzten Wochen durch ganz Frankreich getourt und hat Meetings organisiert, bei denen viele junge Muslime zusammenkamen.

Aber warum interessiert er sich so sehr für Frankreich, dass er gleich die französische Staatsbürgerschaft annehmen will, mit dem Argument, seine Frau sei Französin? Tariq Ramadan kann keinesfalls entgangen sein, dass die Stimmenzersplitterung und Fragmentierung in der muslimischen Wählerschaft einer Persönlichkeit wie ihm eine Nische bietet und dass er sich bei einem Teil der jungen Wählerschaft in den Problemvierteln, in denen er recht beliebt ist, Stimmen sichern könnte. Soweit sich die verschiedenen Präsidentschaftskandidaten, aber auch die Kandidaten der Parlaments- und Kommunalwahlen, um diese Stimmen bemühen, gibt es auch Platz für einen politischen Unternehmer seiner Art, der besagte Stimmen zu fangen weiß.

Bei der Präsidentschaftswahl von 2012 hatten 80 % bis 90 % der Wähler, die sich selbst als Muslime bezeichnen, für François Hollande gestimmt – laut Angaben der Demoskopen, die allerdings mit Vorsicht zu genießen sind, denn es gibt in Frankreich keine Erhebungen zur Religionszugehörigkeit. Hollande wurde mit einer relativ knappen Mehrheit gewählt, und hätte dieser Stimmenblock sich nicht für ihn entschieden, hätte er die Wahl vermutlich nicht gewonnen. Die Linke hat anschließend viele ihrer Wähler verloren, zum einen weil die Beschäftigungsverhältnisse sich nicht gebessert haben und die Arbeitslosigkeit anhaltend hoch bleibt, zum anderen auch, weil die

»Demo für alle«[20] die Wählerschaft gespalten hat, nachdem einige Prediger von der Kanzel aus dazu aufgerufen hatten, die Sozialisten, diese »Verderber auf Erden«, für die Legalisierung der gleichgeschlechtlichen Ehe abzustrafen.

Diese Wählerschaft, die heute viel zersplitterter ist als im Jahr 2012, sieht sich in dem, was die Politik aktuell anbietet, nicht wirklich vertreten, und man kann gut sehen, dass ein Mann wie Tariq Ramadan Grund zu der Hoffnung hat, hier in eine Lücke zu stoßen. Das heizt alle möglichen Kontroversen an und setzt zum Teil auch die von Manuel Valls so genannte »islamo-linke« Bewegung neu zusammen, die ein Stück weit gemeinsame Sache mit softeren islamistischen Strömungen zuzuordnenden Persönlichkeiten wie Tariq Ramadan macht. Dieser Wandel drückt sich gegenwärtig in so verschiedenen Phänomenen aus wie etwa der Begehung eines »Hijab Day« durch eine Studentenvereinigung an der Sciences Po Paris – damit die Studenten die Erfahrung machen können, wie es sich anfühlt, einen Schleier zu tragen – oder der Durchführung einer »dekolonialisierten« Sommer-Uni, an der Weiße und gemischte Paare nicht teilnehmen dürfen und die von der »Parti des Indigènes de la République« (Partei der Indigenen der Republik) und einigen ihrer akademischen Weggefährten organisiert wurde. Meiner Meinung nach sind diese Farcen, die die Linksextremen und gewisse Islamisten aufführen, vom gleichen Kaliber wie der Einbürgerungsantrag des populären Predigers.

Glauben Sie, dass man seinem Antrag stattgeben wird?

Staatsangehörigkeit ist eine Staatsangelegenheit. Man kann natürlich vor Gericht ziehen, aber das erfordert seine Zeit. Wenn man sich ein Frankreich nach Maßgabe des Romans *Unterwerfung* von Michel Houellebecq vorstellt, in dem im Jahre 2022 eine fiktionale Gestalt, Mohammed Ben Abbes, der ein bisschen aussieht wie Tariq Ramadan, Staatschef wird, lässt sich nicht sagen, ob Letzterer zur Präsidentschaftswahl antreten dürfte. Aber wie heißt es doch so schön: *Inschallah.*

JUNI 2016

1. Juni

GRIECHENLAND AN DER MIGRATIONSFRONT

Sie wollten heute Morgen über das Flüchtlingsproblem in Griechenland und über Griechenlands Rolle als Transitland sprechen. Vor welche Probleme sieht sich das Land, das bereits mit großen wirtschaftlichen Schwierigkeiten zu kämpfen hat, dadurch gestellt?

Wenn man sich von Athen aus, wo ich mich gerade befinde, die Ankunft der fünfundfünfzigtausend syrischen, irakischen und afghanischen Flüchtlinge aus der Türkei ansieht, die vor dem Chaos der Bürgerkriege im Nahen Osten geflohen sind, wird überdeutlich, dass Griechenland vor großen Herausforderungen steht. Es geht um nicht weniger als den unmittelbaren Umgang mit der Situation, um die Beziehung zur Europäischen Union, um die Nachbarschaft zur Türkei, die für die ältere Generation der »Erbfeind« ist, und um besonders akute Identitätsprobleme.

Griechenland, das bis vor Kurzem quasi ein gescheiterter Staat war, muss auf eigenem Landesgebiet einen ununterbrochenen Strom von Flüchtlingen managen. Es nimmt sich als Transitland zu den reichsten Staaten der EU wahr, von denen einige die Flüchtlinge nicht haben wollen und ihre Grenzen dichtmachen. Der griechische Staat sieht immer mehr mit dem »Dschungel« von Calais vergleichbare Flüchtlingslager aus dem Boden schießen. In Idomeni, an der Grenze im Norden, ist eines dieser Lager aufgelöst worden. Der ehemalige Flughafen von Athen wurde zu einem Aufnahmelager für Tausende von Menschen umgewandelt, was in puncto Hygiene, öffentlicher Gesundheit und sozialer Integration nicht gerade wenige Schwierigkeiten aufwirft, denn es herrscht massive Arbeitslosigkeit, und jeder fragt sich, was aus den Neuankömmlingen eigentlich werden soll.

Über die sozioökonomischen Fragen hinaus hat das Problem der mit Flüchtlingen überfüllten Inseln an der türkischen Grenze zahllose Debatten über die griechische Identität und die Grenzen Griechenlands angeheizt. Die Ägäis ist immer wieder Gegenstand von Rechtsstreitigkeiten zwischen den beiden Ländern im Hinblick auf die Abgrenzung des Luftraums. Indem die Türkei unter Präsident Erdoğan zahllose Flüchtlinge zu den großen griechischen Inseln in Küstennähe, z. B. Lesbos, Chios, Kos oder Leros, gelangen ließ, hat sie auf »softe Art«, wenn ich das so sagen darf, die Fähigkeiten des griechischen Staates ausgetestet, an der Mittelmeer-Ostflanke der EU-Außengrenzen Wache zu halten.

Das weckt im kollektiven Gedächtnis verankerte Erinnerungen daran, wie die griechische Nation in der Vergangenheit von verschiedenen muslimischen Wellen überrollt wurde, was zur Zerstörung von Byzanz durch das Osmanische Reich führte, dann zur Befreiung des modernen Griechenlands ab dem beginnenden 19. Jahrhundert und schließlich – im Zuge der Gründung der Türkei durch Atatürk in den Zwanzigerjahren – zur gewaltvollen Vertreibung aller Griechen, die seit der Antike in Kleinasien gelebt hatten. Diese Erinnerungen, die an den Kern der griechischen Identität rühren, sind durch die nationalistischen Bewegungen und die extreme Rechte wieder angeheizt worden. Das bedeutet nicht, dass die Griechen Streit mit den Syrern suchen. Die griechische Politik in der Region ist traditionellerweise eher proarabisch eingestellt, weil gegen die Türken gerichtet, und stand schon immer auf ziemlich schlechtem Fuß mit Israel. Von Piräus aus starteten beispielsweise Schiffe der »Gaza-Flotille«, die auf Initiative von Parteien der extremen Linken im Juni 2010 die israelische Blockade zu durchbrechen versuchte.

Heute wird mit der Flüchtlingsfrage die Fähigkeit der Europäischen Union getestet, die Grenzen eines ihrer schwächsten und am unmittelbarsten dem Chaos im Nahen Osten ausgesetzten Mitglieder zu sichern. Vor allem die Staaten im südöstlichen Mittelmeerraum waren bislang die Partner der Nachbarschaftspolitik im Süden der EU. Heute kommen die Flüchtlingsströme aus zusammengebrochenen Staaten. Damit gelangt Brüssel an die Grenze seiner Ressourcen, und die Griechen haben das Gefühl, sie müssten den Preis dafür bezahlen.

Kann sich diese Situation denn kurzfristig verbessern?

Ich glaube nicht, auch wenn man bei einem Spaziergang durch Athen nicht das Gefühl hat, sich in einem Land zu befinden, das von Flüchtlingsströmen überschwemmt wird, wie man es manchmal in der Presse liest. Man sieht viel weniger verschleierte Frauen als in Paris, ob nun mit Ganzkörperschleier oder anderen. Trotzdem spürt man die wachsenden Spannungen. Die Griechen sind der Meinung, Brüssel wasche in der ganzen Angelegenheit seine Hände in Unschuld. Die EU hat nichts weiter getan, als ein paar Polizisten zur erkennungsdienstlichen Erfassung der Flüchtlinge auf den Inseln vor der Türkei vorbeizuschicken, um sicherzustellen, dass sich keine Dschihadisten zwischen ihnen verstecken. Wir erinnern uns, dass zwei der Selbstmordattentäter vom Stade de France über Leros gekommen waren, und dass Abdelhamid Abaaoud sich in Athen aufhielt, als er sich sein Netzwerk aufbaute.

8. Juni

ÖSTERREICH: DIE RECHTSEXTREMEN UND DIE FLÜCHTLINGE

Sie sind uns telefonisch aus Wien zugeschaltet. Die extreme Rechte Österreichs hat dank des Andrangs von Flüchtlingen aus dem Nahen Osten einigen Zulauf erfahren. Ihr Kandidat war bei der letzten Bundespräsidentenwahl nur knapp unterlegen. Wie sehen Sie die Lage in Österreich?

Ich war zu einer Diskussion vor Wiener Publikum eingeladen, bei der es um genau diese Frage ging. Ist Österreich durch seine Vergangenheit verflucht, hat es den Anschluss durch Nazideutschland letztendlich nie richtig verdaut? Handelt es sich hier um eine Art Wiederkehr des Verdrängten oder ganz im Gegenteil um eine Reaktion auf größere Veränderungen in der Demografie und Selbstprojektion dieses Landes? Österreich sorgte jüngst für Schlagzeilen, als das Land beschloss, die Grenzen dichtzumachen und sich gegen den Fortbestand der Balkanroute zu sperren, gegen den Flüchtlings- und Migrantenstrom aus Syrien, Irak, Afghanistan und anderen Ländern, angelockt von dem Sog, den Angela Merkel mit ihrem *Wir schaffen das* voriges Jahr produziert und der Deutschland über eine Million Flüchtlinge beschert hat.

Das alles stellt nicht nur die österreichische Identität und den Platz des Landes in der Europäischen Union infrage, es ist für alle europäischen Länder ein Thema, über das man sich gemeinsam Gedanken machen muss. Die Situation ist nicht sehr viel anders als die in Frankreich Ende des Jahres 2015, als der Front National bei den Regionalwahlen im Dezember im ersten Wahlgang ein Ergebnis von 27 %, das heißt fast acht Millionen Stimmen erzielte. Beim ersten Durchgang der österreichischen Bundespräsidentenwahl lag der Kandidat der extremen Rechten vorn und wurde erst im zweiten Wahlgang am 22. Mai[21] mit nur dreißigtausend Stimmen besiegt. Wahrscheinlich handelt es sich dabei, ganz wie in Frankreich, um eine Botschaft der Wähler an eine politische Klasse, die sich überholt hat und der das Vertrauen entzogen wird, aber am Ende riskierten weder die Wähler in Österreich noch die in Deutschland, im zweiten Wahlgang den Hebel der Macht – der Nation oder der Regionen – in die Hände von Parteien zu legen, derer sie sich nicht vollkommen sicher sind.

Erinnern wir uns daran, dass Wien im Jahre 1683 den Außenposten des osmanischen Dschihad bildete und man das damalige Kalifat von dort vertrieb, was der Beginn seines langsamen Niedergangs war, bis es schließlich zur gleichen Zeit wie die anderen Mittelmächte nach dem Ersten Weltkrieg völlig verschwand. Die örtliche Verteilung der heutigen Bevölkerung Wiens ist bezeichnend für die Situation dieses Landes, das zwischen Globalisierung und Einwanderung in der Klemme steckt. Rund um den Stephansdom, dem höchsten Punkt der Stadt und ihr historisches Zentrum, findet man schicke Restaurants, topsanierte Gebäude und Straßen, auf denen man fast nur Englisch hört. Dieses Wien ist eine voll und ganz globalisierte Touristenhauptstadt. Ringsum verläuft eine erste Peripherie, wo man Wiener Dialekt spricht. Darauf folgt eine etwas größere Peripherie, wo mehr und mehr Türkisch gesprochen wird. Dort, ungefähr an dem Ort, wo die osmanischen Armeen ihr Lager aufschlugen, als sie bei der berühmten Belagerung von 1683 Wien einkreisten, wohnt heute – Ironie des Schicksals – die aus der Türkei eingewanderte Bevölkerung.

Den Besonderheiten der politischen Rhetorik Österreichs zum Trotz handelt es sich um dasselbe Dilemma, mit dem auch die Europäische Union sich heute konfrontiert sieht. Wie soll sie mit der Globalisierung umgehen, die Vernichtung ihrer Arbeitsplätze verhindern und jene Bevölkerungsgruppen, die aus dem Ausland gekommen sind und die das Land durch den demografischen Wandel und die Überalterung zu seinem Wachstum und zu seinem Überleben braucht, in die Gesellschaft integrieren? Vor dieser Kernfrage stehen unsere Eliten, und dass sie darauf keine Antwort haben, führt zu der wachsenden Ablehnung, auf die sie in Frankreich wie in Österreich, in den Niederlanden, in Dänemark und zunehmend auch in Deutschland stoßen.

15. Juni

VON ORLANDO BIS MAGNANVILLE

Von Orlando bis Magnanville sind wir Zeugen der – wie Sie es nennen – Konsolidierung eines Dschihadismus der dritten Generation. Können Sie uns diesen Gedanken näher erläutern?

Tatsächlich trat er bereits im Jahr 2005 in Erscheinung, als Abu Musab al-Suri ein tausendsechshundert Seiten starkes Handbuch mit dem Titel *Aufruf zum weltweiten islamischen Widerstand* ins Netz stellte, von dem bereits die Rede war. Anders als bei Bin Laden, der sehr gut ausgebildete Kämpfer losschickte, damit sie im Vorhinein bestimmte Ziele angriffen, wie etwa die Zwillingstürme des World Trade Centers und das Pentagon am 11. September 2001, beobachten wir seit Beginn des zweiten Jahrzehnts des 20. Jahrhunderts einen Nachbarschafts-Dschihadismus, bei dem Individuen in ihrer unmittelbaren Umgebung Attentate begehen, manchmal aufs Geratewohl, manchmal ausgewählte Ziele angreifend, die bei der Bevölkerung und in den Medien für größtmögliche Aufmerksamkeit sorgen sollen. Und das alles mit dem Ziel, für die Verbreitung der dschihadistischen Ideologie zu sorgen, indem man den Gegner terrorisiert. Das ist der gemeinsame Nenner der Attentate von Orlando und Magnanville.

Und doch verbindet allem Anschein nach nichts die Stadt Florida – mit ihrem Disney World, ihrer Latinobevölkerung, ihren Schwulenklubs und ihren zahllosen Touristen – mit der kleinen Gemeinde Yvelines, die wahrscheinlich den meisten der Hörer von France Culture bis vorgestern noch unbekannt war. Nichts außer den beiden Attentätern. Omar Mateen, afghanischer Herkunft und amerikanischer Nationalität, hat sich offenbar erst vor Kurzem zu den Idealen des Islamischen Staats bekannt, aber er ist in einem bestimmten amerikanischen Umfeld aufgewachsen und sozialisiert worden, dem die Logik der *mass killings* nicht fremd ist und in dem man freien Zugang zu Waffen hat. Laut Aussagen einiger Bekannter hatte er ein schwieriges, von Schuldgefühlen geprägtes Verhältnis zur Homosexualität. Als er die Schwulenbar *The Pulse* in Orlando aufsuchte, nahm er eine mächtige, gut organisierte Gruppe ins Visier, und er wusste, dass die Bluttat gewaltige Wellen schlagen würde, bis in den amerikanischen Wahlkampf hinein. Donald Trump hat sich sofort auf das Thema gestürzt.

Das Profil des Attentäters von Magnanville ist weitaus gewöhnlicher. Bei ihm handelt es sich nicht um jemanden, der erst kürzlich in den Dschihadismus abgerutscht ist, sondern um einen Mann mit schwerwiegender Vergangenheit, denn er ist bereits für ihm vorgeworfene Verbrechen verurteilt worden und im Gefängnis gesessen. Er hatte sich 2011 einer in Frankreich ansässigen Gruppe von Dschihadisten angeschlossen, die Kämpfer nach Pakistan schickte. 2013 wurde er freigelassen und wählte einen Mann aus seiner Nachbarschaft zum Opfer aus, weil dieser Polizist war, wie es in den Dschihadisten-Handbüchern der dritten Generation empfohlen wird. Der Mord hat eine weitere Grenze der Gewalt und des Horrors überschritten (vgl. Seite 43).

Bei beiden handelt es sich mitnichten um einsame Wölfe, wie die Franzosen einen aus sich heraus agierenden Einzeltäter nennen. Vielmehr um Menschen, die, ganz gleich, wie sie zum Dschihadismus gelangt sind, schlicht den Anweisungen folgen, die in diesen Büchern stehen.[22]

22. Juni

IS, ISRAEL (... UND DIE PALÄSTINENSER)

Sie sind uns aus Jerusalem zugeschaltet. Könnten Sie versuchen, für uns zu skizzieren, welche Konsequenzen die zunehmende Macht des IS im Hinblick auf den israelisch-palästinensischen Konflikt haben wird?

Im Nahen Osten werden durch den Zusammenbruch des syrischen Staates und die Zersplitterung seines Landesgebiets gerade die Karten neu gemischt. Das bleibt nicht ohne Folgen für die israelisch-palästinensische Frage, die für das gesamte konfliktgeladene System des Nahen Ostens schon immer strukturierend gewesen ist. Die Grenze zwischen Israel und Syrien ist traditionell recht stabil gewesen, mit einem großen Aufgebot stationierter Militärdivisionen zu beiden Seiten. Hin und wieder führten die Drusen, die auf den seit dem Krieg im Juni 1967 von Israel kontrollierten Golanhöhen leben, ihre Obsterzeugnisse mithilfe des Roten Kreuzes nach Damaskus aus. Es herrschte ein kalter Krieg und es geschah nicht viel. Die Situation hat sich komplett gewandelt, denn die wenigen Grenzkilometer zwischen den beiden Ländern sind heute auf syrischer Seite in drei Abschnitte unterteilt. Im Norden befindet sich die Armee von Baschar al-Assad, unterstützt von den Hisbollah-Milizen, die im Wesentlichen auf Drusengebiet ihre Basen haben und die ein Stück weiter die libanesische Grenze schützen. Genau darunter befindet sich ein großes, von der zu al-Qaida gehörigen al-Nusra-Front kontrolliertes Gebiet. Etwas weiter im Süden befindet sich in dem Dreiländereck von Jordanien, Israel und Syrien ein kleines Gebiet, das vom Islamischen Staat kontrolliert wird.

Die Streitkräfte des IS und die al-Nusra-Front bekämpfen einander derzeit. Es ist eine überaus merkwürdige Situation. Warum haben die Dschihadisten an der israelischen Grenze Stellung bezogen, wo diese doch durch modernste elektronische Verteidigungssysteme besonders gut geschützt ist? Weil sie wissen, dass sie so vor der syrischen Repression in Sicherheit sind. Wenn sich ein Flugzeug des Regimes in Damaskus nähert, um sie zu bombardieren, wird es sofort von Israel abgeschossen, sobald es dessen Territorium streift. Das verhasste »zionistische Unternehmen« sorgt damit paradoxerweise für ihre Sicherheit. Noch dazu nützt den Gruppen ihre regionale Verankerung, was uns zu einer kleinteiligen Analyse der Art und Weise führt, wie die radikal-islamistischen Bewegungen in der Region Fuß fassen konnten. Zu Beginn haben wir Milizen aus sunnitischen Dörfern, die das Regime verabscheuen. Diejenigen, die als politische Gefangene in den Gefängnissen von Damaskus gesessen haben, kehren von der Folter radikalisiert zurück und ziehen die anderen Milizen mit in den Dschihadismus hinein, was vor allem in den sunnitischen Zonen geschieht, die den Minderheitenkoalitionen aus Drusen, Alawiten, Christen und anderen, die Baschar al-Assad unterstützen und in den Nachbardörfern wohnen, feindlich gesinnt sind. Und so entsteht ein Mosaik aus inter- und intrakonfessionellen Konfrontationen.

Für Israel ist die Präsenz all dieser Gruppen an seiner Grenze ein steter Anlass zur Sorge, auch wenn ein syrischer Staat, der zwar schwach, aber nicht völlig zusammengebrochen ist, vorläufig als das geringere Übel gilt. Die israelische Politik ermuntert den Westen keineswegs dazu, aktiv einzugreifen, um das Regime von Baschar al-Assad so schnell wie möglich zu stürzen. Sollte das Regime zusammenbrechen, ohne dass es eine Garantie für eine wie auch immer geartete, alternative Ordnung in Damaskus gäbe, würde das gewaltige Probleme bereiten. Aber der hebräische Staat sieht auch nicht ohne Sorge auf den Machtzuwachs des Iran und der Hisbollah, die ihre gesamte Berechtigung auf ihre Angriffe auf das »zionistische Unternehmen« gegründet hat. Vorerst überwacht Jerusalem seinen Punktstand, während seine historischen Gegner einander zerfleischen.

JULI 2016

15. Juli

NIZZA AM TAG DANACH

Eine Tragödie, eine Entsetzlichkeit, ein Akt der Barbarei, Frankreich ist gestern am späten Abend in Nizza wieder vom Grauen heimgesucht worden, als ein Lastwagen auf der Promenade des Anglais in die Menge fuhr und dabei achtzig Personen tötete und Hunderte verletzte. Der Terror hat Frankreich erneut getroffen. Warum sind wir immer noch die Zielscheibe solcher Attentate?

Dafür gibt es viele mögliche Gründe. Paradoxerweise ist das Departement Alpes-Maritimes der zweitgrößte Dschihadisten-Exporteur nach Syrien und in den Irak, darüber steht nur das Departement Seine-Saint-Denis. Der Attentäter, Mohamed Lahouaiej Bouhlel, ist ein einunddreißig Jahre alter Tunesier. An der Côte d'Azur sind die meisten Immigranten aus dem Maghreb tunesischen Ursprungs, während sie im Departement Var oder Bouches-du-Rhône vorwiegend aus Algerien stammen und im Departement Hérault bis zur Atlantikküste aus Marokko. Nun hat Tunesien sehr früh, bereits im Frühjahr 2011, seinen »arabischen Frühling« erlebt und die meisten radikalen Dschihadisten und sämtliche politische Gefangene, die von dem geschmähten Regime Ben Alis hinter Gitter gebracht worden waren, aus den Gefängnissen entlassen. Daher ist der extrem radikale, tunesische Islamismus in Frankreich auch vorrangig im Departement Alpes-Maritimes zu finden. In diesem Departement trieb übrigens auch der Hauptanwerber des französischen Dschihad sein Unwesen, Omar Omsen, ein Senegalese, der im Ariane-Viertel in Nizza gelebt hat (vgl. S. 40).

Es gibt dort also sehr gut strukturierte und seit langer Zeit bestehende Netzwerke. Die Örtlichkeit ist auch günstig. Der *modus ope-*

randi des Blutbads auf der Promenade des Anglais findet sich in allen veröffentlichten Dokumenten des IS. Darin wird Europa als die Achillesferse des Westens und Hauptzielscheibe des Dschihad dargestellt und energisch dazu aufgerufen, mit allen möglichen Mitteln Attentate in der unmittelbaren Nachbarschaft zu begehen. Das erste Attentat »vom Typ 3«, wenn ich das so sagen darf, wird von Mohamed Merah am 11. März 2012 begangen; das letzte ist bislang das von Nizza. Die Wahl der Waffen und der Ziele wird jeweils dem Attentäter oder den Attentätern überlassen, um sich der Überwachung durch die Sicherheitskräfte zu entziehen. Die Waffe von Nizza ist ein von einem Auslieferungsfahrer gesteuerter, neunzehn Tonnen schwerer Lastwagen, das nicht näher bestimmte Zielobjekt sind die Zuschauer des Feuerwerks am Abend des Nationalfeiertages.

Zu dem Attentat hat sich noch niemand bekannt. Gibt es den geringsten Zweifel, dass es das Markenzeichen des Islamischen Staates trägt?

Das letzte Attentat vor Nizza war die Ermordung eines Polizisten und dessen Ehefrau in Magnanville, woraufhin ein Video online gestellt wurde, auf dem zur Ermordung einer Reihe von Persönlichkeiten aufgerufen wird. Die Morde wurden mit Stichwaffen ausgeführt, mit Alltagsgegenständen, daher trafen sie die Sicherheitskräfte völlig unvorbereitet. Ab 2005 wurden in den Handbüchern des Dschihadismus der dritten Generation klare Empfehlungen ausgesprochen, wie man in den europäischen Gesellschaften für Panik sorgen und erreichen kann, dass die Sicherheitskräfte an ihre Grenzen kommen.

Panik, weil jetzt alle Menschen im Land bedroht sind?

Es steht schwarz auf weiß geschrieben. Es ist sehr schwer zu sagen, ob die Leute, die diese Taten ausführen, Befehlen folgen, die von irgendeiner Zelle irgendwo in Rakka oder sonst wo im »Kalifat« ausgesprochen wurden, oder ob sie dazu ausgebildet worden sind, als »Selbstauslöser« zu fungieren und die Entscheidungen selbst zu treffen[23]. Die Symbolik des gestrigen Attentats ist zugegebenermaßen besonders gut gewählt, was den Schrecken um ein Vielfaches vergrößert.

Man hatte mit einem Anschlag während der EM gerechnet, nun fand er am 14. Juli statt, dem Nationalfeiertag.

Gestern noch war im Land eine gewisse Erleichterung zu spüren gewesen: Nichts hatte die Europameisterschaft getrübt; die Bleus, unsere Nationalmannschaft, sind ins Finale gekommen, die Franzosen waren wieder guter Dinge. Der Präsident hatte sogar angekündigt, er werde den Ausnahmezustand aufheben … Was beweist, dass ein Einzeltäter wie Mohamed Lahouaiej Bouhlel in der Lage ist, allein durch seine Tat die Diskurse und Entscheidungen an der Spitze der Macht zu beeinflussen und die Schwächen des Staates und der Staatsführung offenzulegen.

Nach den Selbstmordattentaten vom 13. November und von Brüssel äußerte der französische Inlandsnachrichtendienst seine Besorgnis, dass ein anderer modus operandi *übernommen und ein Fahrzeug benutzt werden würde. Hatte man die Bedrohung denn bereits erkannt?*

Ja, denn man wusste, dass es paradoxerweise sehr viel einfacher ist, einen Lastwagen auszuleihen und damit in die Menge zu rasen, als eine Autobombe zu bauen. Für Letzteres muss man sich Sprengstoff besorgen und das Risiko eingehen, dabei erwischt zu werden. Beim Attentat von Nizza war das Verhältnis zwischen der Einfachheit der Vorgehensweise und dem in der Bevölkerung angerichteten Schaden optimal. Für die Ideologen dieses Dschihadismus, deren Texte und Ideen ich in *Terror in Frankreich* analysiert habe, ist es oberstes Ziel, durch Anheizen der Spannungen zwischen der Gesellschaft insgesamt und ihren muslimischen Anteilen einen Bürgerkrieg auszulösen. Die Steigerung der Extreme wird ihrer Meinung nach dazu führen, dass Moscheen angegriffen und Pogrome veranstaltet werden, und so die Nation in verfeindete konfessionelle Gettos zerfällt, bis sie in einem Bürgerkrieg der Enklaven versinkt. Ich bin mir allerdings nicht sicher, dass diese Strategie gut funktioniert.

Ist das der Grund für Ihre Behauptung, der Terrorismus könnte am Ende den IS schwächen?

Die zwei Opfer, die nach der Tragödie von Nizza die ersten Zeugenberichte gaben, waren selbst ihren Vornamen nach muslimischer Herkunft.[24] Je verblendeter sie die Attentate ausführen, je öfter sie völlig wahllos die französische Gesellschaft angreifen, darunter auch Personen, welche ihre Hintermänner eigentlich gerne rekrutieren würden, desto stärker wird das ihre Fähigkeit schwächen, auch in Zukunft solche Taten zu verüben. Genau das ist damals in den Neunzigerjahren im algerischen Bürgerkrieg geschehen, als die GIA, die Bewaffnete Islamische Gruppe, die die erste Generation des Dschihadismus verkörperte, Muslime, die ihnen nicht folgten, zu Abtrünnigen und ihr Blut zu vergießen für zulässig erklärte. Wenn alle anderen Ungläubige oder Abtrünnige sind, dann bedeutet das die Apokalypse durch ein flächendeckendes Massaker. Vor lauter Übergriffen und Attentaten, die über einhunderttausend Algeriern das Leben kosteten, verlor die GIA die Unterstützung des Volkes, was zu ihrer Zerschlagung durch die algerischen Sicherheitsdienste beigetragen hat.

Haben die Luftangriffe auf die Stellungen des IS, vor allem in Syrien, eine Auswirkung auf die Beauftragung von Attentaten in Frankreich?

Ich glaube nicht, dass es da eine automatische Verbindung zwischen beidem gibt. Der Terrorismus von heute folgt nicht mehr der pyramidalen Logik wie noch beim 11. September 2001, für den ein Osama Bin Laden Erfüllungsgehilfen ausgebildet hat, sie das Fliegen hat lernen lassen, sie mit Teppichmessern ausgerüstet und dann losgeschickt hat, um auf koordinierte Weise mehrere Flugzeuge zu entführen. Die jetzige Form des Dschihadismus funktioniert über Netzwerke: Einzelne Individuen werden psychologisch vorbereitet, geistig indoktriniert und trainiert, um dann auf eigene Faust loszulegen. Hat Lahouaiej Bouhlel Datum und Ort, die beide sehr bezeichnend und symbolisch sind, selbst gewählt? Vielleicht werden die Ermittlungen uns eine Antwort liefern, aber meiner Meinung nach gibt es keine automatische Verbindung zwischen seiner Tat und den Luftangriffen in Syrien, die im Übrigen nicht nur von Franzosen ausgeführt werden.[25]

Aufgrund der Spannungen zwischen der Türkei und Nordsyrien und weil sie sich im Kriegszustand befinden – schließlich ist fast das gesamte türkisch-syrische Grenzgebiet besetzt, auf syrischer Seite durch kurdische Unabhängigkeitsgruppen der PYD –, ist es fast unmöglich, die Grenze zu überqueren. Daher ist es für die Kombattanten des Islamischen Staates, ob französische oder andere, sehr schwierig, das Kampfgebiet zu verlassen oder dorthin zu gelangen. Die Wege sind abgeschnitten, und soviel man weiß, sterben Dschihadisten in großer Zahl, was vor drei Monaten noch nicht der Fall gewesen ist, als sie in den Videos erzählten, wie wunderbar das Leben in Rakka sei. Es hat also eine Art propagandistischer Utopie gegeben, die jetzt nicht mehr so recht angebracht ist.

Noch im Lauf der Nacht hat François Hollande neue Maßnahmen angekündigt. Er gab bekannt, dass Frankreich seine Militärinterventionen im Irak und in Syrien intensivieren werde. Im Innern soll die Operation Sentinelle (dt. Wachposten) verstärkt werden, der Ausnahmezustand verlängert, und die Exekutive beabsichtigt, die operative Reserve anzufordern, damit die stark unter Druck stehenden Polizisten und Gendarmen eine kleine Verschnaufpause bekommen. Ende Juni sagten Sie, der Staat behandle das Problem der Radikalisierung mit Aspirin und Pflastern, und Sie haben auch die Wirksamkeit der Maßnahmen im Rahmen des Ausnahmezustands infrage gestellt. Welches Vorgehen des Staates wäre denn jetzt effektiv und möglich?

Wirksame Maßnahmen können erst ergriffen werden, wenn die politisch Verantwortlichen auf höchster Ebene darüber nachgedacht haben, wie sie auf lange Sicht mit der existenziellen und essenziellen Dimension dieser Bedrohung umgehen wollen. Der Wissenschaftler Olivier Chopin hat darauf hingewiesen, dass ein Ausnahmezustand zwar eine positive psychologische Wirkung habe, diese allerdings durch dessen Aufrechterhaltung auch ins Gegenteil umschlagen könne. Und es ist in der Tat so, denn wenn der Staat eine Situation verlängert, die den Bürgern nicht das Gefühl gibt, beschützt zu werden, glauben sie irgendwann nicht mehr an die Fähigkeit des Staates, sie zu beschützen.

Ich sage es noch einmal: Das Problem besteht darin, dass keine grundlegende Reflexion darüber erfolgt, mit welcher Art von Phänomen wir es hier eigentlich zu tun haben. Die Herausforderung liegt nicht mehr einfach nur im Einsatz staatlicher Mittel. Sie haben es selbst erwähnt, die Polizisten sind erschöpft, und es ist im Übrigen eines der seit 2005 empfohlenen, strategischen Ziele der Dschihadisten, ihnen im Nacken zu sitzen und sie in die Erschöpfung zu treiben. Das ist auch in Magnanville vor einem Monat geschehen, als die Einsatzkräfte gleich am Tag nach dem Mord an dem Polizisten und seiner Frau mobilisiert wurden, um eine Demo gegen das neue Arbeitsgesetz zu begleiten. In deren Anschluss schlugen Randalierer im Kinderkrankenhaus Necker die Scheiben ein, eben jenem Krankenhaus, wo das Kind des ermordeten Ehepaars behandelt wurde, dieser kleine Junge, der Zeuge einer schrecklichen Tat geworden ist, der Ermordung seiner Mutter. Zur gleichen Zeit lieferten sich russische und englische Hooligans in Marseille eine fröhliche Schlägerei. Wir haben es hier mit drei verschiedenen Zeitphänomenen zu tun, dem Terrorismus, den Auswüchsen einer aus dem Ruder gelaufenen Form des Gewerkschaftskampfes und dem Hooliganismus. Und die Verantwortung für all das ruhte auf den Schultern der Polizei, die aber nicht alles richten kann.

Würden Sie sagen, dass die Staatsgewalt mit ihrem Willen, die Kontrolle zu behalten, wie wir alle dieser vielgestaltigen und diffusen Bedrohung nicht gewachsen ist?

Einige befürchten, Frankreich könnte sich zu einer Art freiheitsfeindlichem autoritären Staat entwickeln. Ich glaube nicht, dass das die aktuelle Entwicklung ist. Jeder Bürger Frankreichs und jeder, der sich in Frankreich aufhält, ist in Gefahr, und dem kann man nur durch eine Mobilisierung der Gesamtgesellschaft in all ihren Bestandteilen begegnen. Das ist sehr wichtig, und es geht hier nicht darum, irgendjemandem die Schuld zuzuschieben. Der Dschihadismus wird erst dann ausgemerzt sein, wenn er keine soziale Basis mehr hat. Die sicherheitspolitische Dimension ist sicher wichtig, ja sogar fundamental, aber bei solchen Ereignissen werden ihre Grenzen sichtbar. Wir haben es mit einer ganz neuen Größenordnung zu tun, nur bin ich mir leider nicht sicher, ob das unseren führenden Politikern auch bewusst ist.

Noch eine letzte Frage. Das gestrige Attentat hat eine weltweit bekannte Stadt getroffen, Nizza, am Nationalfeiertag. Ist es richtig, wenn wir dem heute Morgen bei diesem Gespräch ein solches Gewicht beimessen, wird hier nicht ein zu großer Medienrummel betrieben?

Wenn die verantwortlichen Medien nicht darüber sprechen, dann werden es andere tun, in den sozialen Netzwerken zum Beispiel, von denen einige auf fast transparente Weise die Nachrichten der Dschihadisten verbreiten. Wir können ihnen nicht das Redemonopol überlassen. Unsere Aufgabe ist es, das Ereignis zu analysieren, es ins rechte Licht zu rücken, darin besteht die ganze Schwierigkeit. Die staatlichen Behörden tun, was sie können, aber ein Bruch bedroht unsere Gesellschaft. Doch nur wenn diese sich selbst engagiert, nur wenn sie die Herausforderung versteht, kann sie dem Bruch auch begegnen.

EPILOG

DSCHIHADISMUS UND »ISLAMOPHOBIE«: DER ZWEIFACHE BETRUG

Das Böse ist ein Mysterium. Es erreicht solche Gipfel des Grauens, dass wir das Menschliche verlassen. Ist es das, was du uns mit deinen letzten Worten sagen wolltest, Jacques? Nach den ersten Messerstichen bist du in die Knie gegangen, hast versucht, deinen Angreifer mit den Füßen von dir zu stoßen, und hast immer wieder gesagt: »Hebe dich hinweg von mir, Satan!« Damit gabst du deinem Glauben an den guten Menschen Ausdruck, der vom Teufel gepackt wird.

Mgr. Dominique Lebrun, Erzbischof von Rouen,
Predigt zum Gedenken an Pater Jacques Hamel,
Notre-Dame de Rouen, 2. August 2016

Am 10. August 2016 stellt der private Kanal des Dschihadisten Rachid Kassim, *Ansar al-Twahid*, über den Telegram Messenger-Dienst ein Dokument mit dem Titel *Gezielte Angriffe* (Attaques ciblées) ins Netz. Zu sehen ist die Silhouette eines menschlichen Körpers, die Brust im Zentrum einer Zielscheibe, und dazu lautet das Programm: »Tötet die Kollaborateure der Auslandspolitik des französischen Staates gegen das Kalifat.« Im Untertitel heißt es: »Anleitung für den einsamen Löwen, der ein gezieltes Attentat verüben will«. Dieser Text, der über mehrere Tage den Abonnenten des Kanals als eine »schöne Überraschung« angekündigt wurde, wird ergänzt durch einen weiteren, in dem »Massenangriffe« verhandelt werden. Beide Texte führen die Attentate vom Juni und vom Juli fort, indem sie sie systematisch einordnen, die angewandte Strategie erklären, den *modus operandi* klarstellen und dazu aufrufen, diesen Weg weiterzugehen.

Die in schreienden Farben gehaltene und mit Rechtschreibfehlern gespickte Infografik erzielte in den sozialen Netzwerken einen gewissen Voyeurismus-Effekt. Auf ihr werden – vierzehn Tage nachdem Pater Jacques Hamel in seiner Kirche Saint-Étienne-du-Rouvray ermordet worden ist – fünfunddreißig namentlich genannte Personen zum Tode verurteilt, aufgelistet in einem Organigramm von neun, in unterschiedlichen Farben gehaltenen Kästchen. Von links nach rechts und von oben nach unten sind sie auf folgende Rubriken verteilt: »Religiöse«, »Politiker«, »Pädokriminelle«, »Verbandsarbeit«, »›Sicherheit – Justiz‹«, »Anti-Islam-Experten«, »Kultur«, »Medien«, »Bildung«. Über die öffentlich dargestellte Ideologie und die Argumentation zur Rechtfertigung dieser Attentate hinaus enthält dieses Dokument eine symptomatische Zurschaustellung der Weltsicht eines französischen Dschihadisten, der sich zum IS bekennt, sowie des kognitiven Zerrspiegels, durch den er die Gesellschaft, die er zerstören, und die Feinde, die er auslöschen will, wahrnimmt. Es ist ein wertvoller Leitfaden für die Interpretation der Wegmarken, die einen Menschen im heutigen Frankreich dazu bringen, zur Tat zu schreiten und einen Terrorakt zu begehen, denn es zeichnet noch einmal den sozialen, die Lehre betreffenden und wahrscheinlich auch psychischen Weg der emblematischen Person Rachid Kassim nach, der wichtigsten Online-Schnittstelle zwischen dem von der Koalition bombardierten »Kalifat« und einem von den Attentaten des IS gepeinigten Frankreich.

DAS DSCHIHADISTISCHE KALEIDOSKOP

Das bunte Bild sieht aus wie eine x-beliebige PowerPoint-Folie, wie man sie zur Unterstützung eines Vortrags in einem Unternehmen oder Seminar verwendet. In Wahrheit aber ist es ein Kaleidoskop, das ein zerbrochenes, fragmentiertes Weltbild zum Ausdruck bringt, wie es typisch ist für Personen, die nur über die groben geistigen Werkzeuge verfügen, die ihnen die Subkultur einer proletarisierten, von konfusen Darstellungen aus dem Mischmasch aus audiovisuellen Medien und virtuellen sozialen Netzwerken übersättigten Jugend liefert.

Am Ende führt dieses Weltbild zu einer negativen Theologie, deren Kern ein Belagerungskomplex ist, genährt von einer generalisierten sozialen Paranoia.

Die todbringende Erlösung geht über die Ermordung einzelner, namentlich aufgezählter Ikonen vonstatten, die man »im Fernsehen« oder in den sozialen Netzwerken »gesehen hat«. Ihrer Aufzählung werden Listen von Berufsgruppen beigefügt, deren Mitglieder sämtlich als legitime Ziele des apokalyptischen Massakers aufgeführt werden, durch den der IS die Errichtung des »Kalifats« in Frankreich und Europa durchführen will. Hier geht es um die Auslöschung der gesamten Mittelklasse, vom Lehrer bis zum Präfekten, von den gewählten Vertretern der Nation über Journalisten, Künstler oder Lehrkräfte bis hin zu Amtspersonen jeder Art.

Motor dieses sozialen Hasses ist eine Mordgelüste weckende Phobie vor der Homosexualität, was darin zum Ausdruck kommt, dass unter der Rubrik »Verbandsarbeit« diesbezügliche Ziele, nämlich »Femen – Gay – Transgender – LGBT«, anvisiert werden, ebenso wie in einer weiteren Rubrik mit dem überraschenden Titel »Pädokriminelle«, und dass nicht nur namentlich genannte Individuen zum Tode verurteilt werden, sondern auch »alle Personen, die dem pädokriminellen Netz des Élysée oder anderen« angehören. Mit der Reduzierung der höchsten politischen Macht, die metonymisch schlicht »Élysée« genannt wird, auf die »Pädokriminalität« soll die Republik moralisch abgewertet und zugleich die göttliche Strafe für die Übertretung sexueller und religiöser Tabus gerechtfertigt werden. Die Verwendung des selten gebrauchten Begriffs Pädokriminalität, der vor allem im Universum der Verschwörungstheorien der extremen Rechten gegenwärtig ist und auf der Webseite *Gleichheit und Versöhnung* von Alain Soral aufgeführt wird (ebenso wie das Wort Kollaborateur, das im Untertitel der Infografik erscheint), drückt die homophobe Besessenheit des »einsamen Löwen« aus, dem das ideologische Angebot des IS insofern entgegenkommt, als es ihm seine nächsten Opfer aufzeigt und ihm zum Märtyrertum und Aufstieg ins Paradies verhilft.

Der Psychiater Serge Hefez, der in seiner Klinik ein Beratungsangebot für Radikalisierte eingerichtet hat, sieht die Mordgelüste der Dschihadisten unserer Zeit als die spezifischen Schäden einer »verinnerlichten Homophobie« an, »die im Morden ein Ventil für ihr inneres Chaos finden und ihre Verfolgungsjagd unter der Fahne des Dschihad legitimieren können« (*Le Monde* vom 15. August 2016). Der Ausdruck »einsamer Löwe«, der erstmals in *Gezielte Angriffe* verwendet wird, betont in der Tat den individuellen Aspekt der dschihadistischen Operation, der den Dschihadismus der dritten Generation par excellence auszeichnet, auch wenn dezidiert dazu aufgefordert wird. An die Stelle der negativ besetzten Figur des Wolfes (vgl. S. 161) tritt die positiv besetzte des »Königs der Tiere«, der in der zeitgenössischen islamistischen Vorstellungswelt einen zentralen Platz einnimmt, wie wir in den Propagandavideos von al-Qaida gesehen haben.

In dem Organigramm aus *Gezielte Angriffe* werden als erste Opfer des IS, in absteigender Reihenfolge, jene Glaubensbrüder genannt, die seine Vorstellung des Islam nicht teilen. Im oberen linken Teil der Infografik werden in der Rubrik »Religiöse« unter der Bezeichnung Abtrünnige vier Imame und Prediger verschiedener Glaubensrichtungen aufgeführt, darunter auch Muslimbrüder und nicht dem Dschihadismus verschriebene Salafisten, und alle Akteure des »islam de france« (sic). Schließlich werden »Freimaurer aller Grade und sämtliche laizistisch-fundamentalistische Proselyten« ins Visier genommen.

Obwohl uns der Mord an Pater Hamel noch im Gedächtnis ist und bereits gezielt Juden getötet wurden, wie durch Merah am 19. März 2012 in der Ozar-Hatorah-Schule von Toulouse sowie durch Coulibaly am 9. Januar 2015 im Supermarkt Hyper Cacher an der Porte de Vincennes, sind die Gläubigen dieser beiden Konfessionen in der Rubrik »Religiöse« nicht dezidiert als Zielobjekte aufgeführt. In der strengen Lehre gelten Juden und Christen als »Leute des Buches«, die deshalb im Islam unter bestimmten Bedingungen vor der zwangsweisen »Unterwerfung« geschützt werden *(dhimmis)*. Will der

Autor sich an den genauen Wortlaut der Scharia halten, kann er sie daher nicht ins Visier nehmen, ohne selbst als Häretiker zu erscheinen. Wie wir im Prolog gesehen haben, sieht das in der Realität ganz anders aus. Die Juden gelten als Handlanger des »zionistischen Unternehmens«, die Christen als Handlanger der »Kreuzfahrer«, die das »Kalifat« bombardieren. Ihre Ermordung wird unter diesen Vorzeichen *ipso facto* zulässig.

Allerdings gelten die Freimaurer – deren Status sich in den Heiligen Schriften des Islam an keiner Stelle näher beschrieben findet, da diese vor der Entstehung der modernen Freimaurerei offenbart wurden –, wie man es in der zeitgenössischen polemischen Literatur von Islamisten jeder Couleur immer wieder lesen kann, als Atheisten und können daher mit dem Tod bestraft werden. Wenn man der Argumentation des Dokuments folgt, stellen sie die Steigerung des »laizistisch-fundamentalistischen Proselyten« dar, den es ebenfalls zu vernichten gilt. Diese überraschende Wortreihung (Syntagma) stützt sich auf die absolute Verdammung des Proselytismus, sofern er von einem Nicht-Muslimen praktiziert wird, während er für Muslime einen kategorischen Imperativ darstellt. Die Laizität wird hier nicht als Neutralität des Staates begriffen, sondern als Affirmation eines nicht-islamischen Staates, ein Unternehmen, das zudem mit der Exekution seiner Kollaborateure bestraft wird.

Der Ausdruck »laizistisch-fundamentalistisch« kam Ende der Achtzigerjahre mit der ersten Diskussion um das Tragen des Hidschabs in Mode, ausgelöst durch Schülerinnen des Collège Gabriel-Havez in Creil. Mit dem Ausdruck wollte man damals gegen die vermeintliche Unnachgiebigkeit der republikanischen Laizität von christlichen, jüdischen und muslimischen Klerikern agitieren, indem man ihnen das Stigma des Fundamentalismus gab, das gewöhnlich nur den fanatischsten Geistlichen vorbehalten ist. Seither wird der Begriff im Dschihadismus verwendet, wo er paradoxerweise nur die Gegner bezeichnet und man sich damit gleichzeitig selbst von dieser Beschuldigung befreit, die im gegenwärtigen Sprachgebrauch eine so verächtliche Note bekommen hat.

Den ersten Platz auf der Liste der Anschlagsziele bekommen die Konkurrenten im Kampf um die Vormachtstellung im Islam in Frankreich zugewiesen, verkörpert durch die Imame und Prediger vier verschiedener Glaubensrichtungen, denen gemein ist, dass sie sich allesamt auf den »islam de france« beziehen. Der Ortsname, Frankreich, wurde hier absichtlich nicht mit Großbuchstaben geschrieben: Das winzige »france« ist nichts weiter als ein Substantiv, das bei der nächsten islamischen Eroberung fallen wird. Es kann unmöglich eine götzendienerische nationale Identität verkörpern, deren Gesetzen der transzendente und universelle Islam sich unterwerfen müsste. Die Imame, die sich dem entgegenstellen, sind also Abtrünnige, die nicht Allah, sondern eine laizistische Gottheit anbeten, und dafür die höchste Strafe erleiden müssen.

Für den IS ist das der wesentliche Dschihad: Die Glaubensbrüder werden gegen die »Islamophobie« mobilisiert, sobald die todbringenden Provokationen zu antimuslimischen Reaktionen geführt haben. Für das Gelingen des Projekts ist es entscheidend, dass abweichende Stimmen ausgeschaltet und ansonsten kooptiert werden. Die Herausforderungen dieses Kampfes und seiner Modalitäten traten zutage, als die Eliten der muslimischen Kultur in Frankreich Position bezogen, und bei den Vorfällen rund um den »Burkini« am Strand, zu denen es in den Tagen kam, nachdem *Gezielte Attentate* ins Netz gestellt wurde.

In der zweiten Rubrik, »Politiker«, werden keine Namen genannt, aber sie umfasst ein breites Spektrum, das nur die Zentristen auslässt: »PS LR FN Vert [sic] PC FDG[1] … Bürgermeister – Abgeordnete – Staatsräte – Stellvertreter«. Sie spiegelt die Doktrin des Dschihadismus und der meisten Salafisten, die in der Politik etwas Verbotenes (*haram*) sehen, sofern sie sich nicht auf die Umsetzung der Scharia beschränkt. Somit ist die Ermordung jedes engagierten Mannes und jeder engagierten Frau erlaubt (*halal*). Die Auswahl der Ämter, die sich zu drei Vierteln auf Ämter der Kommunalpolitik bezieht (Bürgermeister, Stadträte, Stellvertreter), betrifft Personen, bei denen man, oftmals ohne Erfolg, Anträge auf Subventionen, Arbeitslosen-, Renten-, oder Sozialgeld, Sozialhilfe, Wohnungsgeld usw. stellen muss.

HOMOPHOBE OBSESSIONEN

Die dritte und vierte Rubrik, »Pädokriminelle« und »Verbände«, konzentrieren sich auf den Hass auf die Homosexualität, die mit dem Tod bestraft werden muss, wie es der IS regelmäßig verdeutlicht, indem er Videos veröffentlicht, auf denen »Sodomiten« von Hochhäusern geworfen oder gesteinigt werden, in Anwendung eines Ausspruchs, Hadiths, des Propheten: »Wenn ihr einen findet, der das tut, was das Volk Lots [Sodom] getan hat, so tötet den Tuenden und den, mit dem es getan wird.« Die Authentizität dieser Worte wird von der Mehrzahl der auf die Hadith-Tradition spezialisierten Ulemas angezweifelt, aber die Salafisten und die Dschihadisten halten sie für wahr. Sie lassen sie im arabischen Original dieser unerträglichen Videos als Schriftband mitlaufen, um die heilige Rechtfertigung zu liefern.

In Orlando, Florida, metzelt Omar Mateen, Sohn afghanischer Einwanderer, am 12. Juni 2016 die Besucher eines Schwulenklubs nieder, nachdem er auf Facebook dem »Kalifen« von Mossul die Treue geschworen hat. Das erinnert uns daran, wie akut die tödliche Bedrohung selbst in einem westlichen Land ist, und zwar ungeachtet der psychiatrischen Vorgeschichte der jeweiligen Person, denn mehrere seiner Bekannten hatten ausgesagt, er wäre mit seinen homosexuellen Neigungen ebenso wenig klargekommen wie mit seiner generellen Gewaltbereitschaft, ein Profil, das dem des späteren Massenmörders vom 14. Juli in Nizza ähnelt, dem Lieferwagenfahrer Mohamed Lahouaiej Bouhlel. Die obsessive Auflistung homosexueller Zielpersonen endet in der Rubrik »Verbandsarbeit« mit der Bezeichnung »Sozialzentren etc.«. Wir erinnern uns, dass Rachid Kassim selbst als Erzieher in einem Sozialzentrum, dem »Moulin à vent« in Roanne, mit der Betreuung von Heranwachsenden betraut war.

Die darauffolgende Rubrik trägt die Bezeichnung »›Sicherheit – Justiz‹«. Die Anführungszeichen stehen im Original, um zu verdeutlichen, dass die Institutionen, deren Vertreter hier ins Visier genommen werden, weder für Sicherheit noch für Gerechtigkeit (*Justice*) stehen. Da diese Behörden nicht gemäß der Scharia verfahren, werden sie nicht als rechtmäßig erachtet.

»Justizbeamten – Polizei – Gendarmerie – Armee – Anwälte – Richter – Polizisten – Militärs – Personal Rekrutierungszentrum Armee, Ausbildungszentrum Kampfpilot, Lehrer – Schüler der Militärschule, Gefängnisaufseher – Anstaltsseelsorger«. In dieser Aufzählung vermischen sich zwei Register. Das erste, das eines gewöhnlichen Delinquenten, beschreibt sämtliche Karriereprofile, denen man auf dem Weg von der Festnahme über die Verurteilung bis hin zur Gefangenschaft begegnet. Das Gefängnispersonal stand als Ziel bereits auf der Liste, die im Video von Larossi Abballa, dem Mörder von Magnanville vom 13. Juni 2016, publik gemacht wurde.

Am 4. September greift in der Haftanstalt von Osny (in der Abballa inhaftiert war) Bilal Taghi, ein fünfundzwanzigjähriger Häftling, der zu fünf Jahren verurteilt und im Dschihadistenflügel untergebracht worden war, weil er nach dem Attentat von *Charlie Hebdo* versucht hatte, nach Syrien zu gelangen, einen aus Martinique stammenden Aufseher mit einer Metallstrebe an und tötet ihn fast. Bevor er überwältigt werden kann, verletzt er einen anderen Beamten an Arm und Gesicht, zeichnet dann mit dem Blut seines Opfers ein Herz und betet, als Antwort auf Abballas Appell.

Die Anstaltsseelsorger, in diesem Fall Muslime, werden ebenfalls als Vertreter der Gefängnisverwaltung und damit als Abtrünnige empfunden, und gehören folglich in die erste Rubrik der »Religiösen«, die dahingeschlachtet werden sollen. Das andere Register ist – neben den Militärs, die aufgrund des Ausnahmezustands durch Frankreichs Straßen patrouillieren – auf alle gemünzt, die sich dazu berufen fühlen, das Territorium des »Kalifats« zu bombardieren, was die Rechtfertigung *par excellence* für den Mord an den »Kollaborateuren mit der Auslandspolitik des französischen Staates gegen das Kalifat« ist, wie es im Untertitel zu *Gezielte Angriffe* heißt.

Die sechste Rubrik, »Anti-Islam-Experten«, enthält fünf Namen, von Journalisten, Kommentatoren, Verbandsvorständen und einem Arabisten, dessen Nachname fälschlicherweise mit zwei p geschrieben wurde und der bereits auf der Liste des Mörders von Magnanville gestanden hatte. Ihnen ist hauptsächlich gemein, dass man sie »im Fernsehen gesehen hat« – gleichgültig, ob sie sich dort für oder gegen den IS ausgesprochen hatten –, und dass sie ihre Kenntnisse über das Phänomen weitergegeben haben. Das ist in den Augen der Organisation bereits ein Verbrechen, denn sie fordert die völlige Kontrolle über die Kommunikation, auch wenn sie zunächst Informationen über ein Netz von Presseleuten hatte durchsickern lassen, die sie für vertrauenswürdig hielt, später aber selbst ins Visier nahm.

Die siebte, mit »Kultur« überschriebene Rubrik ist in drei Spalten aufgeteilt. Die erste Spalte, »medienbekannte Rapper«, enthält sechs Namen, die in den Banlieues und vor allem bei den jungen Muslimen als Ikonen gelten. Wir erinnern uns, dass auch Rachid Kassim es mit Hip-Hop versucht hatte, allerdings ohne breite Medienwirkung zu erzielen. »Er war überzeugt, er sei der größte Rapper aller Zeiten«, erklärt Mustapha, einer seiner Bekannten, am 29. Juli 2016 der Tageszeitung *Le pays* (*le-pays.fr*). Mit Rapper-Gesten und einem Messer in der Hand skandiert er in dem Video vom 20. Juli, in dem er zwei Geiseln enthauptet: »Das ist der Lohn für die Franzosen, dieses kriminelle Volk, das nicht zögert, zu Hunderttausenden auf die Straße zu gehen, für seinen Bauch, für seinen Arbeitsvertrag, das aber genau weiß, dass seine Steuern die Armee von Tsahal und das Massaker an den Palästinensern finanzieren, die Bombardierungen im Irak und in Scham [Syrien], und dennoch mit keinem Wort seine Stimme erhebt!« Es gib ja so manche Rapper, die ihren Hass auf die französische Gesellschaft herausschreien und ein Loblied auf den fundamentalistischen Islam singen, aber die extreme Brutalität von Kassims Slam und des anschließenden Mords sind mit deren Liedtexten und visuellen Provokationen nicht zu vergleichen. Kassim unterscheidet nicht mehr zwischen Fiktion und Realität, er lässt eins ins andere übergehen, um daraus einen Propagandaclip zu machen. Aus seinen Worten können wir auch hier die Attacke auf die geschmähte Mittelklasse heraushören, die nur für ihren »Bauch« und für ihren »Arbeitsvertrag« auf Demonstrationen geht und die Steuern zahlt. Kassim hatte selbst einen befristeten Arbeitsvertrag beim Sozialzentrum »Moulin à vent« in Roanne, den er auflöste, um für seine Hidschra nach Ägypten zu gehen.

Die zweite Spalte, »jeder ›Künstler‹, der sich gegen den IS oder gegen den Islam im Allgemeinen ausspricht, ist ein bevorzugtes Ziel«, ergeht sich in Verallgemeinerungen. Hier wird »der IS« zum Garanten des »Islam im Allgemeinen« gemacht, und unser Möchtegernkünstler schwimmt auf der Welle der Billigung des Massakers bei *Charlie Hebdo* durch einen weitaus größeren Kreis als dem der Sympathisanten des IS mit und auf der der Aufopferung, die in der Exekution der Karikaturisten lag, welche den Propheten beleidigt hatten. Damit konnte tatsächlich bei manchen die Berufung zum Dschihadisten geweckt werden, wie man am Fall Adel Kermiche sehen kann, dem Mörder von Saint-Étienne-du-Rouvray, dessen Weg zur Radikalisierung im Januar 2015 unter dem Einfluss der Brüder Kouachi begann, genauso wie bei Bilal Taghi, der den Gefängnisaufseher von Osny angriff.

In der letzten Spalte unter der Rubrik »Kultur« werden unter der Überschrift »jüdische Intellektuelle« zwei berühmte Philosophen sowie eine Journalistin zum Tode verurteilt, gefolgt vom Vermerk »und andere Partisanen des Mordes an muslimischen Kindern«. Während unter der Rubrik »Religiöse« keine Juden als Angriffsziele aufgelistet werden – sie war den Abtrünnigen, Freimaurern und Laizisten vorbehalten –, tauchen sie jetzt unter dem Oberbegriff »Kultur« auf, über deren Inhalte sie laut den antisemitischen Hirngespinsten angeblich die Kontrolle haben. Das Verbrechen, dessen sie sich schuldig gemacht haben sollen, durchzieht wie ein roter Faden die Argumentation von *Gezielte Angriffe*. Der Vorwurf des Kindsmords als Gemeinplatz antijüdischer Hetze wird hier kombiniert mit der endlos wiederkehrenden Anschuldigung gegen die Armeen des Westens, die das »Kalifat« angreifen, sie würden muslimische Kinder töten, wie es auch 2014 Israel bei der Bombardierung des Gazastreifens vorgeworfen wurde.

Die achte Rubrik heißt »Medien« und nimmt in dem Organigramm den größten Raum ein. Sie ist aufschlussreich im Hinblick auf die verzerrte Weltwahrnehmung eines gewöhnlichen französischen Dschihadisten, diesem Medien- und Internetjunkie. Nur eine Zeitung aus den Printmedien findet hier Erwähnung, *Le Figaro*, sie wird als »Drecksblatt« bezeichnet, und nur ein einziger Redakteur, ein Nahost-Spezialist, dem zweifellos zur Last gelegt wird, in seiner Berichterstattung über die Gräueltaten des Islamischen Staates »Falschinformationen« zu verbreiten, denn *halal* ist nur die IS-Propaganda.

Der Rest der Rubrik widmet sich den audiovisuellen Medien und dem Internet. Unter dem Titel »Massenmedien: TV: TFI France TV M6 BFM FR24« werden im ersten Abschnitt sieben Journalisten aufgezählt, von denen drei bereits auf der Liste des Mörders von Magnanville standen. Die anderen sind Moderatoren von Unterhaltungssendungen, die keinerlei Bezug zum Islam oder zum IS haben, aber für das Neoproletariat von Fernsehzuschauern, jener »praktizierenden Kathoden«, um es mit den Worten des Komikers Smaïn zu sagen, in einer krankhaften Fixierung symbolhaft für das stehen, worauf sich seine soziale und emotionale Wut richtet. Die Dschihadisten sitzen der Illusion auf, sie könnten die TV-Idole stürzen, indem sie deren Verkörperungen vernichten, wie im Gründungsmythos der Offenbarungsreligionen, der in der Zerstörung der Statuen und Bilder heidnischer Glaubensrichtungen besteht.

Der zweite Abschnitt, der mit *Le Figaro* endet, trägt die Überschrift »Radio: Radiomoderatoren: Skyrock [gefolgt von drei Namen der wichtigsten Sprecher] Europe I [ein Star-Journalist] RMC [idem]«. Auch hier sieht *Gezielte Angriffe* sein Publikum in der Jugend aus den Problemvierteln, die geprägt ist von der hier durch die Programme von Skyrock symbolisierten Radiokultur. Skyrock hat den Rap in Frankreich bekannt gemacht und den benachteiligten Vierteln eine Stimme gegeben, vor allem den Jugendlichen mit Migrationshintergrund, deren gesellschaftliche Sichtbarkeit der Sender durch namentliche Würdigung verstärkt hat, während er zugleich unverblümt über Sexualität und verletzte moralische und religiöse Tabus gesprochen hat. Und das macht ihn so schädlich, denn er »verdirbt« genau diese Jugend, die die wichtigste Zielgruppe für die dschihadistische Re-Islamisierung ist. »L'Oranais«, wie der Künstlername Rachid Kassims lautet, hat wahrscheinlich nie die Ehre gehabt, bei Skyrock gesendet zu werden, aber er treibt seinen Rapper-Sprechgesang auf einer realen »Bühne« bis auf die Spitze, dem öffentlichen Platz einer Stadt in der Provinz Ninive, wo er rappend seine Drohungen gegen François Hollande und Frankreich ausstößt, ehe er seinen Opfern die Kehle durchschneidet. Auch hier bemerkt man eine *Kongruenz* (vgl. S. 102f.) mit der »großen Erzählung« aus Alain Sorals Universum, der aus der Denunzierung von Skyrock einen Glaubensartikel seines Verlags und Vertriebshauses »KontreKulture« macht.

Der dritte Abschnitt mit dem Titel »Russische Agenten und Nosayri« – Letzteres eine herabwürdigende, aus der sunnitischen Rhetorik stammende Bezeichnung der Alawiten Syriens – nennt dezidiert zwei Ikonen aus der Bewegung um Soral und die französische Ausgabe von »Sputniknews« (*Équipe Spoutnik*), ein digitales Nachrichtenportal mit großer Reichweite, über das mit dem Kreml assoziierte Sprachrohre ihr Gedankengut verbreiten. Im Fokus stehen Netzwerke wie die des Ideologen Soral und seines Kameraden Dieudonné auf der Webseite namens »Égalité et Réconciliation« (Gleichheit und Versöhnung) sowie auf ihrem Online-Kanal ERTV. Unter den Heranwachsenden in den Problemvierteln, bei denen sich der Negationismus, also die Leugnung des Holocaust und anderer Völkermorde, auf der Basis eines zunehmenden Antisemitismus ausbreitet, sind diese Netzwerke sehr beliebt. Für den IS, der, wie wir gesehen haben, zahlreiche Begriffe aus dem Vokabular der Soral'schen »KontreKulture« aufgreift, sind diese Ideologen aufgrund ihrer Nähe gefährliche Konkurrenten: Obwohl sie dem Iran und Baschar al-Assad ihre Unterstützung bekunden, und damit dem »Kalifat« ihre Solidarität verweigern, zielen sie auf das gleiche Publikum ab.

Ein vierter Abschnitt trägt die Überschrift: »Soziale Netzwerke: jeder Kollaborateur der Anti-Islam-Koalition, der auf Twitter FB [Facebook] oder anderen SN [Sozialen Netzwerken] auf den Islam und den IS spuckt. Twitter: [es folgt der Name einer belgischen Twitterin syrischer Herkunft, die dem IS sehr feindlich gegenübersteht]«. Hier werden Europas Internetaktivisten ins Visier genommen, die einen muslimischen Hintergrund haben und ihre abweichende Meinung zur dschihadistischen Ideologie kundtun. Auch sie werden als schädliche Konkurrenten wahrgenommen, denn sie besitzen für die potenziellen »Löwen« eine soziologische wie kulturelle Glaubwürdigkeit.

Die letzte Rubrik trägt die Bezeichnung »Bildung«. In den Handbüchern lehrt der IS seine Schüler, wie man Kalaschnikows und Dolche zählt, um sich die vier Grundrechenarten zu vergegenwärtigen (vgl. S. 143). Und man weiß ja, dass die Gehirnwäsche des neuen dschihadistischen Menschen bereits in sehr jungen Jahren ihren Anfang nimmt, das ist in jedem totalitären System so. In Verlautbarungen der Organisation ist die Ermordung französischer Lehrer, die den Kindern die verteufelte Laizität nahebringen, bereits verhandelt worden und wird womöglich als Rache für schulisches Versagen angesehen. In dieser Rubrik werden, ganz wie in den Rubriken »Politiker«, »Verbandsarbeit« und »Sicherheit – Justiz«, keine Namen von Personen angeführt und sie beschränkt sich auf die Nomenklatur »Beamte des Bildungswesens / Universitätsdirektoren, Schuldirektoren, Politikwissenschaftler HEC [Haute École de Commerce] Instituts Français [Französische Kulturinstitute]«.

Während alles, wofür das Bildungswesen zuständig ist, zutiefst verachtet wird, weil es keine andere Bildung als die islamische gibt und die Nation nichts weiter als ein Götze ist, den es zu stürzen gilt, fällt doch auf, dass die Verwaltung auf Hochschulebene dem Autor des Textes kaum geläufig ist, denn er weiß nicht, dass eine französische Hochschule einen Präsidenten hat und keinen Direktor, und ein Gymnasium im Unterschied zur Grundschule einen Rektor. Und während die HEC, die Wirtschaftshochschule in Paris, die für die benachteiligten sozialen Schichten, die das Schulgeld nicht zahlen können, ein so verachtetes wie unerreichbares Universum darstellt, und die Einrichtungen des Institut Français, das die französische Kultur ins Ausland trägt, grundsätzlich hassenswert sind, ist schwer zu verstehen, was die Politikwissenschaft in dieser Auflistung verloren hat.

Zwar hat sich die »grande école« an der Rue Saint-Guillaume – gemeint ist Sciences Po Paris – für die Aufnahme von Studenten aus den ZEP (Gebiete mit besonderer Bildungsförderung) geöffnet, was es ihr ermöglichte, junge Leute aus den Problemvierteln in den Werten des Staates auszubilden, doch im Frühjahr 2016 wurde auf Veranlassen einer islamischen Vereinigung der »Hijab Day« gefeiert, und zur gleichen Zeit wurden die Studien zur arabischen Welt abgeschafft, weshalb sie heute ziemlich unfähig wäre, »mit der gegen das Kalifat gerichteten Auslandspolitik des französischen Staates zu kollaborieren«.

Nach Analyse dieses Manifests – einem echten *Was tun?* des französischen Dschihadismus – kann man bei näherer Betrachtung der Morde und Attentate, die bereits gegen dort aufgelistete Ziele verübt wurden, deutlich die beiden Hauptziele der dschihadistischen Strategie erkennen. Und bekommt einen Eindruck von ihrer nachhaltigen Schlagkraft, denn nur drei Wochen nachdem der Text online ging, wurde ein Gefängniswärter in Reaktion auf eine Zwangsandrohung von einem Häftling angegriffen. Das erste Ziel ist es, die französische Gesellschaft in Verzweiflung zu stürzen, vor allem die verhasste Mittelschicht, die daraufhin wahllos gegen Muslime oder deren Institutionen vorgehen wird, woraufhin diese im Namen des Kampfes gegen die »Islamophobie« und unter dem Banner des IS, des selbst ernannten Verteidigers des Islam, für dessen Zwecke rekrutiert werden können. Danach könnte dann der Krieg der Enklaven beginnen, Auftakt zu einem flächendeckenden Bürgerkrieg, an dessen Ende das Kalifat auf den Ruinen eines geschlagenen Europa erbaut werden soll: So sieht die strategische Perspektive aus, die seit 2005 in den Handbüchern des Dschihadismus der dritten Generation festgehalten wurde. Das zweite Ziel ist es, jene muslimischen, religiösen oder soziologischen Eliten als »Abtrünnige« zu diskreditieren, die für den IS, seinen Dunstkreis und seine Nachahmer gefährliche Konkurrenten sind, sie daraufhin zu liquidieren, wie es in *Gezielte Angriffe* unter der ersten Rubrik heißt, oder sie zu kooptieren, in einigen Fällen mithilfe von Druck und Gewalt.

WAS DER BURKINI VERBIRGT

In den Sommermonaten 2016, die mit dem Massaker in Nizza und dem Mord in Saint-Étienne-du-Rouvray beginnen, lässt sich gut beobachten, wie beide Prozesse ins Rollen kommen. Im ersten geht es um die brennende Frage, ob man an französischen Stränden nun einen Burkini tragen darf oder nicht, der zweite äußert sich in miteinander konkurrierenden Versuchen, eine neue muslimische Führung in Frankreich zu etablieren.

In der Marseiller Region führt genau zu der Zeit, als sich das Massaker von Nizza ereignete, die Initiative einer von einer Konvertitin geführten islamischen Vereinigung, in einem Wassersportzentrum eigens einen Tag für Frauen mit Burkini einzurichten, zu so kontroversen Diskussionen, dass die Organisatoren am 9. August dieses Vorhaben wieder fallen lassen. In der Folge verbietet die Stadt Cannes das Tragen des Burkini, viele andere Städte folgen. Im Stadtratsbeschluss heißt es dazu:

> *Jegliche Strandbekleidung, die auf demonstrative Weise eine religiöse Zugehörigkeit ausdrückt, wo doch Frankreich und die Gotteshäuser gegenwärtig Ziele von Attentaten sind, ist dazu angetan, die öffentliche Ordnung zu stören (Menschenaufläufe, Schlägereien), was verhindert werden muss.*

Nachdem dieser Beschluss von der Liga für Menschenrechte und dem CCIF (Kollektiv gegen Islamophobie in Frankreich), der umtriebigsten unter den Instanzen, die es auf die Vorherrschaft des Islam in Frankreich abgesehen haben, gerichtlich angefochten wird, erklärt ihn das Verwaltungsgericht von Nizza am 15. August mit Bezug auf die »Gefahren für die öffentliche Ordnung« für rechtsgültig. Das Verwaltungsgericht trifft aufgrund der aktuellen Lage nach den Attentaten, vor allem nach dem Massaker vom 14. Juli auf der Promenade des Anglais am Strand von Nizza, eine Eilentscheidung, um feindselige Reaktionen zu vermeiden, die eskalieren könnten. Premierminister Manuel Valls bekundet anschließend sein Verständnis für die in Cannes getroffene, konservative Entscheidung. Der ehemalige Innenminister Jean-Pierre Chevènement hingegen, der während seiner Amtszeit von 1997 bis 2000 im Ministerium an der Place Beauvau eine große Anhörung zum Islam durchgeführt hatte und jetzt ersucht wird, die Präsidentschaft der *Fondation de l'islam en France* (Stiftung für den Islam in Frankreich) zu übernehmen, erklärt, »die Menschen haben die Freiheit, kostümiert oder nicht baden zu gehen«, und setzt hinzu: »Ich bin für die Freiheit, sofern die öffentliche Ordnung nicht in Gefahr gebracht wird.«

Allerdings wird an einem Strand der Gemeinde Sisco im Norden von Korsika in diesem angespannten Klima genau jene öffentliche Ordnung einer harten Prüfung ausgesetzt. Dort kommt es am 13. August zu einer Schlägerei zwischen den Bewohnern des Dorfes und einer größeren Familie marokkanischen Ursprungs, wohnhaft in der Nähe von Bastia, die eine kleine Badebucht für sich belegt hat, in der die Frauen fern aller Blicke schwimmen können. Das Gerücht, die Frauen hätten Burkini getragen, hat sich im Nachhinein durch die Ermittlungen zwar nicht bestätigt – sie sollen stattdessen komplett bekleidet gebadet haben –, doch die gewalttätigen Übergriffe und die Gefahr einer Lynchaktion durch die örtliche Bevölkerung, die schnell mobilisiert ist, erfordern eine massive Intervention der Gendarmerie. Verdächtige und Verletzte werden mit Helikoptern fortgebracht.

Nach den Attentaten von Nizza und Saint-Étienne-du-Rouvray schlägt der Vorfall in den sozialen Netzwerken schnell hohe Wellen. Anders als sonst werden die Bewohner des Cap Corse nicht automatisch der Islamophobie beschuldigt, stattdessen gibt es zahlreiche Sympathiebekundungen. Darin werden die durch den IS begangenen Morde und die Tätlichkeiten der Angreifer in Sisco in ein und dieselbe Kategorie gesteckt und man beglückwünscht die Korsen, dass sie mit dem Slogan »On est chez nous« (Wir sind hier zu Hause) ihr Territorium und ihre Lebensform verteidigt haben. Viele verweisen auf den Kontrast zwischen der Passivität der Bewohner des kontinentalen Festlands, denen nach jedem IS-Attentat nichts einfällt, als Gedenkmärsche zu organisieren, und die so ihre Schwäche demonstrieren, und dem Widerstand der Inselbewohner, die der »maghrebinischen« Gewalt eine überlegene und siegreiche korsische *virtú* (Tugend) entgegensetzen.

Zwar folgt das Treiben der marokkanischen Geschwister in Sisco, von denen eines, wie sich herausstellt, vorbestraft ist, und das des IS nicht derselben Logik, dennoch ist die von einem Teil der öffentlichen Meinung vollzogene Gleichsetzung zwischen den kriminellen Handlungen von Personen maghrebinischer Herkunft und dem islamistischen Terrorismus bereits ein Signal für den Bruch, den der Dschihadismus der dritten Generation gerne herbeiführen würde. Dass die Spannungen sich so zuspitzen können, ist Korsikas ureigenem Klima geschuldet. Die Regionalregierung wird von Nationalisten kontrolliert, die dem »französischen Staat« ebenso feindlich gegenüberstehen wie die muslimischen Immigranten, bei denen der wachsende Zulauf zur salafistischen Bewegung den religiös begründeten Bruch markiert. Letzteres wird als Trotzreaktion auf die omnipräsente Zurschaustellung der korsischen Identität verstanden, die selbst wiederum auf einem sprachlichen, kulturellen und ethnischen Bruch mit Frankreich beruht.

Einem ähnlichen Schema folgend wird auf dem kontinentalen Festland das Tragen des Burkini, zu Recht oder zu Unrecht, als Ausdruck des Eroberungswillens neuer französischer Territorien gesehen, nachdem bereits die Arbeiter- und Ausländerviertel dem *halal*-Diktum unterworfen wurden. Man möchte sich nicht von der Scharia und ihren ostentativen »Anstandsnormen« gängeln lassen, zumindest nicht an einem so hedonistischen Ort, wo die Gesellschaft durch die Zurschaustellung quasi entblößter Individuen ihre Intimität preisgibt, in einer Art neuheidnischer Kommunion des sommerlichen Baderituals. Im Verlauf der letzten beiden Jahrzehnte sind Badeanzüge, die *haram* (verboten) sind, unter dem Druck der wachsenden Salafisierung der Gesellschaft von den öffentlichen Stränden Algeriens und Ägyptens fast völlig verschwunden, zugunsten von »Ganzkörper«-Badeanzügen, unter denen der Burkini nur die jüngste kommerzielle Spielart darstellt. Diese Entwicklung ist auch in Tunesien zu beobachten, wo europäische Badegäste in Badebekleidung am 26. Juni 2015 am Strand von Sousse beschossen worden sind, und auch in Marokko, wo sie allerdings auf einen gewissen Widerstand des Staates, der die Touristen aus dem Ausland nicht verprellen möchte, und der »europäisierten« Mittelklasse stößt, deren Lebensweise von den Bärtigen und Verschleierten verteufelt wird.

Die Verteidigung des Burkini hat jedoch Unterstützer aller Couleur gefunden. Das hybride Kleidungsstück, 2003 von einer australisch-libanesischen Modedesignerin erfunden, dessen aus der phonetischen Zusammenziehung von Burka und Bikini entstandene Marke mit der überraschenden Wortneuschöpfung die Fantasie anheizte und einen Kaufreflex auslöste, wurde in die beliebten Konfektionen diverser internationaler Modeketten aufgenommen. Wenn man im Internet mit dem Schlagwort Burkini nach den Presseartikeln sucht, die über den Sommer 2016 an den französischen Stränden berichten, erscheinen ironischerweise sogleich Links zu der britischen Marke C&A, die auch eine Hidschab-Linie geschaffen hat und in deren Online-Shop man drei Burkini-Modelle zu 65 Euro findet, ein relativ hoher Preis.

Die Burkini-Affäre hat, genau wie der Streit um das Tragen des Hidschabs an der Schule im Jahr 1989, einen starken Symbolcharakter für all jene bekommen, die sich als Meister im Kampf gegen die »Islamophobie« und für die Freiheit, sich in der Öffentlichkeit zu kleiden, wie man möchte, aufspielen. Sie bemühen sich darum, die Vertretung der Gemeinschaft zu beherrschen, und stoßen dabei den CFCM (Islamischer Dachverband der französischen Muslime) vor den Kopf, der 2003 von Nicolas Sarkozy geschaffen wurde, sich zu diesen Themen kaum zu Wort meldet und sich in eine Spirale des gegenseitigen Überbietens gedrängt sieht. Das war Ende der Achtzigerjahre und bis zum Gesetz vom März 2004, mit dem das Tragen »religiöser Symbole in der Öffentlichkeit« in schulischen Einrichtungen verboten wurde, die Strategie der UOIF (Union der islamischen Vereine in Frankreich), mittels derer sie ihre Herrschaft über die Frage errichtete, wie sich der Islam in der Öffentlichkeit ausdrückt. Sie machte sich zum Sprachrohr der verschleierten Schülerinnen und zu ihrer Vertreterin vor Gericht, und trug so dazu bei, dass sich, in einem identitären Abwehrreflex, ein islamischer Kommunitarismus bildete, der vorher nur rudimentär vorhanden gewesen war.

Die Rolle dieser Instanz, die von den aus der maghrebinischen Provinz eingewanderten Muslimbrüdern geleitet wurde und bei der nach der Zäsur der Jahre 2004 bis 2005 geborenen muslimischen Jugend viel von ihrem Einfluss verloren hat, wird jetzt vom CCIF übernommen. Dieses »Kollektiv gegen Islamophobie in Frankreich«, das sich die Bezeichnung »Vereinigung zur Verteidigung der Menschenrechte« vor den Namen gesetzt hat, ist ein schillerndes Gebilde, entstanden in der Bewegung um Tariq Ramadan, unter Immigrantenkindern, die in öffentlichen Debatten und politischen Spitzfindigkeiten bewandert sind. Es erhält Unterstützung von der extremen Linken, deren Terminologie es teilweise benutzt (»Kollektiv«), und bedient sich einer gendergerechten Schreibweise, wenn es beispielsweise die »MuslimInnen« gegen Diskrimierung in Schutz nimmt. Im Gegenzug twittert Philippe Poutou, der bedauernswerte Kandidat der Neuen Antikapitalistischen Partei bei der Präsidentschaftswahl von 2012, am 19. August in einer hybriden Sprache, in der sich linke Grammatik mit islamistischem Vokabular und den Hashtags aus der Cyberwelt mischen: »Stop der #Islamophobie des Staats! Nein zum #Burkini-Verbot!«

Das CCIF, das Verbindungen zur Universität, zu den Online-Medien und zu den sozialen Netzwerken pflegt, die zur »islamo-linken« Bewegung gehören, hat sich ans Werk gemacht, mit viel Engagement und Kommunikationsgeschick die Stadtratsbeschlüsse anzufechten, die den Burkini verboten haben. Seine Argumentationsweise ist bei einigen sozialistischen und grünen Abgeordneten auf großes Echo gestoßen, selbst bei den Rechten, im Namen der Verteidigung der Freiheit (und in Vorwegnahme des Wahlkampfs in den Problemvierteln) und weit über die übliche gemeinschaftliche Unterstützung hinaus.

Zudem hat sie dafür gesorgt, dass das CCIF für eine Reihe ausländischer, multikulturell eingestellter Zeitungen, die die französische Laizität als Gräuelbild der Verwüstung sehen, zentraler Ansprechpartner geworden ist. Dem Geschäftsführer Marwan Muhammad wurde so die seltene Ehre zuteil, als einzig autorisierte Stimme der Muslime in Frankreich auf die Seiten der *New York Times* zu kommen, um dort am 17. August zu begrüßen, dass »muslimische Frauen, die bislang die Freuden des Strandes oder des Schwimmbads nicht kannten, diese endlich genießen können und so unter Leute kommen«. Dieselbe Tageszeitung veröffentlicht am 2. September eine Umfrage mit dem Titel »›Veränderte‹ Blicke, ›gelöste‹ Zungen: Muslime sprechen über das heutige Europa«, in der Frankreich als eine Art Gulag mit dem Laizismus in der Rolle des Stalinismus beschrieben wird.

Das findet im akademischen Bereich die plakativste Fortführung bei Olivier Roy. In einem Interview am 21. August 2016 mit France TVInfo wiederholt der Professor am Europäischen Institut von Florenz zunächst sein übliches Argument, die Terroristen seien schlicht und einfach *born again*, Wiedergeborene[2], die nicht sonderlich vom Salafismus beeinflusst sind, aber »in einer Radikalisierungsphase eine plötzliche Rückbesinnung auf das Religiöse erfahren«, um sich »gegen die französische Gesellschaft aufzulehnen«. Daher sieht er im Tragen des Burkini »eine friedliche religiöse Praxis, die sich in Frankreich wunderbar ins gesellschaftliche Umfeld einpasst« und dank derer man dazu beitragen kann, die Terroristen »zu isolieren und dafür zu sorgen, dass sie nicht die Avantgarde des Islam repräsentieren«. Dagegen sei »die Laizität zur politischen Ideologie verkommen, die dazu dient, die Religion in den Bereich des Privaten zu verbannen«, schimpft Olivier Roy und setzt hinzu, es »bestehe die Gefahr, bei den Muslimen ein Gefühl der Zurückweisung und des Abscheus zu wecken, der zu einem Rückzug in die Herkunftsidentität führen könnte«.

Über die offenkundige Trivialität der Burkini-Affäre hinaus, die englischen Journalisten als Spinnerei der Franzosen erscheint, der der üble Geruch von Rassismus und Neokolonialismus anhaftet, geht es hier, ganz wie damals beim Kampf um das Tragen des Hidschab an der Schule, der zwischen 1989 und 2004 ausgefochten wurde, um nichts anderes als die kommunitaristische Kontrolle über den Islam in Frankreich. Was die beiden Situationen unterscheidet, die ein Vierteljahrhundert, das heißt eine ganze Generation, auseinanderliegen, ist, dass der dschihadistische Terrorismus bis ins Herz der Gesellschaft vorgedrungen ist, mit zweihundertneununddreißig Toten zwischen Januar 2015 und Sommer 2016 (zu denen noch die sieben Opfer von Mohamed Merah im Jahr 2012 hinzukommen), während die Anschläge der Bewaffneten Islamischen Gruppe (GIA) unter der Führung von Khaled Kelkal, der im September 1995 in der Nähe von Lyon von der Polizei getötet wurde, nur acht Todesopfer gefordert hatten. Zudem die Gewalt in jenen Jahren noch keinen so großen Einfluss auf die Jugend in den Vorstädten hatte, dank der algerischen »darons«, der Familienväter, die in der sozialen Kontrolle noch immer eine herausragende Rolle spielten. Heute ist das anders, denn die *chibanis*, wie man sie im maghrebinischen Dialekt bezeichnet, sind aufgrund ihres hohen Alters von ihrem Platz gedrängt worden. Das Milieu der Jugendlichen und jungen Erwachsenen ist mittlerweile anfälliger für die Ideologie des Dschihadismus der dritten Generation, weil sie eine zentrale Rolle bei der Umsetzung des Bürgerkriegsprojekts erhalten.

Die frühere Autorität der »darons« wird mehr denn je von den neuen Anführern verkörpert, wie auch die Schnittstellenfunktion zur französischen Gesellschaft insgesamt und zu ihren Institutionen. Im gegenwärtigen Kontext eines verschärften Terrorismus und eines schwachen CFCM, der soziodemografisch gesehen als überaltert und provinziell bezeichnet werden kann und dessen Funktion sich im Wesentlichen auf das Verwalten des religiösen Lebens beschränkt, auch wenn er dafür keine Zustimmung erhält, stellt sich die akute Frage, wer hier die Vermittlerrolle übernehmen könnte. Denn im Rahmen einer laizistischen Republik darf eine religiöse Gemeinschaft als solche nicht auf politischer Ebene repräsentiert werden. Die einzelnen Mitglieder sind dazu aufgerufen, individuell ihr volles Bürgerrecht wahrzunehmen, darunter auch das Wahlrecht. Ein derartiger Zirkelschluss mag im langfristigen kollektiven Projekt einer Nation noch so lobenswert sein, ist aber nicht besonders effektiv darin, mit absoluter Dringlichkeit der Bedrohung vorzubeugen, zu verhindern, dass der IS und seine Nacheiferer weitere Sympathisanten rekrutieren und die Muslime aus den Problemvierteln, ganz wie der IS sich das erhofft, massenweise »umfallen« und sich unter dessen Fahne versammeln.

Neben dem CCIF, das eine Führungsrolle anstrebt und über eine ganze Kohorte an Bürgen in der extremen Linken sowie ein paar Weggefährten unter den Akademikern und Journalisten verfügt, sind im Sommer 2016 zwei neue Akteure in diesem Kampf um die Vormachtstellung hervorgetreten, die sich am jeweils gegenüberliegenden Pol des Spektrums befinden: der eine ist königlicher Provenienz und agiert vom Maghreb aus, der andere agiert von Frankreich aus und entstammt den »muslimischen Eliten Frankreichs«.

DER KÖNIG VON MAROKKO GREIFT EIN

Am 20. August hält der König von Marokko, Mohammed VI., seine traditionelle Rede anlässlich des Jahrestags der »Revolution des Königs und des Volkes gegen das französische Protektorat«. In diesem Kontext, der die antikoloniale Vorstellungswelt wiederbelebt, die die Legitimität der aus der Unabhängigkeit hervorgegangenen Regierungschefs begründet hat, wendet er sich erstmals an die »im Ausland lebenden Marokkaner«. Schätzungsweise kehren zwei von sechs Millionen jedes Jahr in den Sommerferien in ihre jeweiligen marokkanischen Dörfer zurück. Die Ansprache findet eine Woche nach den

Vorfällen mit den Marokkanern in Sisco statt. Und unter den Terroristen vom 13. November 2015 in Paris und vom 22. März 2016 in Brüssel befinden sich zahlreiche Marokkaner, vor allem aus dem Rif-Gebirge, viele davon Bewohner von Molenbeek. Und schließlich geht in informierten Kreisen das Gerücht um, die Ausschaltung Abdelhamid Abaaouds in seinem Versteck in Saint-Denis am 18. November 2015 sei durch Informationen erleichtert worden, die Spezialeinheiten des Königreichs bei der Visite des Monarchen im Élysée-Palast weitergegeben hatten.

Der marokkanische König verurteilt »jeden Extremismus und Terrorismus sowie den Versuch, diese auf Biegen und Brechen den Immigranten anzulasten, vor allem in Europa«, und spricht einige überaus deutliche und in diesem Zusammenhang bislang noch nicht gehörte Worte:

> *Terroristen, die ihre Taten im Namen des Islam begehen, sind keine Muslime und haben nur insofern etwas mit dem Islam zu tun, als er ihnen als Alibi dient, um ihre Verbrechen und ihren Wahnsinn zu rechtfertigen. Es sind verirrte Menschen, die zur ewigen Hölle verdammt sind. Unwissenheit lässt sie glauben, ihre Machenschaften hätten etwas mit dem Dschihad zu tun. Aber seit wann werden im Dschihad Unschuldige getötet?*

Durch die Erinnerung daran, dass der Islam jede Form von Selbstmord ablehnt, gemahnt der König, der den Titel Befehlshaber der Gläubigen trägt (*Amir al-mu'minin*), daran, dass »der Aufruf zum Dschihad allein dem Befehlshaber der Gläubigen untersteht, und dass kein Individuum und keine Gruppe ihn aussprechen kann«. Die ausführliche Widerlegung der Dschihadisten, die, wie er betont, auch Marokko bedrohten, das seit den Attentaten von Casablanca im Jahr 2003 mehrfach Opfer von Anschlägen wurde, wird mit theologischen Autoritätsargumenten untermauert, und beinahe die Hälfte seiner Rede ist diesem Thema gewidmet, darunter auch der äußerst entschiedenen Verurteilung des »Mordes an einem Priester«, eine Anspielung an den Mord an Pater Hamel, den er als *haram* (verboten) bezeichnet.

Mit seiner Rede positioniert sich der Herrscher als zentrale Figur im Kampf gegen den dschihadistischen Terrorismus. Er mobilisiert nicht nur die politischen und polizeilichen Mittel des Königreichs, sondern lässt auch sein ganzes Charisma eines muslimischen Monarchen wirken. Den Forderungen des »Kalifen« von Mossul begegnet er mit der wiederholten Äußerung, nur er, Mohammed VI., der Befehlshaber der Gläubigen, könne den Dschihad ausrufen. Es ist nicht sehr wahrscheinlich, dass er damit die Dschihadisten – seien sie nun Marokkaner oder andere –, die Abu Bakr al-Baghdadi den Treueid geschworen und sich dem IS eingegliedert haben, überzeugen kann. In seiner Rede legt er aber großen Wert darauf, diese in den Augen seiner zahlreichen Untertanen im Ausland, für die er eine islamische Referenz bleibt, zu »kriminalisieren« und damit zu verhindern, dass marokkanische Muslime in Europa der Logik ethnisch-religiöser Konfrontation erliegen könnten, zu der der Dschihadismus der dritten Generation aufruft.

Diese eindrucksvolle Einmischung des marokkanischen Herrschers in eine europäische und im Wesentlichen französische Angelegenheit erinnert ein wenig an die Teilnahme seines Vaters Hassan II. an der Fernsehsendung »L'heure de vérité«, die Stunde der Wahrheit, die am 17. Dezember 1989 ausgestrahlt wurde, als die französische Politik gerade von der Hidschab-Affäre vergiftet war, dem Streit um die drei Schülerinnen in Creil, die Schleier trugen und von denen zwei einen marokkanischen Vater hatten. Der König hatte zur Erleichterung der französischen Fernsehzuschauer verkündet, er sei eingeschritten, um das Problem zu lösen. Dass sich die politisch-religiöse Vermittlung nun siebenundzwanzig Jahre später noch einmal wiederholt, aber mit weit größerer Tragweite, ist bezeichnend dafür, dass es keine genuin französische Instanz gibt, die über Glaubwürdigkeit bei den Muslimen verfügen würde und es mit der Attraktivität des IS aufnehmen könnte.

DIE »MUSLIMISCHEN ELITEN« AUF DEN BARRIKADEN

Die Existenz dieses Machtvakuums ermöglicht die beispiellose Initiative von einundvierzig »französischen und muslimischen« Persönlichkeiten, größtenteils aus den elitären Zirkeln der Republik, am 31. Juli einen Aufruf zu unterzeichnen, welcher exklusiv auf der Titelseite des *Journal du dimanche* veröffentlicht wird. Der Aufruf erscheint unter dem Titel »Wir, Franzosen und Muslime, sind bereit, Verantwortung zu tragen« am Ende der Woche, in der Pater Jacques Hamel die Kehle durchgeschnitten worden ist. Nach einer Auflistung der Attentate, wobei einige ausgelassen werden, was später Diskussionen aufwerfen sollte, heißt es:

> *Wir Muslime haben geschwiegen, weil wir gelernt haben, dass in Frankreich die Religion eine reine Privatangelegenheit ist. Jetzt müssen wir das Wort ergreifen, denn der Islam ist zu einer öffentlichen Sache gemacht worden. Als Menschen muslimischen Glaubens und muslimischer Kultur sind wir betroffen über die Machtlosigkeit der aktuellen Organisation des Islam in Frankreich, die keinerlei Einfluss auf die Geschehnisse hat.*

Es wird beklagt, dass der Islam in Frankreich an Repräsentanten aus den Herkunftsländern gebunden ist, obwohl »Frankreichs Muslime zu 75 % Franzosen sind«, und zum Ausdruck gebracht, dass es dringend erforderlich wäre, »endlich bei den jungen und weniger jungen Leuten den Kulturkampf gegen den radikalen Islamismus zu führen, mit den modernsten Mitteln und den effizientesten Techniken zur Verbreitung von Ideen und Informationen«. Zu diesem Zweck wird dazu aufgerufen, die Stiftung *für* den Islam in Frankreich, »die vor über zehn Jahren gegründet wurde, aber nie funktioniert hat«, wiederzubeleben, indem man sie »dazu befähigt, Finanzmittel zu beschaffen«. Die »Franzosen muslimischen Glaubens«, die diesen Appell unterzeichnet haben, erklären sich bereit, die Stiftung »aktiv zu unterstützen, in ihr mitzuwirken und zu ihrer Finanzierung beizutragen«, »um dem Islam in Frankreich eine Organisation zu geben«.

Dieser wichtige Text – zu dessen bekanntesten Verfassern die sozialistische Senatorin von Paris, Bariza Khiari, die vehement gegen die nach den Attentaten vom 13. November eingebrachten Gesetzesvorlagen zum Entzug der Staatsbürgerschaft Stellung bezogen hatte, und der Bankier Hakim el-Karoui zählen, der ehemalige Berater von Jean-Pierre Raffarin, dem Premierminister unter Jacques Chirac – möchte das gesamte Spektrum der französischen Prominenz abdecken. Zwar steht aus naheliegenden Gründen keiner der Unterzeichner dem Front National nah, so ist aber auch keine Verbindung zur extremen Linken auszumachen, während sich diese zusammen mit der Bewegung der »Islamo-Linken« eifrig um die muslimische Jugend der benachteiligten Viertel bemüht.

Die anvisierten Aktionsmöglichkeiten im Kampf gegen den Dschihadismus umfassen auch eine Neuorganisation des Islam in Frankreich mittels Finanzierung einer Verteilungsstruktur der zu diesem Zweck bereitgestellten Ressourcen, für deren Umsetzung die Eliten jetzt die Verantwortung übernehmen wollen. Kaum hat diese Initiative ihre Ziele ausformuliert, da kommt ihnen auch schon der Vorschlag der Regierung in die Quere, Jean-Pierre Chevènement zum Präsidenten einer sogenannten Stiftung *des* Islam in Frankreich zu ernennen. Auch wenn diese Institution nicht die gleichen Ziele verfolgt, sich eher der Kultur- und Bildungsarbeit widmet, und vor allem die zukünftigen, in Frankreich amtierenden Imame in den weltlichen Bereichen weiterbilden möchte, welche von den Amtsträgern der anderen Religionen beherrscht werden, haben die Verfasser dieses Aufrufs den Eindruck, ihr Angebot, dem Land zu dienen, werde zurückgewiesen, und zwar auf ziemlich ärgerliche Weise, bzw. mit dem Mangel an Fingerspitzengefühl, wie er François Hollande und seiner Entourage aus von der Gesellschaft abgeschnittenen, hohen Beamten eigen ist. Viele unter diesen haben die Initiative als eine »Rückkehr zum Indigenat« bezeichnet, als »koloniale Miasmen« oder auch als »Amt für indianische Angelegenheiten«.

Außerdem entspannt sich bereits am Tag nach Erscheinen des Textes eine schädliche Debatte, die die Veröffentlichung einer Richtigstellung nötig macht. In ihrer Auflistung der Opfer des dschihadistischen Terrorismus sprechen die Unterzeichner in der Tat von »Karikaturisten«, »jungen Leuten, die Musik hören«, einem »Polizistenehepaar«, »Teilnehmern der Feierlichkeiten des Nationalfeiertags«, einem »Priester, der die Messe liest«, aber Merahs jüdische Opfer in der Ozar-Hatorah-Schule in Toulouse, die immerhin explizit deshalb sterben mussten, weil sie Juden waren, und Coulibalys jüdische Opfer im Supermarkt Hyper Cacher an der Porte de Vincennes finden keine Erwähnung. Zudem habe man den Namen der Zeitschrift nicht genannt, entrüstet sich am 7. August im selben *Journal du dimanche* Philippe Val, der frühere Chefredakteur von *Charlie Hebdo*, und die Toten und Verletzten vom 7. Januar 2015 lediglich als »Karikaturisten« bezeichnet. Wir erinnern uns, dass der Hashtag *#jesuisCharlie* gewissen muslimischen Kreisen Probleme bereitet hatte, da sie der satirischen Wochenzeitschrift vorwarfen, »den Propheten beleidigt« zu haben, und dass der israelisch-palästinensische Konflikt auch weiterhin ein Reizthema ist, das bei so manchen eine Identifikation mit den jüdischen Opfern des Terrorismus erschwert.

Die Initiative hat sich an der Diskussion gestört, denn sie zeigt auf, wie schwierig es ist, sich eine Positionierung im Hinblick auf Religion und Politik vorzustellen, ohne sich auf die eine oder die andere zu berufen, und wie schwierig es ist, sich zwischen einer nicht näher definierten, gemeinschaftlichen Basis und der Nation insgesamt zu situieren – womit die Profis und Geschäftsleute, aus denen die Mehrheit der Unterzeichner besteht, wahrscheinlich kaum Erfahrung haben. Dennoch sind das wachsende Bewusstsein und das entschiedene Engagement der Eliten mit Migrationshintergrund, die »soziologisch gesehen Muslime« sind, der Schlüssel zum Prozess, mit dem der IS zerstört werden kann, indem man seinen Einfluss untergräbt.

Die Begriffe jener Debatte, die in Frankreich im Laufe des mörderischen Sommers 2016 eröffnet wird, sind den identitären und kommunitaristischen Problemen auf der einen und den politischen auf der anderen Seite geschuldet und verhindern sachliche Reflexionen und Engagement, das auf Kenntnis und Faktenanalyse beruht und nicht auf Fantasiegebilden abhängig vom jeweiligen Thema, das gerade im Netz und in den sozialen Netzwerken viral ist.

DER PAROXYSMUS VON TREMBLAY-EN-FRANCE

Vor diesem Hintergrund greift der Staatsrat, der von der Menschenrechtsliga und dem Kollektiv gegen Islamophobie in Frankreich mit der Angelegenheit betraut worden ist, ein und setzt das Verbot des Verwaltungsgerichts von Nizza, das den Stadtratsbeschluss von Villeneuve-Loubet bestätigt hatte, wieder aus. Mit dem Verbot sollte verhindert werden, dass »das Tragen von Kleidung beim Baden und am Strand, die auf offensichtliche Weise eine religiöse Zugehörigkeit zum Ausdruck bringt«, die öffentliche Ordnung gefährdet. Die Aufhebung des Verbots erfolgt mit der Begründung: »Solange eine solche Gefahr nicht besteht, reichen die von den terroristischen Attentaten ausgelösten Stimmungen und Ängste, vor allem nach dem Attentat vom 14. Juli in Nizza, nicht aus, um die beanstandete Verbotsmaßnahme juristisch zu rechtfertigen.«

Mit seiner Einschätzung, der Bürgermeister der Gemeinde habe in diesem Fall seinen polizeilichen Zuständigkeitsbereich überschritten, indem er das Grundrecht der Bewegungsfreiheit beschnitten habe, äußert sich der Staatsrat im Grunde nicht zu den dreißig anderen vergleichbaren Stadtratsbeschlüssen, die von den betroffenen Magistraten auch weiterhin umgesetzt werden.

Und der Premierminister, *de jure* Präsident des Staatsrats, hat seinerseits nicht damit aufgehört, das Tragen des Burkinis, das in seinen Augen ein Sinnbild für die Unterdrückung der Frauen ist, zu geißeln. Indem das Gericht am Einzelfallurteil festhält, das kein Grundsatzurteil ist, hat es einer Vielzahl von Prozessen den Weg geebnet, die allerdings gegen Ende der Badesaison wieder abflauen werden, mangels badender Frauen …

Die politische Situation, die durch diese Verordnung geschaffen wurde, erinnert an die von 1989 nach einem Gerichtsentscheid derselben Instanz zum Thema Tragen religiöser Symbole an öffentlichen Schulen und steuerfinanzierten Gymnasien, woraus die sogenannte Schleier-Affäre von Creil hervorging. Nachdem man dem Schulleiter auferlegte, die juristische Begründung für die Störung der öffentlichen Ordnung zu liefern, folgten fünfzehn Jahre Schikane vor den Verwaltungsgerichten, was zu starken Spannungen in der Schule führte. Die Union der französischen islamischen Vereine (UOIF), die Hauptantriebskraft in diesem endlosen Stellungskrieg, der in den Gerichtssälen ausgefochten wurde, hat bei dieser Gelegenheit die Aufmerksamkeit der Medien auf sich gezogen und die Vorherrschaft über den Islam in Frankreich erlangt. Dem Ganzen wurde erst mit dem Gesetz von 2004 ein Ende bereitet, das das Tragen religiöser Symbole in der Öffentlichkeit verbietet. Nun hat sich zwar im Lauf des ersten Jahrzehnts dieses Jahrhunderts der Kontext geändert, und die Debatte ist von der Schule an den Strand verlagert worden, aber die Entscheidung des Staatsrats befördert auch in diesem Fall eine große Zahl von Prozessen, eine Aufgabe, die das CCIF gewiss trefflich meistern wird. So kann es als Bollwerk der Opfer für Muslime in Frankreich seine Vision des Kampfes gegen die Islamophobie einführen.

Keine zwei Tage nach der Veröffentlichung des Gerichtsbeschlusses bestätigt ein neuer Zwischenfall, der mit dem Tragen des Kopftuchs in Zusammenhang steht, die Strategie des »Kollektivs«, während jedes Video, das in den sozialen Netzwerken viral wird, die politischen Akteure aller Couleur zu einer unmittelbaren Stellungnahme zwingt. Der Vorfall spielt sich in einer Gemeinde im äußersten Nordosten des Departements Seine-Saint-Denis ab, in Tremblay-en-France. In einem teuren Gourmet-Restaurant haben zwei verschleierte Kundinnen eine Auseinandersetzung mit dem Gastwirt, die damit endet, dass dieser sich weigert, sie zu bedienen. Eine der beiden Frauen filmt die Szene mit ihrem Smartphone. Das Video wird gleich im Anschluss ins Netz gestellt und wird viral, ohne dass man erkennen könnte, wie der Streit eigentlich zustande gekommen ist. Man hört, wie der Gastwirt den zwei Frauen, die ein geschliffenes Französisch sprechen, antwortet, »ein ›Rassist‹ wie [er] bring[e] keine Leute um«, und, »alle Muslime sind Terroristen«. Die beiden Frauen rufen die Polizei. Der Gastwirt – der sich am nächsten Tag entschuldigt und in der angespannten Lage mit jungen Männern aus der Nachbarschaft über den Vorfall spricht, wobei er angibt, einer seiner Freunde sei bei den Attentaten vom 13. November im Bataclan getötet worden – wird schließlich von Ordnungskräften abgeführt und sein Restaurant geschlossen, während ihn Zehntausende von Internetusern beschimpfen und seine Website gehackt wird.

Sämtliche Politiker verurteilen seine Worte als »unentschuldbar«. Das CCIF nimmt sich des Falls an, indem es die detaillierte Schilderung der Restaurantbesucherinnen veröffentlicht, wie es dazu kam, dass ihnen die Bedienung verweigert wurde, und packt dann seine eigene Version der Ereignisse in ein Kommuniqué:

> *Wieder einmal wurden muslimische Frauen zur Zielscheibe öffentlicher Demütigung.*
>
> *Nach der Jagd auf verschleierte Frauen an unseren Stränden und den verheerenden Kontroversen rund um den »Burkini« wurden jetzt zwei Schleier tragende Frauen in einem Restaurant in Tremblay angegriffen. […]*
>
> *Nachdem der Wirt sie vor allen Gästen demütigte und ihnen drohte, er werde sie vergiften, versuchte er, sie mit islamfeindlichen Sprüchen zu vertreiben.*
>
> *Das von den beiden Opfern veröffentlichte Video hat Aufsehen erregt, hat Tausende von Mitbürgern entrüstet, besorgt und traurig gestimmt.*
>
> *Die beiden Frauen wandten sich an das Kollektiv gegen Islamophobie in Frankreich, das ihnen seit gestern auf psychologischer wie juristischer Ebene Unterstützung und Hilfe bietet. Die Opfer werden bei allen notwendigen Schritten begleitet […]*
>
> *Ein Team des CCIF wurde gestern nach Tremblay geschickt, um*

die Fragen der Bewohner zu beantworten, mit den Einrichtungen der Stadt zusammenzuarbeiten und die unternommenen Schritte zu erläutern. Der Leiter der Organisation wandte sich an die Gläubigen in der Moschee, die in großer Zahl gekommen waren, und forderte sie auf, ruhig und entschlossen an der Seite der Opfer zu stehen.

Nun wird eine Stellungnahme des kommunistischen Bürgermeisters, in der er den Übergriff verurteilt, begrüßt, und es heißt weiter:

Die Staatsanwaltschaft von Bobigny hat sich des Falls angenommen und eine Untersuchung wegen rassistisch motivierter Diskriminierung eingeleitet. Die Opfer, die vom CCIF begleitet werden, haben heute Morgen Anzeige erstattet. Sie werden bewacht, und ihre Zeugenaussage wird heute Abend auf den Seiten des CCIF veröffentlicht.

Der CCIF wird in diesem Fall als Nebenkläger der Opfer auftreten und exemplarische Sanktionsmaßnahmen einfordern, damit islamophobe Gewalt und Diskriminierung nicht länger straffrei ausgehen.

Das Kommuniqué macht drei Verantwortliche aus: den Gastwirt, die gleichgültigen Restaurantbesucher und vor allem »die Regierung und die politische Klasse, die die MuslimInnen durch ihre polemisierenden und diskriminierenden Äußerungen zu Zielscheiben gemacht und damit die Bedingungen geschaffen haben, dass Vorfälle wie diese geschehen können«.

Der öffentliche Skandal ist durch die Weigerung eines Gastwirtes provoziert worden, zwei verschleierte Frauen zu bedienen, worauf ihm »Islamophobie« unterstellt wurde. Nach Ansicht der Kläger muss hier ein Grundsatzurteil gefällt werden, indem man seine Haltung mit dem Straftatbestand einer rassistischen Diskriminierung gleichsetzt. Der Skandal macht anhand einer Momentaufnahme den Bruch in der französischen Gesellschaft und seine Auswirkungen sichtbar; er veranschaulicht die Motive jener, die sie aushöhlen, um ihre kommunitaristischen oder identitären Partikularinteressen voranzubringen; er legt die Risse im sozialen, religiösen und politischen Gefüge frei.

Tremblay-en-France ist, wie Saint-Étienne-du-Rouvray, eine der letzten kommunistischen Gemeinden Frankreichs. Die Gemeinde ist seit 1935 unter der Kontrolle der Kommunistischen Partei Frankreichs, und François Asensi, siebzig, in Santander im franquistischen Spanien geboren, ist seit einem Vierteljahrhundert ihr Bürgermeister und seit fünfunddreißig Jahren ihr Abgeordneter. Er ist Befürworter einer Erneuerung der Partei und distanziert sich vom Parteiapparat, während die rote Banlieue im Laufe des vergangenen Jahrzehnts immer »grüner« wurde, und zwar in doppelter Hinsicht: ökologisch und islamisch.

Obwohl Asensi 2010 aus der Partei austritt, bewahrt er sich den Habitus und die Mentalität, während er Bündnisse schmiedet und eine Klientel aufbaut, die ihm im ersten Wahlgang zur Wiederwahl verhilft. Allerdings hat der Front National nach den Terror-Attentaten vom 13. November 2015 einen spektakulären Durchbruch und ist bei den Regionalwahlen im Dezember mit fast 30 % der Wählerstimmen an die Spitze gerückt, was Asensis Macht schwächt.

Tremblay ist eine Gemeinde, die von der Geografie und Geschichte gleich in dreifacher Hinsicht gespalten wurde, und befindet sich damit am heikelsten Punkt des Bruchs, der sich heute quer durch Frankreich zieht. Im Süden der Gemeinde trennt der Kanal Ourcq mit seinen bukolischen Uferböschungen, über den nur eine einzige Brücke führt, ein reines Wohngebiet mit Einfamilienhäusern ab. Im Zentrum gibt es Siedlungen aus den Dreißigerjahren, eine mit dem suggestiven Namen »Cottages«, gleich neben der »Cité du Grand-Ensemble« und ihren dreitausendfünfhundert, in den Jahren 1960–1970 erbauten Wohnungen. Diese Großsiedlung war in den letzten zehn Jahren immer wieder Schauplatz von Unruhen: Insbesondere im Herbst 2005, aus Solidarität mit den Vorfällen im nahe gelegenen Ballungsgebiet Clichy-Montfermeil nach der »Vergasung der Bilal-Moschee«, aber auch in den Jahren 2009 und 2010 hat es spektakuläre Gewaltausbrüche gegeben.

Hier benutzen auch erstmals in Frankreich Aufständische Feuerwerkskörper als Waffe gegen die Ordnungskräfte, die gezwungen sind, sich zurückzuziehen, und stecken versehentlich eine Wohnung in Brand. Die nächtliche Videoaufnahme der Zusammenstöße, die im Netz die Runde macht und auf der es aussieht, als tobe ein ethnisch-religiöser Bürgerkrieg – einer ruft: »Das ist ja hier Bagdad heute Abend!«, dann plötzlich ein lachender Bärtiger in Dschellaba mit Käppchen auf dem Kopf –, wird unter dem Titel »Émeutes ethniques aux mortiers d'artifices à Tremblay-en-(si peu) France«, wortwörtlich »Ehnische Krawalle mit Feuerwerkskörpern in Tremblay-in-(so wenig) Frankreich«, von den identitären Seiten auf YouTube gestellt. Im März 2010 wird bei der Aufdeckung eines Rings von Cannabis-Dealern die Rekordsumme von einer Million Euro beschlagnahmt, was zu weiteren Krawallen und einem ausgebrannten Bus führt, während der Bürgermeister die »Stigmatisierung der Stadt« in den Medien anprangert.

Im Monat darauf wird im Herzen der »Cité du Grand-Ensemble« die Moschee von Tremblay eröffnet. »Nur wenige Schritte vom Stadtzentrum entfernt, thront stolz die neue Moschee von Tremblay-en-France (Departement Seine-Saint-Denis) am Rande einer Hauptstraße. Das Gebäude, dessen Fassade mit Granit aus China verkleidet ist, hat etwas ganz Besonderes«, heißt es in der islamischen Internetzeitung *Salamnews*. Durch ihre Ausrichtung nach Mekka steht sie diagonal zum schachbrettartigen städtebaulichen Konzept der Siedlung, zwischen der Rue Lénine und dem Langevin-Rosenberg-Schulzentrum – Namen, die an die vergangene Macht der Kommunisten erinnern –, und mit dem Rücken zur Allee Bullant, wo die heftigsten Krawalle stattgefunden haben. Sie wird zum neuen Dreh- und Angelpunkt der Stadt, während die ehemals rote Gemeinde jahraus, jahrein durch ihre Vermittlerrolle die soziale Ordnung aufrechterhält, und der Staat eine Stadtsanierungs-Großbaustelle eröffnet, die sieben problematischsten Wohntürme abreißen und durch landschaftlich eingebundene Wohnhäuser ersetzen lässt, inmitten reizender Wälder und der Zitterpappeln, die Tremblay seinen Namen geben.

Die Schnellstraße Francilienne grenzt im Norden der Gemeinde einen dritten Raum ab, eine weite, mit Getreide und Rote Bete bepflanzte, fünfhundert Hektar große Ebene, auf der der Weiler Vieux-Pays liegt. Die Renaissance-Kirche Saint Médard und ihr Gehöft, dessen hohe Scheune aus Eichenholz von Abbé Suger erbaut wurde, um dort den Zehnten des Getreides zu lagern, stehen an der Place du Colonel-Henri-Tol-Tanguy, »Mitglied der Internationalen Brigaden, Anführer der Französischen Streitkräfte im Innern sowie Arbeiter und Mitglied der Kommunistischen Partei Frankreichs«. Hier ehrte General Gallieni die Marne-Taxis vor der Schlacht, und die frisch vergoldete Statue eines französischen Soldaten aus dem Ersten Weltkrieg, der einen überdimensionierten Lorbeerkranz schwenkt, preist die einstigen Siege. Zahlreiche Relikte, von denen einige noch aus dem 13. Jahrhundert stammen, werden durch die Bâtiments de France geschützt, dem französischen Denkmalschutz, und verleihen dem bescheidenen Marktflecken einen überraschend mittelalterlichen Anstrich.

Dieser malerische, stille Ort hat Restaurants der Spitzenklasse angezogen, wo sich die Führungskräfte treffen, die am Flughafen Charles-de-Gaulles arbeiten. Dessen Einzugsbereich beginnt etwa einen Kilometer weiter nördlich und stockt das Budget der Gemeinde großzügig auf. Dort befinden sich der Sitz der Air France, der Frachtbereich sowie zahlreiche Unternehmen, unter einem von den unablässig abhebenden oder landenden Flugzeugen gestreiften Himmel. Auf der unmittelbar gegenüberliegenden Seite, einen Kilometer Luftlinie weiter südlich, steht die Strafvollzugsanstalt von Villepinte. Dort sitzen mehrere Dutzend wegen dschihadistischer Aktivitäten in Untersuchungshaft befindliche oder verurteilte Gefangene ein, manche von ihnen sind aus dem »Kalifat« zurückgekehrt. Die Fenster eines Teils der Zellen gehen auf die Rollbahnen hinaus, von denen die Flüge nach Istanbul starten, die heutige Hohe Pforte ins Land Scham und das Kampfgebiet, wo sich die Aufrührer hinträumen, die im Sommer 2009 mit ihren Feuerwerksgeschützen Tremblay in Bagdad verwandeln wollten.

Im Epizentrum dieses französischen Mahlstroms liegt das Restaurant »Le Cénacle«. Von außen betrachtet macht es nicht viel her, aber in den Gastronomieführern wird es mit Lobeshymnen überschüttet, vor allem wegen seiner Meeresfrüchte, dem herzlichen Empfang durch den Chef und Patron ... und wegen seiner Weinkarte! Tatsächlich postet am Morgen nach dem besagten Vorfall der User »Sedat Bulut« auf der Facebook-Seite der Moschee von Tremblay folgende Frage: »*Salam alaikum* wird in diesem Restaurant Wein ausgeschenkt?«, worauf der Moderator der Website antwortet: »Was soll die Frage?«; und eine »Myriam LJ« in der typischen islamo-linken Schreibweise noch eins draufsetzt: »Völlig belanglose Frage. MuslimInnen gehen, wohin sie wollen, ohne dass sie sich Diskriminierungen gefallen lassen müssen.« »Sedat Bulut« antwortet: »Für mich ist die Frage wichtig, denn ich verstehe nicht, wieso Muslime in ein Restaurant gehen, in dem Alkohol ausgeschenkt wird. Gibt es denn nicht genug muslimische Restaurants in der Pariser Banlieue?« Andere Kommentatoren werfen ihm daraufhin vor, er spiele wahlweise dem IS oder der Islamophobie in die Hände. Am Tresen des Bar-Tabac in Vieux-Pays jedenfalls, jenem vorsintflutlichen Vorgänger des Facebook-*Chats*, wo nach dem Rotaugen-Angeln im Gemeindesee von Château-Bleu eine Atmosphäre herrscht wie in Alain-Fourniers Roman *Le Grand Meaulnes*, ist der Fall klar, der Wirt ist in die Falle gegangen: »Wieso sind die bis hierher gefahren? Es gibt doch eins in Argenteuil und eins in Trappes ...« [3]

»ISLAMOPHOBIE« UND VERWERFUNG DES TERRORISMUS

Am Morgen des 28. August, einem Sonntag, wird die Strategie des CCIF in Gang gesetzt. Während das Ende der Badesaison dem Kampf um den Burkini an den Stränden mangels »KämpferInnen« ein Ende setzte, spielt sich nun diese neue Variation des Themas »Islamophobie« ab, ausgehend von den sozialen Netzwerken, wo sich die Entrüstung der User breitmacht, findet einen Resonanzkörper auf den permanent aktualisierten Informationskanälen, die sich vom Skandal nähren, und endet in einer Spirale des gegenseitigen Überbietens. Alle laden den omnipräsenten Marwan Muhammad ein, den geschäftsführenden Direktor des CCIF. Er zieht aus dem vorliegenden Fall eine allgemeine Moral, geht die Politiker hart an, präsentiert seine Organisation und sich selbst als Schutzschild der französischen Muslime im Kampf gegen Diskriminierung und als Wortführer par excellence für die Gemeinschaft, um explizite Wahlempfehlungen an Muslime für die Präsidentschafts- und Parlamentswahlen 2017 abzugeben.

Parallel zu dieser Medienkampagne, bei der die Emotionen und Leidenschaften hochkochen und Unterstützer mobilisiert werden, indem man die allgemeine Empörung nutzt, um für einen Beitritt zum Kollektiv zu werben, bezieht der glühende Anführer am Nachmittag des 28. August, zu einem Zeitpunkt niedriger Einschaltquoten, sein Quartier in der Moschee von Tremblay. Er betont noch einmal, welche zentrale Rolle die Moschee für die Aufrechterhaltung der sozialen Ordnung in der explosiven Stadt im Departement Seine-Saint-Denis spielt. Er hält eine Ansprache an die Masse der Gläubigen, ruft sie zur Besonnenheit auf, bittet sie, jede Demonstration vor besagtem Restaurant zu vermeiden, und erklärt zum ersten Mal mit entsprechender Deutlichkeit die mittel- und langfristige Strategie seines Kollektivs.

Marwan Muhammad, 1978 geboren, hat einen ägyptischen Vater wie Tariq Ramadan, dessen Avatar er für die junge Generation darstellt. Jener in Genf geborene Prediger, der sechzehn Jahre älter ist als Marwan Muhammad, zieht seine Verführungsmacht aus seiner philosophischen und literarischen Bildung und versucht derzeit, die französische Staatsbürgerschaft zu erhalten, um in der Politik mitmischen zu können (vgl. S. 152). Marwan Muhammad, der aufgrund seiner Geburt in Barbès, jener symbolischen Festung der arabisch-muslimischen Kolonie in der Hauptstadt, Franzose ist, wächst in Gennevilliers auf, einer kommunistischen Gemeinde im Departement

Hauts-de-Seine, und reist mal ins väterliche Alexandria, mal ins mütterliche Algerien. Er hat den Biss eines Kindes der Problemviertel und betört im Fernsehen und bei Meetings mit seinem Charisma eines Gebrochenen. Nach seinem Abschluss am Pôle universitaire Léonard-de-Vinci, einer elitären, für das Departement Hauts-de-Seine kostenintensiven Hochschule mit dem Spitznamen »Pasqua-Uni«, arbeitet Marwan Muhammad anschließend fünf Jahre lang als Trader in einer großen Bank. In seiner Autobiografie, einer Art Bußübung mit dem Titel *Foul Express* (»Foul«, dt. Ful, ist das ägyptische Nationalgericht aus gekochten Bohnen), die 2009 erschien, zieht er eine ernüchternde Bilanz aus seinen Erfahrungen. In einem abgehackten, vom Rap inspirierten Stil, dem der Autor schon in seiner Jugend gefrönt hat, stellt dieses Buch, das die französische Gesellschaft, Israel, den Kapitalismus und die Nord-Süd-Beziehungen stark kritisiert, ein Potpourri aus islamo-linken Thesen dar, die er im Jahr nach Erscheinen des Buches umsetzen wird, indem er sich zum Wortführer des CCIF macht.

Binnen weniger Jahre wird Marwan Muhammad das Kollektiv, das bisher nur eine kleine Splittergruppe war, zum Hauptmotor der Bewegung machen und es im Wettlauf um die Hegemonie über den französischen Islam in Führung bringen. Er sorgt in den transnationalen islamischen Netzwerken für Beachtung und zeigt sich häufig an der Seite von Tariq Ramadan und dem salafistischen Prediger Nader Abu Anass, der im September 2015 am »Salon de la femme musulmane« von Pontoise teilnimmt, wo er von zwei Femen-Aktivistinnen gestört wird, die man anschließend mit Fußtritten malträtiert, sowie an der Seite von Rachid Abu Houdeyfa, dem Imam von Brest, einer wie der andere berüchtigt für äußerst restriktive Worte zur Rolle der Frauen. Dann wird Marwan Muhammad bei der OSZE (Organisation für Sicherheit und Zusammenarbeit in Europa) eingestellt, und zwar von 2014 bis 2016. Bei dieser Instanz, innerhalb derer die Türkei von Recep Tayyip Erdoğan eine aktive Rolle spielt, wird er mit der Bekämpfung der Islamophobie in den Mitgliedsstaaten beauftragt, verfasst zahllose Berichte und genießt wachsende internationale Aufmerksamkeit. 2016 verlässt er die Organisation, um als geschäftsführender Direktor zum CCIF zurückzukehren. Nachdem er fortan über ein großes symbolisches Kapital verfügt, stellt er seine strategischen Talente eines Traders in den Dienst des Kollektivs und unternimmt Schlag auf Schlag zwei *takeover*, der Burkini-Affäre und des Vorfalls in Tremblay.

Dank der Kontakte, die er über die OSZE auf den britischen Inseln eingerichtet hat, wird er schon bald zum Liebling der anglophonen Presse, für die Frankreich innerhalb weniger Tage vom Opfer des Attentats von Nizza zum Henker der muslimischen Frauen wird. Diese Wende findet direkt am Strand von Nizza statt und untergräbt sämtliche Sympathien, die man seit dem Massaker von *Charlie Hebdo* bis zum 14. Juli Frankreich entgegengebracht hatte. Einige Journalisten, vor allem in der *New York Times*, lassen durchblicken, wenn Frankreich so sehr vom dschihadistischen Terrorismus heimgesucht werde, so liege das wohl am extremen Laizismus dieses Landes, das ihn ohne Zweifel selbst provoziert habe …

In Frankreich stößt die Kampagne des CCIF bei vielen jungen Muslimen auf großes Echo, denn sie empfinden nach den Massakern, deren Täter sich auf den Islam berufen, ein gewisses Unbehagen und ärgern sich, dass sie sich ständig entschuldigen und die Taten verurteilen müssen, um nicht Gefahr zu laufen, beim Rest der Gesellschaft Misstrauen zu wecken. Indem sie sich auf den Kampf gegen die Islamophobie rund um das, gemessen an den zweihundertneununddreißig Toten in anderthalb Jahren, harmlose Burkini-Problem konzentrieren, können sie diesem Dilemma ein Ende setzen und den Vorwurf an das »islamophobe« Frankreich zurückgeben. So kaschieren sie den Dschihadismus und kehren das Stigma um. Dieser Fokus hat einen Verwerfungseffekt[4] in dem Sinne, den die Lacan'sche Psychoanalyse diesem Begriff gab: Verdrängung des Urtraumas, von dem man fortan glaubt, es habe nie stattgefunden. Dadurch kann wieder offensiv Initiative ergriffen werden und der CCIF gewinnt an Ansehen und Bekanntheit. Der Direktor des Kollektivs wird sich am 28. August in seiner Rede in der Moschee von Tremblay dazu beglückwünschen, dass sie allein in diesem Sommer zehntausend Beitritte zu verbuchen hatten – zuvor weniger als dreitausend – sowie ein höheres Spendenaufkommen.

Als Marwan Muhammad nachmittags vor Ort eintrifft, wird er vom Präsidenten des Kulturvereins mit einer Lobeshymne eingeführt. Dieser wurde 1966 im algerischen Fischereihafen Beni Saf geboren, wo auch der Dichter Jean Sénac und Bernard-Henri Lévy das Licht der Welt erblickten, und war 1990, zu der Zeit, als die FIS (Islamische Heilsfront) in Algerien ihren Aufschwung erlebte, nach Frankreich gekommen, um hier Jura zu studieren. 1996 gründet er die »Muslimische Jugend von Tremblay-en-France«. Als ehemaliger Präsident der Mietervereinigung – in einer kommunistischen Gemeinde eine wichtige Mittlerfunktion – und verantwortlich für den Busbahnhof, bringt der namhafte muslimische Grüne unter seiner Leitung die örtliche muslimische Welt zusammen, bis es ihm 2010 gelingt, den Bau der Moschee zu bewirken. Ehe er dem Leiter des CCIF das Wort überlässt, begrüßt er die Stellungnahme des Bürgermeisters, wie es anschließend auch Marwan Muhammad tut. Der siebzigjährige rote Ädil wird nach den Vorfällen im Restaurant Anzeige erstatten, da er der Ansicht ist, diese seien zurückzuführen auf »die widerwärtige Kontroverse um den Burkini, die von Personen, welche die höchsten Ämter im Staat bekleidet haben oder dies noch immer tun, zu politischen Zwecken ausgeschlachtet wurde«.

Da ergreift Marwan Muhammad vor der *mihrab,* der Nische der Moschee, die die Gebetsrichtung nach Mekka anzeigt, das Mikrofon. Während seiner langen Rede versieht sie seinen Kopf mit einem Heiligenschein, auf der Stirn ist er mit der *zbiba* gezeichnet, der Schwiele vom vielen Niederwerfen, die fromme Muslime zur Schau tragen. Hinter seinem Kopf prangt in goldenen Buchstaben eine Kalligrafie im Namen Allahs und seines Propheten. Im Gegensatz zum fünfzigjährigen Tariq Ramadan, der sich stets sehr gepflegt kleidet, gibt sein dreißigjähriger Avatar sich eher leger, trägt ein Mittelding zwischen lässiger Wochenendkleidung einer Führungskraft und dem Outfit der Jugendlichen aus den Problemvierteln. Während der Ältere das

Publikum mit der Ausdruckskraft seines Blicks in Bann zieht, fuchtelt der Jüngere ständig mit den Händen herum, um seiner Rede Nachdruck zu verleihen – anstelle des Philosophen spricht hier der Ingenieur und Statistiker. Die gegenseitige Durchdringung von Politik und Religion, die bei dieser Szene deutlich wird, wird von einigen Usern auf der Facebook-Seite der Moschee kommentiert, wo sie in Erinnerung rufen, dass man nach französischem Recht, nach dem Gesetz von 1905, in einem Gotteshaus keine politische Versammlung abhalten darf, wie es in Artikel 26 steht.

Nachdem Marwan Muhammad dem Publikum die entscheidende Rolle des CCIF bei der Mobilisierung erläutert und dessen Interventionen minutengenau, beim Morgen angefangen, nachzeichnet, fordert er, dass »exemplarische Sanktionen« gegen jene verhängt werden sollen, »die die Muslime zu Fremden in ihrem eigenen Land machen«, und sie zugleich als »Fußabtreter« benutzen, um ihnen zum Wahlsieg zu verhelfen, und beschimpft die Politiker und Journalisten, sie würden die Menschen »in einen Bürgerkrieg mit den Leuten treiben, mit denen wir aufgewachsen sind«. Er meint, dass »Millionen französische Bürger sich des Problems bewusst sind und uns unterstützen«, und dass Marine Le Pen, Nicolas Sarkozy und Manuel Valls »Angst haben können vor dem politischen und sozialen Engagement, das wir gerade ins Leben rufen«. Schließlich behauptet er, der Kampf gegen die Islamophobie sei nichts anderes als andere Sozialproteste auch, denn »die Tränen auf den Wangen einer jungen Muslimin sind die gleichen wie die auf den Wangen eines geprellten Milchbauern« (aktuell schwelt ein Konflikt zwischen den Milchbauern und ihren Einkaufsgemeinschaften).

In einer Lobrede auf die Macht des Kollektivs, das er leitet, beschreibt er es als die »größte, stärkste und vielgestaltigste antirassistische Vereinigung Europas, die zudem fähig ist, das Spiel zu beeinflussen, sich in den Medien zu Wort zu melden und bedeutende juristische Siege zu erringen«. Tatsächlich hatte er sich zwei Tage zuvor im dunklen Anzug von Nachrichtensendern vor dem Staatsrat filmen lassen, wo er triumphierend darüber berichtete, dass auf Antrag des CCIF die »Antiburkini-Verordnung«, die der Bürgermeister von Villeneuve-Loubet erlassen hatte, wieder aufgehoben wurde.

Welche Aktionen sollten sie nun, nach einem solchen Sieg, durchführen? »Wie sollte Frankreich Ihrer Meinung nach in zwei, fünf, zehn, zwanzig Jahren aussehen? [...] Es muss ja nicht ›muslimisch werden‹, aber es sollte seinen Werten wieder treu werden.« So ein rhetorisches Zugeständnis in einer Rede, die großes Echo gefundet hat (mehrere Zehntausend Klicks), korrigiert die ihm zugeschriebenen Worte von 2011, die im Buch einer Journalistin Erwähnung fanden und immer noch in den sozialen Netzwerken kursieren, vom Autor allerdings dementiert wurden: »Wer hat das Recht zu behaupten, dass Frankreich in dreißig oder vierzig Jahren kein muslimisches Land sein wird? Wer hat das Recht dazu? Niemand in diesem Land hat das Recht, uns das zu nehmen. Niemand hat das Recht, uns diese Hoffnung zu verweigern.«

Nachdem der Redner sein Publikum an die nächsten Wahlen erinnert hat, hebt er ausdrücklich hervor, dass »die Muslime keiner Vormundschaft unterliegen«, dass sie niemanden nach seiner Meinung fragen müssen, wenn es darum geht, »wie sie sich kleiden oder wie sie sich organisieren sollen«, dass sie aber imstande sein sollten, »sich politisch zu engagieren [...] im Bezug auf die großen ethischen Themen, die ihnen besonders am Herzen liegen«. Als Antwort auf die Frage eines Gläubigen, der ihn bittet, das näher auszuführen, erläutert Marwan Muhammad, es gebe »Städte oder Wahlbezirke, wo Muslime eine fundamentale Rolle spielen könnten, zum Beispiel wenn es darum geht, bei der Wahl zwischen einer Partei oder einem Kandidaten, die eindeutig islamophob sind, und einem alternativen, aber vernünftigen Kandidaten das Wahlergebnis entscheidend zu beeinflussen«.

Die Stellungnahmen einiger potenzieller Kandidaten der Parlamentswahlen von 2017 für die Wahlbezirke mit Problemvierteln, auch die der Regierungsmitglieder, anlässlich des Burkinistreits im August 2016 schienen diese Botschaft bereits vorweggenommen zu haben. Unterdessen startete das CCIF eine Onlinepetition mit der

Forderung, dass sein geschäftsführender Direktor den Vorsitz der Stiftung für den Islam in Frankreich erhalte …

»WO SIND DIE MÄNNER?«

Am 4. September 2016, genau eine Woche nach der Medienkampagne des CCIF und seines medientauglichen Präsidenten Marwan Muhammad in der Moschee von Tremblay-en-France, sorgt ein weiterer Vorfall um eine verschleierte Frau in derselben Gemeinde im Departement Seine-Saint-Denis landesweit für Schlagzeilen. Er gemahnt jene, die den Dschihadismus der dritten Generation gerne verdrängen würden, daran, wie groß dessen Widerstandskraft ist.

In den frühen sonntäglichen Morgenstunden stellt Inès Madani – neunzehn Jahre alt, in dieser Stadt geboren, in der sie mit ihren Eltern in einem Viertel mit Einfamilienhäusern lebt, und nach wiederholten Ausreiseversuchen nach Syrien mit dem Sicherheitsvermerk »S« aktenkundig – einen Peugeot 607 in der Rue de la Bûcherie im 5. Arrondissement von Paris ab, einem bis in die späten Abendstunden belebten Viertel, wenige Schritte von Notre-Dame und dem Polizeipräsidium entfernt. Den Wagen hatte sie am Vorabend von ihrem Vater »ausgeliehen«; dieser ist Busfahrer, für seine langjährige Zugehörigkeit zu einer salafistischen Bewegung bekannt, und drei seiner fünf Töchter tragen den Schleier. Der Vater wird schon sehr bald als Mittäter ausgeschlossen – zumal er der Polizei gemeldet hatte, sein Auto und seine Tochter seien verschwunden und er befürchte, sie habe sich auf den Weg nach Syrien gemacht. Der Peugeot enthält Gasflaschen und eine mit Kohlenwasserstoff getränkte Decke, die, wenn sie in Brand gesetzt worden wäre, eine gewaltige Explosion ausgelöst und ein neues Blutbad mitten im Herzen von Paris angerichtet hätte.

Der *modus operandi* entspricht genau einer der »Ideen« aus der *Anleitung für einen einsamen Wolf, der einen Massenangriff durchführen möchte*, den Rachid Kassim auf seinem privaten Kanal bei Telegram veröffentlicht hatte, sowie der Liste der weiter oben analysierten

Ziele. In den Untertiteln von Kassims Video heißt es: »Das Talionsprinzip anwenden, als Antwort auf die Außenpolitik des französischen Staates gegen das Kalifat«. Eine weitere »Idee« lautet: »Autos mit Gasflaschen füllen, diese mit Benzin übergießen und den Wagen an einem stark frequentierten Ort abstellen … BUMM!« Aber die junge Frau und ihre Komplizin, eine neunundzwanzigjährige Konvertitin, waren nicht in der Lage, die Zündung auszulösen, bekamen es mit der Angst zu tun, gerieten angeblich in Streit und ergriffen die Flucht.

Dieses missglückte Attentat, das am Dilettantismus der beiden Frauen scheiterte, erinnert an zwei andere, die zwei Dschihadisten-Lehrlinge 2015 hatten ausüben wollen: der Student Sid Ahmed Ghlam, der sich am 19. April ins Bein schoss, und der Schütze mit der Ladehemmung aus dem Thalys-Schnellzug, Ayoub el-Khazzani, der am 21. August von Passagieren überwältigt wurde. Es folgt der Logik des Dschihadismus der dritten Generation, der seinen nur geringfügig oder überhaupt nicht kriegserprobten ausführenden Organen nicht nur die Umsetzung der Operationen überlässt, sondern auch noch die gesamte Planung. Doch im Gegensatz zum »Erfolg« von Larossi Abballa am 13. Juni 2016 in Magnanville, Mohamed Lahouaiej Bouhlel am 14. Juli in Nizza und Adel Kermiche und Abdel-Malik Petitjean am 26. Juli in Saint-Étienne-du-Rouvray ist dieses ein spektakulärer Reinfall und macht möglich, dass das erste weibliche islamistische Terrorkommando ertappt wird, und zwar auf frischer Tat. Es trägt überdies dazu bei, Licht in das Dunkel des Netzes zu bringen, das über die salafistische Sexualität im Internet Magnanville und Tremblay verbindet und bis ins Territorium des IS-»Kalifats« reicht, und zwar über den Messenger-Dienst Telegram und die Seiten mit den privaten Kanälen der Dschihadisten, allen voran Rachid Kassim, der in diesem Fall sehr präsent ist.

Drei der vier Festgenommenen gehörten laut *L'Express.fr* (12. September 2016) zu den dreihundertdreißig Abonnenten seines Kanals auf Telegram, und die Ermittler vermuten, die beiden verhinderten Attentäterinnen, die zweihundert Kilometer voneinander entfernt wohnten, seien über den Kanal miteinander in Kontakt getreten, ganz wie Kermiche und Petitjean. Das zeigt die weibliche Dimension des Dschihad der dritten Generation in einem neuen Licht, und das vor dem allgemeinen Hintergrund, dass die Aktivisten im Kampf gegen die »Islamophobie« schleiertragende Musliminnen ausschließlich als passive Opfer der laizistischen Diskriminierung eines verhassten Frankreichs darstellen.

Nachdem sie die Autobombe abgestellt haben, trennen sich die beiden Frauen. Die neunundzwanzigjährige Konvertitin wohnt in Châlette-sur-Loing im Departement Loiret, einer kommunistischen Gemeinde und alten Industriestadt, in der Anfang der Zwanzigerjahre Deng Xiaoping, der spätere Gebieter über die Volksrepublik China, als Arbeiter tätig war, und wo an der Wende zum 21. Jahrhundert mehr als die Hälfte der Heranwachsenden unter achtzehn Jahren einen Migrationshintergrund haben, vor allem aus dem Maghreb, dem Sahel und der Türkei. Die Konvertitin geht nach Hause zu ihrem Mann, mit dem sie nach dem Gesetz der Scharia verheiratet ist, und ihren drei Kindern, und die Familie wird auf der Flucht nach Südfrankreich an einer Autoraststätte bei Orange verhaftet. Die junge Frau trägt den Vornamen Ornella, der in Frankreich heute selten ist (mit nur 5170 Belegen für das Jahr 2016), aber Ende der Achtzigerjahre durch die Schauspielerin Ornella Muti in Mode kam, die damals auf der ganzen Welt ein Sexsymbol war. Sie würde Hayat Boumedienne noch kennenlernen, die Lebensgefährtin von Amedy Coulibaly, dem Mörder aus dem Hyper Chacher, der am 5. Januar 2015 ins »Kalifat« ging.

Ihre mutmaßliche Komplizin Inès wiederum flüchtet ins Departement Essonne, nach Boussy-Saint-Antoine, eine sozialistische Vorstadt-Gemeinde mit S-Bahn-Anschluss (RER), in der in einem Wohnsilo des sozialen Wohnungsbaus Amel Sakaou wohnt, neununddreißig Jahre alt, Mutter von vier Kindern, die dafür bekannt ist, dass sie seit dem Jahr zuvor die islamische Ganzkörperverschleierung trägt und in der Folge ihre Arbeitsstelle gekündigt hat. Dort trifft sie Sarah Hervouët, eine dreiundzwanzigjährige Frau, die in Lisieux in der Normandie geboren wurde, der Stadt der heiligen Therese vom

Kinde Jesu, dem nach Lourdes am zweitstärksten frequentierten katholischen Wallfahrtsort Frankreichs, und der ihre Familie den zweiten Taufnamen Thérèse gegeben hatte. Sarah war in ihrer Jugend zum Islam übergetreten. Sie lebte mit ihrer Mutter in Cogolin, im Departement Var, und wurde im März 2015 auf dem Weg ins »Kalifat« abgefangen und nach Frankreich zurückgeschickt. Sie bekam einen Eintrag in der Akte S, wurde aber nicht inhaftiert.

Derart wird bei den meisten Frauen eine Ausnahme gemacht, während bei den Männern die gesetzliche Norm Anwendung findet. So auch bei Bilal Taghi, der aus ähnlichen Gründen zu fünf Jahren Gefängnis verurteilt worden ist und an eben jenem 4. September, an dem die Autobombe gefunden wird, einen Aufseher in der Haftanstalt von Osny niederstechen wird. Seine Tat ist eine Reaktion auf das Video von Larossi Abballa nach dem Doppelmord von Magnanville am 13. Juni, in dem dieser zur Ermordung von Gefängnispersonal aufrief, und passt zu der Infografik, die Rachid Kassim im August ins Netz gestellt hatte. Im Übrigen war Sarah Hervouët übers Internet Abballa als *halal*-Ehefrau versprochen worden (der Vorname Larossi bedeutet auf Arabisch »der Verheiratete«), ohne dass die beiden virtuellen Brautleute sich je begegnet wären oder auch nur ein Foto ausgetauscht hätten. Das entspricht der salafistischen Norm, die es lieber sieht, wenn die Verbindungen von der Peergroup arrangiert werden, jeden Kontakt vor der Entjungferung gemäß der Scharia verbietet und die bildliche Darstellung des Menschen untersagt. Nach dem Tod von Abballa gehört sie zu den drei »Schwestern«, neben zwei Minderjährigen aus der Normandie, die Adel Kermiche im Internet angeboten werden und die er virtuell heiratet, um sie am nächsten Morgen wieder zu verstoßen. Im September soll sie einen dritten Dschihadisten heiraten, für die konvertierte Thérèse die höchste irdische Vollendung salafistischen Glücks und ein Vorhaben, dem am Ende ihre in ihrem Testament manifestierte Sehnsucht nach dem Märtyrertod, dem Königsweg zur mystischen Hochzeit im Paradies, in die Quere kam.

Während der drei Tage, die sie sich in der Wohnung in Boussy verstecken, in der sie später dank abgehörter Telefongespräche entdeckt werden, planen die drei Frauen Attentate auf Bahnhöfe der Linie D der RER, die Boussy mit Paris verbindet. Diese Bahnhöfe finden sich auch unter den »Orten für Massenangriffe« auf der Liste von Rachid Kassim. Die Loyalitätserklärung von Inès Madani an den »Kalifen« Abu Bakr al-Baghdadi wird man in ihrer Handtasche finden, ergänzt durch den Kommentar: »Als Antwort auf den Aufruf von al-Adnani [dem Sprecher und ›Attentatsminister‹ des IS, der zwischen dem 28. und 30. August von einer amerikanischen Drohne getötet wurde] greife ich euch in eurem Land an, um mich in euer Gedächtnis einzubrennen und euch zu terrorisieren.«

Am Abend des 8. September verlassen die Verschwörerinnen ihre Wohnung und entdecken die verdeckten Ermittler. Sarah Hervouët, die eine schwarze Dschilbab trägt, die sie ganz bedeckt, stürzt sich auf einen der Beamten und sticht mit einem Messer, das sie unter diesem in den Problemvierteln auch »Belphégor« genannten Gewand trägt, auf den Mann ein. Inès Madani, die dasselbe versucht, wird von einem Beamten verletzt.

Am nächsten Tag meldet sich Rachid Kassim aus dem »Kalifat« und heißt diese Aktionen gut (zitiert nach *Le Monde* vom 11./12. September 2016):

> *Frauen, Schwestern schreiten zum Angriff. Wo sind die Brüder? […] Sie hat eine Klinge gezückt und einen Polizisten getroffen, wie die Mütter in Palästina. Wo sind die Männer? […] Warum wartet ihr so lange, bis die Frauen euch an Ehre übertreffen?*

»AN EHRE ÜBERTROFFEN«

Die Entdeckung, Verhaftung und Unschädlichmachung des weiblichen Kommandos sind der – vorläufige – Epilog der Attentate des Jahres 2016. In der Folge der von den Medien aufgebauschten Sommerthemen rund um den Burkini und den Schleier bilden sie eine Art Spekulum, das die verborgenen Tiefen des gegenwärtigen französischen Dschihad erhellt. Eine Mischung aus religiösen, sozialen und psychologischen Ursachen bestimmt dieses Phänomen, bei dem mit Einsatz von Gewalt ein politisches Projekt vorangetrieben werden soll.

Das Ziel des politischen Projekts, darauf haben wir bereits mehrfach hingewiesen, ist die Spaltung der französischen Gesellschaft – und damit letztlich aller Gesellschaften Europas –, um durch wiederholte mörderische Provokationen die Zersplitterung in abgeschottete muslimische Gemeinschaften auf der einen und nationalistische Fundamentalisten auf der anderen Seite zu befördern, Vorboten des Bürgerkriegs, der den Unglauben ausmerzen und es gestatten wird, auf den Ruinen des Alten Kontinents das Kalifat zu errichten. Diese Logik, die in den Gründungsschriften des Dschihadismus der dritten Generation seit 2005 präsent ist, wird von Rachid Kassim bekräftigt, wenn er die »Schwester« lobpreist, die »eine Klinge gezückt und einen Polizisten getroffen [hat], wie die Mütter in Palästina«. Die Gleichsetzung von Frankreichs Muslimen und den Palästinensern macht *ipso facto* die französische Gesellschaft zu einer israelischen Gesellschaft – auch wenn der IS in Syrien, wie wir gesehen haben, nicht zögert, sich direkt an der israelischen Grenze festzusetzen, um sich dank der Fliegerabwehr des hebräischen Staates vor den Bombardierungen durch die Assad'sche Luftwaffe zu schützen (vgl. S. 161). Kassim beruft sich hier auf einen ontologischen Konflikt, der auf paradoxe Weise die geschichtlichen Fakten umkehrt: Die Juden kamen nach Palästina, um dort den Staat Israel zu gründen, während die Muslime, die in der Mehrheit aus der Immigration stammen, meist vom südlichen und östlichen Mittelmeerraum nach Frankreich gekommen sind. Doch die vermeintliche Gottlosigkeit der französischen Gesellschaft macht das Land zu einem legitimen Austragungsort für Eroberungskämpfe, dessen Bewohner, sofern sie sich nicht zum Islam bekehren, massakriert werden, wie die jesidischen *Kuffar* in den vom »Kalifat« im Irak eroberten Gebieten.

Dieses politische und apokalyptische Projekt bedient sich eines religiösen Vokabulars, das sich auf das salafistisch-dschihadistische Dogma konzentriert, an dem die hohen islamischen Rechtsgelehrten des IS unablässig weiterarbeiten. Das erkennt man an den juristischen Gebrauchsanweisungen, die sie ins Netz stellen, um all ihre Machenschaften im Namen der Scharia zu rechtfertigen, oder an den Artikeln, die in den Online-Magazinen *Dabiq* oder *Dar al-islam* veröffentlicht werden und in denen einzelne Punkte des islamischen Rechts erläutert werden, etwa die Verpflichtung der Frauen, die Polygamie zu akzeptieren. Aber diese politische Theologie gründet auf einem sozialen und psychischen Doppelfundament. Die kaleidoskopische Vision der französischen Gesellschaft, die der Infografik von Rachid Kassim zu entnehmen ist, mündet in dem flächendeckenden Massaker an der »weißen« Mittelklasse von Gehaltsempfängern, von Beamten über Lehrer und Journalisten bis hin zu gewählten Volksvertretern.

Die Handlanger dieser Ausrottung, allesamt begeisterte Helden und Märtyrer, die mit dem Paradies belohnt werden (ebenso wie ihre muslimischen Kollateralopfer), sind in den meisten Fällen typische Vertreter des Neoproletariats nit Migrationshintergrund, bildungsschwach und mit einem kulturellen Halbwissen im Gepäck, das zu nicht viel mehr als prekären Anstellungen für gering Qualifizierte reicht, wie bei den Brüdern Kouachi oder Amedy Coulibaly, Adel Kermiche und Abdel-Malik Petitjean. Noch dazu sind einige von ihnen, vor allem die weiblichen Rekruten, Konvertierte, die in der Regel aus den niederen Randgruppen der im Abstieg befindlichen Mittelklasse stammen und psychisch gefährdet sind aufgrund schwieriger Familienverhältnisse, wie häufig das Fehlen eines Vaters oder einer Vaterfigur in der Verwandtschaft derer zeigt, die nach Syrien aufgebrochen sind. Einerseits kompensiert die eingängige und totalitäre Ideologie des Salafismus und Dschihadismus den relativistischen und verrufenen Unterricht, den das französische Bildungssystem in den benachteiligten Vierteln erteilt. Sie schafft die Illusion eines höheren Wissens und einer Sicht auf die Welt, die unmittelbar – via Smartphone – vom Wort Gottes und den Anweisungen aus den Heiligen Schriften herrührt. Andererseits wird die Lücke, die durch den Ausschluss oder das Verschwinden des Vaters entstanden ist, der eigentlich als Bindeglied zwischen Zivilgesellschaft und Familie das Gesetz des Staates verkörpern und weitervermitteln sollte, durch eine dschihadistische, sektenartig strukturierte Peergroup geschlossen. Diese, gleichgültig, ob sie real, virtuell oder digital ist, formuliert ein Gesetz, das umso verbindlicher ist, als es für heilig, »unbesiegbar« (*Ma'soum*), transzendental und universell gehalten wird.

Der psychologische Unterbau dieses dschihadistischen Hirngespinsts befördert eine spezifische Sicht auf die Geschlechterbeziehungen. Wir haben gesehen, wie die irrwitzige Darstellung der französischen Mittelklasse, die es auszurotten gilt, in der Infografik von Rachid Kassim von einer wahnhaften Homophobie getrieben ist, die das »pädokriminelle Netz des Élysée« zum Stützpfeiler des mit dem Bann belegten »Unglaubens« erklärt. Diese Sicht auf die Geschlechterbeziehungen wurde vom IS sowohl bei den öffentlichen Hinrichtungen von Homosexuellen im »Kalifat« in die Tat umgesetzt als auch bei dem Massenmord in einem Schwulenklub in Orlando, und sie gründet auf einer noch viel diffuseren Feindseligkeit, die in dem Widerstand vieler französischer Muslime gegen die gleichgeschlechtliche Ehe, die Ehe für alle, Ausdruck fand, für die sie François Hollande und die Sozialistische Partei an den Wahlurnen abstraften.

Sie überträgt sich auch auf die Frage nach der weiblichen »Ehre« (*'achouma* im maghrebinischen Arabisch, *'îb* im klassischen Arabisch), mit der der »Oranais-Roannais« seine französischen Glaubensbrüder dazu aufruft, zum Dschihad zu schreiten, und sie mit den Worten »beschämt«: »Warum wartet ihr so lange, bis die Frauen euch an Ehre übertreffen?« Ein derartiger Vorwurf erinnert an die Videos, die der IS nach dem 13. November verbreiten ließ und in denen den Muslimen Frankreichs vorgeworfen wurde, immer noch mit den »Ungläubigen« zusammenzuarbeiten, statt dem Beispiel des Gemetzels im Bataclan zu folgen und sie alle auszurotten. Wir haben es bereits erwähnt, trotz des Ausmaßes des Massakers hatte die Mobilisierung der muslimischen Massen unter dem schwarzen Banner des

Islamischen Staates nicht den Erwartungen der Sprengmeister entsprochen.

Jenseits der nachgewiesenen Wirkungslosigkeit von Inès Madani und den restlichen Mitgliedern des mutmaßlichen Kommandos bedeutet der Rückgriff auf Frauen, um ein Attentat durchzuführen, einen Verstoß gegen die moralischen und »genderspezifischen« Codes des dschihadistischen Salafismus, in dem die Rollen klar definiert sind und die – unzüchtige – Beteiligung des »schwachen« Geschlechts am Kampf, mit Ausnahme scharf abgegrenzter Ausnahmefälle, verboten ist. Was immer die Apostel eines »dschihadistischen Feminismus« sagen mögen, eine solche Aktion dürfte – zumal sie sich als völliger Fehlschlag erwies – bei den hohen islamischen Rechtsgelehrten des IS nur schwerlich auf einhellige Zustimmung stoßen. Seit den Verhaftungen tobt in der frankophonen Dschihadistenszene eine Kontroverse zwischen Befürwortern und Gegnern des Einsatzes von »Schwestern« bei bewaffneten Operationen, wobei die Gegner sich in der Verteufelung dieser Operationen auf den überaus strengen salafistischen Korpus stützen. Dagegen stößt der Begriff der »Ehre« in der Schleierfrage auf ein deutlich größeres Echo.

In der Tat ist dies das Hauptproblem bei der psycho-politischen Konstruktion der »Islamophobie«, die das CCIF und seine Weggenossen der islamo-linken Bewegung entwickelten, um eine sich über ihre Opferrolle definierende, muslimische Gemeinschaft zu erschaffen, sich als deren hegemoniale Wortführer zu deklarieren und die Marschrichtung vorzugeben. Die Burkini-Prozesse, die den Sommer nach dem Massaker in Nizza überzogen, hatten in ihrer Instrumentalisierung durch das CCIF die Funktion, den Terrorismus totzuschweigen und die Last der Schuld umzukehren, indem sie Frankreich von der Opferrolle in die Henkerrolle drängten. Marwan Muhammad hetzt in seiner programmatischen Rede vom 28. August in der Moschee von Tremblay-en-France gegen die »Polizei der Schande«, die an der Côte d'Azur außerstande war, die Gefahr zu erkennen, die von dem Laster ausging, dafür jetzt aber verschleierte Frauen am Strand jagt. Das ist der tiefere Sinn der medialen Ausschlachtung der Bilder von bewaffneten Polizisten in Uniform, die allem Anschein nach Musliminnen zwingen, sich öffentlich zu entkleiden, womit sie auf sicherem Wege international für eine groß angelegte frankreichfeindliche Stimmungsmache sorgen.

Und so spielen verschiedene Kräfte zusammen, die den Bruch bewirken, der durch die französische Gesellschaft geht und der sowohl von den kommunitaristischen als auch von den identitären Aktivisten gewollt ist, um daraus ihren Gewinn zu schlagen. Zum einen versucht der dschihadistische Terrorismus mit seinen wiederholten Gewalttaten bei der Bevölkerung eine Reaktion gegen die Muslime in ihrer Gesamtheit auszulösen, während die Mobilmachung gegen die »Islamophobie« munter Schutzwälle um eine in die Opferrolle gedrängte Gemeinschaft hochzieht. Zum anderen machen sich Politiker jeder Couleur daran, diese Schwachstellen auszunutzen. Die einen versuchen, möglichst viele neue Wählerstimmen zu sammeln, und verlieren dabei das Interesse der Nation aus den Augen, weil sie ihre Wähler zufriedenstellen wollen. Die anderen zeigen mit dem Finger auf die Immigranten und »den« Islam und bringen so eine ethnisch-religiös motivierte Spaltung in Gang, in der sie gleichfalls ein großes Wählerreservoir erblicken.

Doch dieser Bruch bedroht heute unsere Gesellschaft bis in ihr Innerstes. Während jetzt die große Debatte beginnt, die 2017 und für die darauffolgende fünfjährige Amtszeit die Zukunft Frankreichs bestimmen wird, das mit so tiefen sozialen und kulturellen Krisen konfrontiert ist wie selten in seiner Geschichte, wartet man auf die politische Vision, die der Versuchung des Bruchs zu widerstehen vermag. Sollte dieser Bruch sich noch vergrößern, wird er sich wohl nicht mehr schließen, was das französische Vaterland in Gefahr bringen wird.

ANHANG

DANK

Es ist mir eine Freude, zum Schluss dieses Buches Olivier Poivre d'Arvor meinen Dank dafür auszusprechen, dass er im Juni 2015 als Leiter von France Culture die Initiative ergriff und mir bei einem Abendessen des Literaturfestivals »Marathon des mots« in Toulouse dieses gemeinsame Projekt vorschlug. Sandrine Treiner, seine Nachfolgerin, begleitete die Radioaufnahmen und nahm dieses Buchprojekt, eine Gemeinschaftsproduktion von France Culture und Gallimard, mit großem Wohlwollen auf. Meine Interview-Partnerinnen vom Sonntagnachmittag, Olivia Gesbert und Mathilde Wagman, und mein Interview-Partner vom Mittwochmorgen, Guillaume Erner, haben auf meine Worte stets pointiert reagiert und die öffentliche Meinung angemessen vertreten.

Schließlich geht mein Dank an meinen Lektor bei Éditions Gallimard, Olivier Salvatori, der mich dazu bewogen hat, die einzelnen Mosaiksteinchen zusammenzutragen, um all die schrecklichen Prüfungen, die unser Land gerade durchmachen muss, aus der Nähe und aus globaler Sicht zu beleuchten und eine Antwort darauf zu suchen, mit welchen Mitteln die Ursachen bekämpft werden könnten. Dieses Buch ist sein Verdienst; für die Mängel übernehme ich die Verantwortung.

SIGLEN UND ABKÜRZUNGEN

AKP (Partei für Gerechtigkeit und Entwicklung – Türkei)
Anru (Agence nationale pour la rénovation urbaine / Nationales Amt für Stadterneuerung)
Aqmi (al-Qaida au Maghreb islamique / al-Qaida im islamischen Maghreb)
CCIF (Collectif contre l'islamophobie en France / Kollektiv gegen Islamophobie in Frankreich)
CFCM (Conseil français du culte musulman / Islamischer Dachverband der französischen Muslime)
CIA (Central Intelligence Agency)
EU (Europäische Union)
IS (Islamischer Staat)
FBI (Federal Bureau of Investigation)
FIS (Front islamique du salut / Islamische Heilsfront)
GIA (Groupe islamique armé / Bewaffnete Islamische Gruppe)
HDP (Demokratische Partei der Völker – Türkei)
HEC (École des hautes études commerciales / angesehene Wirtschaftshochschule in Paris)
Ifop (Institut français d'opinion publique / Französisches Meinungsforschungsinstitut)
LCP (La Chaine parlementaire / Fernsehkanal des französischen Parlaments)
LGBT (Lesbiennes, gays, bi et trans de France / Lesben, Schwule, Bi- und Transsexuelle Frankreichs)
MHP (Partei der Nationalistischen Bewegung – Türkei)
NATO (Nordatlantikpakt)
OSZE (Organisation für Sicherheit und Zusammenarbeit in Europa)

PCF (Parti communiste français / Kommunistische Partei Frankreichs)
PKK (Arbeiterpartei Kurdistans)
PVV (Partei für die Freiheit – Niederlande)
PYD (kurdische Partei der Demokratischen Union – Syrien)
RER (Résaux Express Régional / Regionales Expressbahnnetz)
UNO (Organisation der Vereinten Nationen)
UOIF (Bis 1989: Union des organisations islamiques *en* France / Union der islamischen Vereine *in* Frankreich; danach: Union des organisations islamiques *de* France / Union der *französischen* islamischen Vereine)
ZEP (Zones d'Éducation Prioritaire / bildungspolitische Schwerpunktgebiete oder Gebiete mit besonderer Bildungsförderung)

ANMERKUNGEN

AN DEN LESER

1 Der Autor gebraucht in der französischen Originalausgabe überwiegend den Begiff »Daesh«, ein Akronym der arabischen Bezeichnung für »Islamischer Staat im Irak und in der Levante« – »ad-daula al-islamiyya fi l-'Iraq wa-š-Šam« – DAIISH oder Da'ish. Der Begriff hat eine pejorative Konnotation. Hier und im Folgenden wird »Daesh« mit »Islamischer Staat« (IS) übersetzt, da sich diese Bezeichnung im deutschen Sprachraum durchgesetzt hat.

2 Anspielung auf Victor Hugos 1872 erschienene Gedichtsammlung »L'Année terrible« über das Jahr 1870/1871, als Frankreich gegen Preußen Krieg führte und Paris sich mit der Kommune im Bürgerkrieg befand.

VORWORT ZUR DEUTSCHEN AUSGABE

1 Über den *Aufruf zum weltweiten islamischen Widerstand*, dessen Autor und den »Dschihadismus der dritten Generation« kann man in meinem Buch *Terror in Frankreich. Der Neue Dschihad in Europa*, Kunstmann Verlag, 2016, S. 59ff. nachlesen.

2 Anis Amris wirre Tiraden über die gottlosen Gesellschaften Europas erinnern ein wenig an den Wortlaut der Predigten, die der marokkanische Prediger Mohammed Fazazi 2011 in der al-Quds-Moschee in Hamburg hielt. Die Moschee wurde von mehreren Terroristen des 11. September 2001 besucht, darunter auch von dem Ägypter Mohammed Atta und dem Libanesen Ziad Jarrah, Mitgliedern der sogenannten »Hamburger Zelle«, was uns daran erinnert, wie der Dschihadismus von heute in Deutschland implantiert wurde. Im Jahr 2003 urteilte das Hamburger Gericht – auf Grundlage der damaligen Gesetzesbestimmungen –, die Terrorzelle sei keine eigenständige terroristische Vereinigung im Sinne des Gesetzes, allerdings wurde 2007 der Marokkaner Mounir al-Motassadeq wegen Mitgliedschaft einer terroristischen Vereinigung zu fünfzehn Jahren Haft verurteilt und die al-Quds-Moschee schließlich im Jahr 2010 von den Behörden geschlos-

sen. Vgl. mein Artikel »›I am an artist‹ Portrait of a salafi *en abyme* in the cyber world«, ein Kommentar zum Film von Romuald Karmakar: *Hamburger Lektionen*, in: Susanne Gaensheimer (Hrsg.): *La Biennale di Venezia 2013, Deutscher Pavillon, Begleitpublikation.* http://www.ibraaz.org/essays/113

3 Diese Analyse unterlässt es auch, die Entstehung der Roten Brigaden und der RAF in der italienischen bzw. deutschen Gesellschaft zu kontextualisieren. Sie vollzieht sich, als die Kinder jener Generation, die sich das Engagement für den Faschismus respektive Nazismus zuschulden kommen lassen hat (in den anderen europäischen Gesellschaften hat es nichts von vergleichbarer Tragweite gegeben), ins Erwachsenenalter kamen. Die tödliche Gewalt der Brigadisten und der Baader-Meinhof-Bande bringt in diesem Sinne, jenseits des ultralinken Vokabulars der damaligen Zeit, ebenfalls die symbolische Ermordung des moralisch schuldigen Vaters zum Ausdruck, in einer Katharsis, die Teil des kollektiven Bewusstseins ist. Vgl. Olivier Roy: *Le jihad et la mort.* Paris, 2016.

4 Emmanuel Todd: *Qui est Charlie? Sociologie d'une crise religieuse,* Paris, Éditions du Seuil, 2015 – und meine Kritik in *Terror in Frankreich,* a.a.O., S. 253ff.

5 Die Übergriffe der Silvesternacht, die zahlreiche Polemiken entfachten, in denen den Einsatzdiensten der Polizei vorgeworfen wurde, die Situation unterschätzt zu haben, und deren Opferzahl am Ende noch einmal nach oben korrigiert werden musste (vgl. S. 121ff), wurden von der rechtsextremen identitären Bewegung PEGIDA politisch ausgeschlachtet, die, wie es schon der Name zum Ausdruck bringt – »Patriotische Europäer gegen die Islamisierung des Abendlandes« –, die Entsprechung schlechthin für den ethno-kulturellen Bruch ist, der Gegenstand dieses Vorwortes ist. Die Bewegung, 2014 in Dresden gegründet, gewann Anfang 2016 an Kraft und äußert sich außer in Demonstrationen auch in einer wachsenden Aggression gegenüber Zuwanderern und Flüchtlingen. Ihr Anführer, ein ehemaliger Einbrecher, der bei einer Gelegenheit als Adolf Hitler geschminkt auftrat, wurde wegen rassistischen Beleidigungen verurteilt und hat ein fünf Jahre währendes Verbot erhalten, in Dresden Demonstrationen anzumelden oder zu leiten.

6 Artikel vom Dezember 2016, vgl. https://www.bamf.de/SharedDocs/Anlagen/DE/Publikationen/WorkingPapers/wp71-zahl-muslime-deutschland.pdf?__blob=publicationFile

7 https://www.welt.de/politik/deutschland/article156051306/Die-Zahl-der-Untergetauchten-koennen-Forscher-nur-schaetzen.html

PROLOG

1 Der Vergleich geht zurück auf einen Ausspruch Jean-Paul Sartres aus dem Jahr 1950. »Billancourt« ist eine Metapher für das Proletariat. Paris-Billancourt wies als Sitz des Renault-Stammwerks lange die höchste Arbeiterkonzentration Frankreichs auf. (A.d.Ü.)

2 Eine französische Comic-Serie über drei Ganoven; die erste Nummer erschien 1908. (A.d.Ü.)

3 Das Massaker von Oradour am 10. Juni 1944 war ein durch die Waffen-SS verübtes Kriegsverbrechen an der Bevölkerung des französischen Dorfes Oradour-sur-Glane, bei dem bis auf sechs Überlebende alle Einwohner ermordet wurden. Mit 642 Opfern handelt es sich um das zahlenmäßig größte Massaker in Westeuropa. (A.d.Ü.)

4 Eine Parallelkonstruktion zu »Police de Proximité«, der Nachbarschaftspolizei, die zu Fuß in den Problemvierteln unterwegs war und zu den jungen Leuten nach Hause ging. Sie wurde von Sarkozy abgeschafft und im Rahmen seiner Verbrechensbekämpfungsstrategie durch mobile Einheiten ersetzt. Statt den Freund und Helfer sahen und sehen die Menschen in den Problemvierteln in Frankreichs Polizei jetzt einen Gegner. (A.d.Ü.)

5 In der islamischen Tradition umfasst die mystische Bezeichnung *Scham* viele Aspekte, und die gewöhnliche französische Übersetzung mit »Levante« berücksichtigt nicht ihren semantischen und symbolischen Bedeutungsreichtum. Die alte Kosmografie des Islam kennt die West-Ost-Achse mit Mekka im Zentrum. Der Scham oder »Groß-Syrien« bezeichnet die linke Seite oder den Norden *(shamal)*, der Jemen die rechte Seite oder den Süden *(yamîn)*. Diese heilige Geografie und nicht die moderne Unterscheidung von Orient und Okzident bildet das Bezugssystem der Salafisten. (Gilles Kepel: *Terror in Frankreich. Der neue Dschihad in Europa*, Kunstmann 2016, S. 189f.)

CHRONIK

1 Zu dem Selbstmordattentat, das über hundert Tote und Hunderte von Verletzten forderte, bekannte sich letztlich der IS.

2 Benghalem überlebte nicht nur die französischen Anschläge, er war darüber hinaus laut einer amerikanischen Studie des Terrorism Research and Analysis Consortium, die im Januar 2016 in der französischen Presse veröffentlicht wurde, ver-

mutlich auch der führende Kopf hinter den Attentaten von Paris und Saint-Denis vom 13. November 2015.

3 Zum Zeitpunkt der Drucklegung dieses Buches hat immer noch kein Prozess stattgefunden und es wurde auch kein Termin verkündet.

4 Die Stellung des IS in Sirte fiel im August 2016 nach heftigen, von amerikanischen Bombardierungen begleiteten Gefechten.

5 Die 2013 vom Sicherheitsrat der Vereinten Nationen als Terrororganisation eingestufte al-Nusra-Front war bis zum 28. Juli 2016 – dem Tag, an dem sie ihre Trennung von al-Qaida und ihre Umbenennung zu »Dschabhat Fatah asch-Scham« verkündete – eine al-Qaida zugehörige Gruppe, die im syrischen Bürgerkrieg gegen die Regierung Baschar al-Assads, aber auch gegen Teile der Freien Syrischen Armee (FSA) und kurdische Volksverteidigungseinheiten kämpfte. (A.d.Ü.)

6 *Dreiundneunzig*, die Ordnungsnummer des Departements Seine-Saint-Denis in der Region Île-de-France im Großraum Paris, das im Wesentlichen die Vororte im Norden und Nordosten der Hauptstadt umfasst. Der Titel spielt auch auf Victor Hugos Werk *1793* an, das von der französischen Revolution handelt. (A.d.Ü.)

7 *Le Monde* zensierte sogar das Interview, das ich der Zeitung im April 2014 zu meinem Buch *Passion française* gab, unter dem Vorwand, es »funktioniere nicht« [sic]. Die Scheuklappen der Ideologie hatten dafür gesorgt, dass eine Feldstudie, die die bequemen Gewissheiten infrage stellte, nicht zur Kenntnis genommen wurde.

8 Weiter unten kommen wir auf ein weiteres hervorstechendes Beispiel für diese Kongruenz zu sprechen, dort zwischen den Texten der Soral'schen Bewegung und Rachid Kassims [vgl. S. 184].

9 Hunderte deutscher Frauen in Köln wurden bestohlen, bedrängt und sexuell belästigt, und zwar im Wesentlichen von Personen mit nordafrikanischem Migrationshintergrund.

10 Der Gesetzesentwurf von der Nationalversammlung und die abgeänderte Fassung des Senats waren so weit voneinander entfernt, dass François Hollande am 30. März 2016 beschloss, die geplante Verfassungsänderung fallen zu lassen.

11 Österreich-Ungarn, Deutsches Reich, das verbündete Osmanische Reich und Bulgarien. (A.d.Ü.)

12 Im Juli 2016 ging ein deutscher Polizeibericht über die Ereignisse in der Silves-

ternacht durch die Presse, u.a. erschien er im *L'Express* vom 11. Juli. Nach aktualisierten Zahlen waren es zweitausendzweihundert Frauen, die von Hunderten von Männern, vorwiegend ausländischer Herkunft, angegriffen wurden, und das nicht nur in Köln, sondern in zwölf der sechzehn deutschen Bundesländer. Die meisten der Männer, die man identifizieren konnte, waren nordafrikanische Asylbewerber oder illegale Einwanderer.

13 Seit dem 6. Oktober 2016 Europäische Agentur für die Grenz- und Küstenwache. (A.d.Ü.)

14 Eine linke Terrororganisation in Frankreich (1979–1987), die unter anderem für die Ermordung des Generals René Audran und des Renault-Chefs Georges Besse verantwortlich zeichnete. Gemeinsam mit der RAF führte sie 1985 den Sprengstoffanschlag auf die Rhein-Main-Airbase durch. (A.d.Ü.)

15 »Barjos« ist ein Ausdruck des Verlan, einer Umgangssprache der Jugendlichen in den Pariser Vororten, bei der die Silben umgekehrt werden. »Barjos« steht für »jobard«, was »verrückt, durchgeknallt« bedeutet. (A.d.Ü.)

16 Bei diesem Selbstmordattentat, das am 27. März 2016, Ostersonntag, in der Hauptstadt des indischen Bundesstaates Punjab verübt wurde und gegen die christliche Minderheit gerichtet war, gab es zweiundsiebzig Tote und Hunderte Verletzte.

17 Der Begriff bezeichnet die Auswanderung des Propheten Mohammed nach Medina im Jahr 622 und markiert den Beginn der islamischen Zeitrechnung. Heute wird die Hidschra auch als islamistische Strategie eingesetzt und bezeichnet generell eine Auswanderung in Gebiete, die als »wahrhaft islamisch« gesehen werden. (A.d.Ü.)

18 »Pas d'amalgame«: Slogan in Reaktion auf die Terroranschläge, mit dem die Franzosen ihre nationale Einheit bekräftigen und unterstreichen wollten, dass nicht alle Muslime Terroristen sind. (A.d.Ü.)

19 »Bondy blog café«, Erstausstrahlung auf dem Sender La Chaine parlementaire (LCP) am 7. Mai 2016.

20 La Manif pour tous (»Die Demo für alle«) ist eine 2013 entstandene Bewegung in Reaktion auf die Einführung der gleichgeschlechtlichen Ehe (mariage pour tous) und des Adoptionsrechts für gleichgeschlechtliche Paare. Sie organisierte Massendemonstrationen gewaltigen Ausmaßes gegen die Einführung. Seit April 2015 hat sie den Status einer Partei. (A.d.Ü.)

21 Am 1. Juli hat der österreichische Verfassungsgerichtshof die Wahl aufgrund von Unregelmäßigkeiten bei der Stimmauszählung für ungültig erklärt.

22 Im Fall von Magnanville hatte der Attentäter Kontakt zu dem Dschihadisten Rachid Kassim, wie die Überprüfung seiner Telefonverbindungen schon bald ans Licht bringen sollte.

23 Die Auswertung der Telefonverbindungen des Mörders hat im Nachhinein ergeben, dass er in Kontakt mit Franzosen maghrebinischer Herkunft stand, die sich auf dem Gebiet des Islamischen Staates aufhalten.

24 Nach der endgültigen Zählung steht fest, dass dreißig der sechsundachtzig Toten muslimischer Abstammung waren.

25 In dem nachträglichen Bekennerschreiben des IS für die Operation des Lastwagenfahrers von Nizza heißt es, es habe sich um Rache für die Angriffe gegen das »Kalifat« gehandelt.

EPILOG

1 Die Abkürzungen stehen für die Sozialistische Partei, die Republikaner, den Front National, Grün [sic], Kommunistische Partei, Linksfront. (A.d.Ü.)

2 »Born again muslim« ist ein Ausdruck für Personen, die plötzlich den Islam wiederentdecken, obwohl sie zuvor ein sehr weltliches, eher »sündiges« Leben geführt haben. (A.d.Ü.)

3 Die Ermittlungsbeamten, die zunächst ein »Testing-Verfahren« ins Auge gefasst hatten, haben die Idee offenbar wieder fallen gelassen.

4 Der Begriff »forclusion« entstammt dem juristischen Sprachgebrauch, wo er den Ausschluss eines Rechts bezeichnet, wenn die vorgeschriebenen Fristen nicht eingehalten wurden. Jacques Lacan nahm ihn in die Sprache der Psychoanalyse auf, um das von Freud verwendete Wort *Verwerfung* zu übersetzen. Damit wird der spezifische Abwehrprozess beschrieben, der bei einer Psychose am Werk ist. (A.d.Ü.)

NAMENSREGISTER

Dieses Buch erscheint im Rahmen des Förderprogramms des französischen Außenministeriums, vertreten durch die Kulturabteilung der französischen Botschaft in Berlin.

INSTITUT FRANÇAIS DEUTSCHLAND

Francfort en français Frankfurt auf französisch

Zitat S. 7 aus Fjodor Dostojewski: *Böse Geister*, mit freundlicher Genehmigung des Ammann Verlags, Zürich: 1998. Übersetzung: Svetlana Geier

Titel der Originalausgabe: *La Fracture*
Umschlaggestaltung: Heidi Sorg und Christof Leistl
Typografie + Satz: frese-werkstatt.de
Druck und Bindung: Pustet, Regensburg
ISBN 978-3-95614-188-1